変転する国際社会と国際法の機能

謹しんで

内田久司先生に捧げます

一　同

〈執筆者一覧〉（掲載順）

柳原正治（やなぎはら まさはる）　　放送大学教授

中谷和弘（なかたに かずひろ）　　東京大学教授

植木俊哉（うえき としや）　　東北大学教授

櫻井利江（さくらい としえ）　　大阪経済法科大学教授

森田章夫（もりた あきお）　　法政大学教授

山崎公士（やまざき こうし）　　神奈川大学教授

中川淳司（なかがわ じゅんじ）　　東京大学教授

磯崎博司（いそざき ひろじ）　　上智大学教授

石橋可奈美（いしばし かなみ）　　東京外国語大学准教授

変転する国際社会と
国際法の機能

――内田久司先生追悼――

柳原 正治 編

信 山 社

はしがき

　国際社会は凄まじい勢いで変転し続けている。この20年間をみても，その変転のスピードは格段に増している。そこに妥当している国際法もまた，そのあり方が根本から問われるような状況にある。それはさまざまな局面でみられる。まずなによりも，国際法は依然として国家間の法であると断定できるかという問題がある。国際組織や個人や法人やNGOなどの非国家主体が，国際社会のなかで果たす役割が，グローバル化の進展のなかで急速に加速化してきている。また，「対テロ戦争」と呼ばれることもあるように，テロリスト集団による武力行使，さらにはサイバー・テロやサイバー戦争を国際法によってどのように規制できるかという問題も生じてきている。

　それに加えて，国際組織の増加・機能強化とともに，環境や経済など，さまざまな分野での国際協力が飛躍的に拡大してきている。また，強行規範や国際犯罪や普遍的義務，国際共同体全体に対する義務などの概念に典型的に現れているように，国家間の利害調整だけではなく，国際社会全体の利益，国際社会の一般的利益，共通利益を実現することもまた，国際法の任務の一つとみなされるようになってきている。

　このように国際社会が大きく変わり，そこでの国際法のあり方そのものが問われている状況のなかで，わたくしたちが留意すべきなのは，つぎつぎに新しく起きる現象を単に後追いすることではない。そうではなくて，根底に脈々と受け継がれてきているものが何であるかを見極めること，いいかえれば，変化すべきものと変化してはならないものとをどのような尺度によって切り分けていけるかということを，国際法の長い歴史を踏まえつつ，冷徹な目で行っていくことが肝要である。

　そうしたことはまさに，内田久司先生が身を以てお手本を示されてきたことであった。それは，1996年に出版した『内田久司先生古稀記念論文集　国際社会の組織化と法』（信山社）の「はしがき」においても記したことである。

　内田先生は，2016年6月7日に急逝された。3月6日に自由が丘の中華料理店で先生の鳩寿を弟子たち数名でお祝いしたときには，とてもお元気そうであられただけに，突然のご訃報に戸惑い，動揺した。

vii

はしがき

　その後，信山社の方から先生の論文集を発行したらどうかというお話をいただいた。しかしながら実は，数年前にもそのような話がわたくしにあり，先生に直接伺ったところ，まだまだ直したいところがあるので，発行は待ってほしいとのことであった。先生のご意向を考えると，今回そうした論文集を編集して出版することは望ましくないであろうと判断するに至った。そこで，先生の追悼論文集を出版したらどうであろうかということを，中谷和弘教授を始め数名の先生方と協議し，信山社に相談したところ，ご快諾を得た。信山社からは，執筆者を多くし，「華々しい」ものにしたらどうかという，はなはだありがたいお申し出があった。しかし，古稀記念論文集の企画のときにも，「自分は晴れがましいことは好まない」と当初固辞された。そこで，先生の御遺志を忖度して，古稀記念論文集に寄稿していただいた先生がたに限って（残念ながらこの間に寄稿者のお一人の小寺彰先生は逝去された），ご寄稿を依頼するのが良いのではないかとの結論に達した。いろいろなご事情もあり，寄稿がかなわなかった方もおられるが，9名の論文を掲載できることとなった。

　巻末に掲載した，先生の略歴・主要業績の作成は今回も中谷和弘教授と森田章夫教授にお願いした。出版事情が20年前と比べて一段と厳しくなっているなかで，このような論文集の出版を快諾された，信山社の袖山貴氏と稲葉文子氏に心からお礼を申し上げる。

　　2018年1月

　　　　　　　　　　　　　　　　　　　　　編　者　柳　原　正　治

目　　次

はしがき

1　仕置，附庸，属国，そして主権
——近世・近代における琉球王国の「国際法」上の地位——
………………………………………………………………〔柳原正治〕…3

 Ⅰ　は じ め に …………………………………………………3

 Ⅱ　1609 年から 1830 年代までの琉球王国 ………………………6

 Ⅲ　1840 年代および 1850 年代の琉球王国 ………………………8

  1　琉米修好条約（*10*）

  2　琉仏修好条約（*14*）

  3　琉蘭修好条約（*18*）

  4　3 条約の法的問題点（*20*）

 Ⅳ　明治初期における琉球／沖縄 …………………………………23

 Ⅴ　お わ り に………………………………………………………31

2　複数言語による条約の用語の意味の相違に関する断片的考察
………………………………………………………〔中谷和弘〕…35

 Ⅰ　は じ め に………………………………………………………35

 Ⅱ　ウッチャリ条約 17 条 …………………………………………35

 Ⅲ　条約起草言語の正文の位置づけ ………………………………37

  1　国連国際法委員会における議論（*37*）

  2　ヤングローン事件仲裁判決（*40*）

  3　ラグラン事件国際司法裁判所判決（*45*）

 Ⅳ　優先的正文の特定 ………………………………………………46

 Ⅴ　おわりにかえて …………………………………………………53

ix

目　　次

3　日ソ中立条約をめぐる国際法上の諸問題 …………〔植木俊哉〕…*55*

Ⅰ　は じ め に…………………………………………………………*55*

Ⅱ　本稿の考察対象——日ソ中立条約と国際法 ………………………*56*

Ⅲ　日ソ中立条約の締結と廃棄 ………………………………………*57*

　1　条約締結に至る経緯（*57*）

　2　日ソ中立条約の内容とその法的義務（*59*）

　3　日ソ中立条約をめぐるその後の展開とソ連による廃棄（*60*）

Ⅳ　日ソ中立条約をめぐる国際法上の論点 ……………………………*65*

　1　条約法条約が規定する条約に関する国際法規則の位置づけ（*65*）

　2　二国間条約における条約の終了，廃棄又は脱退に関する規則（*66*）

　3　条約の終了原因としての条約当事国による「重大な違反」（*68*）

　4　国際法における「事情変更」（*rebus sic stantibus*）原則の適用（*69*）

　5　条約の「第三国」に対する効力と条約法条約第 75 条（*71*）

Ⅴ　お わ り に…………………………………………………………*73*

4　自決権の現在——非植民地化以後の内的自決の役割——
　　……………………………………………………〔櫻井利江〕…*75*

Ⅰ　は じ め に…………………………………………………………*75*

　1　自決権の発展（*75*）

　2　外的自決と内的自決（*76*）

　3　外 的 自 決（*76*）

　4　予備的考察（*78*）

　　(1)　国　　連（*79*）／(2)　地域的国際機構・国内裁判所・国際司法裁判所（*81*）

Ⅱ　自決権・人民の意思・自治 …………………………………………*83*

Ⅲ　内的自決と参加 ……………………………………………………*84*

　1　住 民 投 票（*84*）

　2　参 　政 　権（*85*）

　　(1)　自決権と参政権（*85*）／(2)　参政権の侵害に関する国連の対応（*88*）

　3　住 民 参 加（*89*）

目　次

　　4　参　加　権 (*90*)

　　　⑴　少数者の権利と参加 (*90*)　／　⑵　参加権の侵害 (*93*)

　Ⅳ　内的自決と自治 ……………………………………………94

　　1　自治の概要 (*94*)

　　2　内的自決と自治 (*95*)

　　3　自　治　権 (*96*)

　　　⑴　自治に関する国際法 (*96*)　／　⑵　少数者の自治権 (*97*)　／

　　　⑶　先住民族の自治権 (*98*)

　Ⅴ　効果的参加権と自治との関係 ………………………………98

　Ⅵ　結　　　び …………………………………………………99

5　英米臨検権論争の国際法上の意義 ……………〔森田章夫〕…*101*

　Ⅰ　は じ め に ………………………………………………*101*

　Ⅱ　臨検権論争の登場 …………………………………………*104*

　　1　臨検権論争前史──19 世紀初期における奴隷取引取締と米国の対応 (*104*)

　　2　臨検権論争の法的争点──1840 年代における米国の対応 (*110*)

　Ⅲ　臨検権論争の展開と終焉 …………………………………*117*

　Ⅳ　結　　　び …………………………………………………*126*

6　人権条約機関の活動における国内人権機関の役割

　　　　……………………………………………〔山崎公士〕…*131*

　Ⅰ　は じ め に ………………………………………………*131*

　Ⅱ　人権条約機関の改革論議 …………………………………*132*

　Ⅲ　国際的人権保障における国内人権機関の役割 ……………*134*

　　1　国内人権機関の意義とパリ原則 (*134*)

　　2　国内人権機関世界連合(GANHRI)と国内人権機関の認証制度 (*135*)

　　3　国連人権理事会における国内人権機関の役割 (*138*)

　Ⅳ　条約機関と国内人権機関の関係に関する検討状況 ………*140*

　Ⅴ　条約機関の活動における国内人権機関の関与 ……………*141*

　　1　概　　　説 (*141*)

xi

目　次

　　2　国家報告制度における国内人権機関の関与（*145*）
　　　⑴　条約機関の公式会期に先立つ国内人権機関の関与（*145*）／
　　　⑵　国家報告の審査中における国内人権機関の関与（*147*）／
　　　⑶　最終所見の履行奨励における国内人権機関の関与（*150*）
　　3　個人通報制度における国内人権機関の関与（*150*）
　　4　調査手続における国内人権機関の関与（*151*）
　Ⅵ　結びにかえて ……………………………………………………*152*

7　自主的持続可能性基準（VSS）の普及に向けた
　公私協働の模索 ………………………………………〔中川淳司〕…*155*
　Ⅰ　は じ め に ………………………………………………………*155*
　Ⅱ　VSS の展開と公私協働 ………………………………………*159*
　　1　VSS の揺籃期における公私協働（*159*）
　　2　VSS の成長期における公私協働（*162*）
　　3　公私協働の動機（*166*）
　Ⅲ　新興国における VSS の普及に向けた政府の関与と公私協働 …*167*
　　1　新興国における VSS の普及：促進要因と阻害要因（*168*）
　　2　新興国における VSS の普及に向けた公私協働の現状と課題（*174*）
　Ⅳ　おわりに── VSS の普及と定着に向けた公私協働の模索 …………*180*

8　食料農業植物遺伝資源条約における制度改革と
　法的課題 ………………………………………………〔磯崎博司〕…*183*
　Ⅰ　は じ め に ………………………………………………………*183*
　Ⅱ　植物遺伝資源条約 ………………………………………………*184*
　　1　ITPGR の概略（*184*）
　　2　SMTA の概略（*185*）
　　3　SMTA の改正の要求（*187*）
　Ⅲ　法律専門家会合による検討 ……………………………………*189*
　　1　項目 1 について（*190*）
　　　⑴　関連する規定（*190*）／⑵　項目 1 の考察（*192*）／

xii

目　次

　　(3)　SGLE における審議（*194*）／ (4)　法的位置づけ（*195*）

　2　その他の項目（*196*）

Ⅳ　SMTA の改正案の概略　……………………………………………*198*

　1　第 3 次案（*198*）

　　(1)　SMTA の改正（*199*）／ (2)　制度切替えメカニズム（*199*）

　2　共同議長提案（*202*）

　　(1)　改正 SMTA の下での MLS からの取得制度（*202*）／

　　(2)　漸進計画（*204*）

　3　残されている課題（*205*）

　4　SGLE による項目 12 および項目 13 の検討（*206*）

Ⅴ　お わ り に　………………………………………………………*208*

9　国際環境法における手続的義務の発展と
そのインプリケーション ──「国境地帯における
ニカラグアの活動（コスタリカ対ニカラグア）」事件及び
「サンフアン川沿いのコスタリカ領における道路建設
（ニカラグア対コスタリカ）」事件を通じて ………………〔石橋可奈美〕…*209*

Ⅰ　は じ め に　………………………………………………………*209*

Ⅱ　国際環境法における実体的義務とその内容　……………………*211*

　1　実体的義務の定式化の開始（*211*）

　2　最近の判例に見る実体的義務違反認定（*211*）

　　(1)　海洋環境の重要性及び環境損害を引き起こす活動の確認（*211*）／

　　(2)　判　　断（*213*）

　3　実体的義務の内容の明確化への裁判所の関与（*215*）

Ⅲ　国際環境法における手続的義務の発展　……………………………*217*

　1　環境影響評価を実施する義務（*217*）

　2　通報・協議の義務（*219*）

　3　協 力 義 務（*219*）

Ⅳ　「国境地帯におけるニカラグアの活動（コスタリカ対
　　ニカラグア）」事件　……………………………………………*221*

xiii

目　次

　　　1　事案の概要（*221*）

　　　2　手続的義務違反について（*221*）

　　　　(1)　環境影響評価の実施義務（*222*）／(2)　通報・協議の義務（*224*）

　　　3　実体的義務違反（*225*）

　Ⅴ　「サンフアン川沿いのコスタリカ領における道路建設
　　　（ニカラグア対コスタリカ）」事件 …………………………………………*226*

　　　1　事案の概要（*226*）

　　　2　手続的義務違反（*226*）

　　　　(1)　環境影響評価を実施する義務（*226*）／(2)　通報・協議の義務（*227*）

　　　3　実体的義務違反（*227*）

　　　4　判決の意義──手続的義務違反の認定の意義（*228*）

　Ⅵ　実体的義務と手続的義務の関係性──「相当な注意」
　　　を通じての連結…………………………………………………………………*229*

　　　1　実体的義務と手続的義務の関係性（*229*）

　　　2　判決の立場（*230*）

　　　　(1)　「相当な注意」義務を通じた手続的義務と実体的義務の
　　　　「連結」（*230*）／(2)　手続的義務の階層化(序列化)の問題（*232*）

　Ⅶ　おわりに──グローバル・コモンズの環境保護実現への
　　　新たな可能性…………………………………………………………………*235*

内田久司先生略歴・主要業績（巻末）

xiv

執筆者紹介
(掲載順)

柳原正治（やなぎはら　まさはる）
放送大学教養学部教授，九州大学名誉教授
1981 年東京大学大学院法学政治学研究科博士課程修了。法学博士
〈主要著作〉『ヴォルフの国際法理論』（有斐閣，1998 年），『グロティウス　人と思想（新装版）』（清水書院，2014 年），『安達峰一郎——日本の外交官から世界の裁判官へ』（共編著，東京大学出版会，2017 年）

中谷和弘（なかたに　かずひろ）
東京大学大学院法学政治学研究科教授
1983 年東京大学法学部卒業。
〈主要著作〉『ロースクール国際法読本』（信山社，2013 年），『国際法研究』（共同責任編集，信山社，2013 年〜），『人類の道しるべとしての国際法』（共編著，国際書院，2011 年），『国際化と法』（共編著，東京大学出版会，2007 年），『国際法』（共著，有斐閣，2006 年〔第 3 版，2016 年〕），『安全保障と国際犯罪』（共編著，東京大学出版会，2005 年）

植木俊哉（うえき　としや）
東北大学理事・法学研究科教授
1983 年東京大学法学部卒業。
〈主要著作〉『グローバル化時代の国際法』（編著，信山社，2012 年），『ブリッジブック国際法〔第 3 版〕』（編著，信山社，2016 年），『国際法〔第 3 版〕』（共著，有斐閣，2016 年），『ビジュアルテキスト国際法』（共著，有斐閣，2017 年）

櫻井利江（さくらい　としえ）
大阪経済法科大学教養部教授
東京都立大学大学院基礎法学研究科博士課程修了。
〈主要業績〉「非植民地化以後の自決権の意味——分離権をめぐる国際社会の実践を追って」（一）『東京都立大学法学会雑誌』29 巻 2 号，（二）同 31 巻 1 号，（三・完）同 32 巻 1 号（1988 〜 1991 年），「コソボ分離に関する国際法（一〜四・完）—— ICJ 勧告的意見の分析」（一）『同志社法学』62 巻 2 号，（二）同 62 巻 3 号，（三）同 63 巻 2 号，（四・完）同 63 巻 4 号（2010 〜 2011 年）

森田章夫（もりた　あきお）
法政大学法学部教授
1992 年東京大学大学院法学政治学研究科博士課程修了。博士（法学）
〈主要著作〉『国際コントロールの理論と実行』（東京大学出版会，2000 年），『講義国際法〔第 2 版〕』（共編著，有斐閣，2010 年），「国連国際法委員会における海賊行為概念——私的目的・私船要件の意義」江藤淳一編『国際法学の諸相　村瀬信也先生古稀記念』（信山社，2015 年）

xv

執筆者紹介

山崎公士（やまざき　こうし）
神奈川大学法学部教授
東京都立大学大学院社会科学研究科博士課程単位修得。
〈主要著作〉『国内人権機関の意義と役割――人権をまもるシステム構築に向けて』（三省堂，2012 年），International Comparison of Anti-Discrimination Laws（編著，新潟大学，2006 年），『人権政策学のすすめ』（江橋崇と共編，学陽書房，2003 年）

中川淳司（なかがわ　じゅんじ）
東京大学社会科学研究所教授
1987 年東京大学大学院法学政治学研究科博士課程単位取得退学。法学博士（東京大学）
〈主要著作〉『国際経済法』（共著，有斐閣，2003 年），同・中国語版（北京大学出版会，2007 年），同・第 2 版（有斐閣，2012 年），"International Harmonization of Economic Regulation," Oxford University Press, 2011, "Nationalization, Natural Resources and International Investment Law", Routledge, 2017.

磯崎博司（いそざき　ひろじ）
上智大学大学院地球環境学研究科客員教授，岩手大学名誉教授
東京都立大学大学院社会科学研究科博士課程・中退。
〈主要著作〉『国際環境法』（信山社，2000 年），「環境条約の地元における日常的な実施確保――自然環境に関する条約を中心に」『社会の発展と権利の創造――民法・環境法学の最前線』（有斐閣，2012 年），「持続可能な開発」『環境保全の法と理論』（北海道大学出版会，2014 年），「海洋地球工学活動の規制」『環境と公害』45 巻 3 号（2016 年），「環境条約の下の関連指針の法的効力と国内援用」『地球環境学』12 号（2017 年）

石橋可奈美（いしばし　かなみ）
東京外国語大学准教授
筑波大学大学院博士課程社会科学研究科法学専攻修了。博士（法学）
〈主要著作〉Alexandre Kiss, Dinah Shelton, Kanami Ishibashi, eds., *Economic Globalization and Compliance with International Environmental Agreements*（2003, Kluwer International Law）（編著），「海洋環境保護に関する紛争処理と予防――南シナ海に関する仲裁裁判判決の考察を通じて」『東京外国語大学論集』93 号（2016 年），「環境保護の実現と環境影響評価（EIA）――環境紛争処理における EIA の新たな機能」『東京外国語大学論集』91 号（2015 年）

変転する国際社会と国際法の機能

1 仕置，附庸，属国，そして主権
──近世・近代における琉球王国の「国際法」上の地位──

柳 原 正 治

I　はじめに
II　1609 年から 1830 年代までの　　琉球王国
　　琉球王国
III　1840 年代および 1850 年代の
IV　明治初期における琉球／沖縄
V　おわりに

I　は じ め に

　1545 年から 1550 年ごろにかけて制作されたと推定されているのが，「無名ポルトガル製世界図」（イタリア・ヴァリセリアーナ図書館蔵）である。作者は不明である。この地図では，中国（CHINA）の東側に長い列島が描かれ，その中央には japam と記されている。ヤパンという表現が出てくる，初めての地図とみなされる。ところが，この地図を仔細にみると，この列島は，一番南がlequio menor，その上が lequio mayor，その上の大きな島が japam，そして一番北の端が jlhas de Miacoo と記されている。lequio は琉球，Miacoo はミヤコなので，小琉球，大琉球，ヤパン，ミヤコ諸島という配列ということになる。そして，列島が描かれている右側には，LEQVIOS（琉球）と大文字で書かれている。この地図も含めて 72 枚の南蛮人・紅毛人による日本地図を集成した松本賢一は，「LEQUIOS は，本図の作者が，東方洋上の列島全体を琉球列島と考え，そのなかに大，小琉球や日本や都があるという考え方にたっている」と推測している[1]。村井章介はこの推測を踏襲し，琉球は 15 世紀以来，東南アジア諸地域と中国を結ぶ中継貿易を担っていたのであり，最初にヨーロッパ人の視野にとらえられたのは，マラッカに来る琉球人であったとみなす。そし

---

[1]　松本賢一（編）『南蛮紅毛日本地図集成』（鹿島出版会，1975 年）30 頁。

『変転する国際社会と国際法の機能』内田久司先生追悼論文集〔信山社，2018 年 3 月〕　　*3*

1 仕置，附庸，属国，そして主権

て，当時のヨーロッパ人にとって「日本は琉球の一部だった」という認識であったと結論づけている[2]。

　そうした認識が当時どこまで一般的であったかはかならずしも明白ではないが，南方から日本へ向けて航行してきたポルトガル人やスペイン人たちにとって，中国を経由しないとすれば（たとえば，フランシスコ・ザビエルは中国経由で 1549 年薩摩半島の坊津に上陸した），琉球が寄港地として重要な位置にあったことは間違いない。

　ここで蝦夷地探検家として有名な近藤重蔵の「松前蝦夷地処置並ニ異国境取締ニ付建言書草案」（寛政 9 年〔1797〕作成と推定される）に，以下のような一節があることにも留意すべきである。「我邦異国と通路の場所，長崎・薩摩・対馬・松前此四ヶ処ニ限り候」[3]。現在「四つの口」として主張されている考え[4]がここにははっきり示されており，長崎，対馬，松前のほかに，「薩摩口」が「異国」である琉球王国への通路として挙げられている。

　18 世紀末ぐらいから，とりわけ 1840 年代以降，フランスやイギリスやロシア，さらにはアメリカなどの艦隊が日本との接触を試みるようになっていくなかで，琉球は一段と大きな役割を担うようになっていった。その象徴的な出来事が，1854 年（安政元年）に締結された「琉球米国間ノ条約（Convention between the Lew Chew Islands and the United States of America）」（琉米修好条約）である。調印者は，アメリカ側はペリー提督，琉球王国側は，総理大臣・尚宏勲，布政大夫・馬良才であった[5]。ペリーは，幕府と条約締結を交渉するために江戸へむかうにあたって，香港をベースとしていたため，琉球が通り道であり，合計で 5 回那覇に寄港していた。

---

(2) 村井章介「序論 ザビエルとアジア」南塚信吾ほか（編）『新しく学ぶ西洋の歴史——アジアから考える』（ミネルヴァ書房，2016 年）31-32 頁。

(3) 東京大学史料編纂所（編）『大日本近世史料 近藤重蔵蝦夷地関係史料 1』（東京大学出版会，1984 年）8 頁。

(4) 荒野泰典「幕藩体制国家と外交——対馬藩を素材として」『世界史認識における民族と国家—— 1978 年度歴史学研究会大会報告』（歴史学研究別冊特集，1978 年）104-105 頁，同『近世日本と東アジア』（東京大学出版会，1988 年）161 頁参照。

(5) 琉球側調印者の肩書きについては，田名真之「王府の異国船迎接体制——総理官を中心として」琉球王国評定所文書編集委員会（編）『琉球王国評定所文書 第 14 巻』（浦添市教育委員会，1998 年）5-42 頁参照。以下で同書を引用する場合には，『評定所文書』と略記し，巻数が異なる場合には出版年を示すこととする。

〔柳原正治〕 I　はじめに

　琉球王国が西洋諸国と条約を締結したのはこれだけにとどまらない。琉米修好条約の翌年の1855年（安政2年）には「琉球仏国間ノ条約（Convention entre la France et les Iles Liou-Tchou）」（琉仏修好条約），さらにその4年後の1859年（安政6年）には「琉球蘭国間ノ条約（Traktaat tusschen Nederlanden en Lioe-Kioe）」（琉蘭修好条約）がそれぞれ締結された[6]。もっとも，琉米修好条約は1855年に発効したが，フランスもオランダも琉球王国との条約を最終的には批准することはなかった[7]。

　本論文では，これらの諸条約についての，関連諸国（琉球王国，アメリカ，フランス，オランダ，そして日本－幕府・薩摩藩・明治政府）や関係者の，事前および事後の対応を検討することにより，これらの条約の国際法上の問題点を明らかにし，それを1つの手掛かりとして，近世・近代における琉球王国の「国際法」上の地位の変遷についての理解を深めることを試みることにしたい。そうした分析を行っていくなかで中心的な概念となるのが，「仕置」，「附庸」，「属国」，そして「主権」[8]という概念である。

---

(6)　3つの条約の原文は，外務省條約局（編）『舊條約彙纂　第3巻（朝鮮・琉球）』（外務省條約局，1934年）651-661頁に掲載されている。また，漢文の原文は，JACAR（アジア歴史資料センター）Ref. B06151020700（26-37画像目），琉球藩米蘭仏約定書（2.5.1.9）（外務省外交史料館）も参照。

(7)　これらの条約をめぐって最近生じた2つの出来事をここで紹介しておきたい。1つは，2015年2月8日の『琉球新報』に掲載された，以下のような記事である。琉球王国の印が押してある琉仏修好条約のフランス側の原本が，フランス・ヴァンセンヌ市の海軍公文書館で見つかった。フランス人のパトリック・ベイヴェール（Patrick Beillevaire）という研究者が確認し，2013年に写真撮影された。「フランス側の原本が確認されたことで，フランスは当時，琉球国が主権を持つ独立国家と認識していたことが裏付けられた」と記事では結論づけている。ここで言われている「海軍公文書館」とは「国防公文書館（Service historique de la Défense）」のことである。また，この文書の存在によって琉球国が「主権を持つ独立国家」であると結論づけていることの問題性については，本文の第2節参照。もう1つは，衆議院議員の照屋寛徳が2015年2月25日および3月11日に提出した「琉球王国の歴史的事実と認識に関する質問主意書」および「同再質問主意書」である。これに対して，それぞれ3月6日および20日に「答弁書」が出されている。これは，琉球王国が締結した3つの条約に関するものであるが，琉米修好条約については，2006年10月13日および11月1日に衆議院議員鈴木宗男が提出した「1854年の琉米修好条約に関する質問主意書」および「同再質問主意書」，それに対する2006年10月24日および11月10日の「答弁書」がある。

(8)　「主権国家」概念こそが近代国際法の存立そのものにかかわるキー概念であるが，その主権概念についての変容という現象がみられるという，内田久司先生のご論攷「主権

1 仕置，附庸，属国，そして主権

　日本を含む東アジア地域においては，19世紀初頭ぐらいから次第に，「主権」や「領域」などの近代国際法上の概念が伝播してくるにつれ──あるいは，そうした概念の受入を強要されていくなかで──，そうした「領域」概念に基づいて，東アジア地域における「主権国家」の「領域」確定の作業が進められていった。そのなかで，その地域に固有のものとして存在してきた伝統的な概念をどのようにして西洋的概念に切り替えていったのかについて，琉球王国を題材として探求しようとするのが，本論文の主旨である。以下では，1609年から1830年代までの琉球王国，1840年代および1850年代の琉球王国，そして，明治時代における琉球・沖縄，という順番で論じていくことにする。

II　1609年から1830年代までの琉球王国

　1429年に中山王尚巴志が琉球南山王他魯毎を滅し，南山を併合して琉球の統一がなった。この琉球王国が大きな転機を迎えたのが，1609年のことである。慶長14年（1609）2月26日薩摩藩島津氏は琉球征討を決定し，4月5日には首里城を接収した。5月26日藩主島津家久は，琉球平定を徳川家康・秀忠に報告した。それを受けて7月7日徳川家康は，以下のような感状を家久に送っている。「琉球之儀，早速属平均［平定する］之由注進候，手柄之段被感思食候［感心なされ］，即彼国［琉球］進［与え］之条，弥仕置等可被申付候也。」[9]ここで重要なのは，「仕置」という概念である。「仕置」は戦国時代ごろから，権力的支配のことを指すようになった。その後，江戸時代においては，権力的支配のなかで，はなはだ重要とみなされた刑罰やその執行のみを指すように変化していった[10]。家康の感状の「仕置」は支配一般を指すとみなされるので，家康は家久に琉球支配を命じたということになる[11]。

　もう1つ注目される文書が，慶長16年（1611）9月20日に三司官が鹿児島奉

　　　概念の変容」『国際問題』279号（1983年）2-15頁に示唆を受けて執筆したのが，柳原正治「いわゆる『ドイツ国際法』論をめぐる一考察」同（編）『内田久司先生古稀記念論文集　国際社会の組織化と法』（信山社，1996年）81-115頁であった。
　(9)　歴史学研究会（編）『日本史史料［3］近世』（岩波書店，2006年）126頁。
　(10)　石井良助「仕置」『国史大辞典　第6巻』（吉川弘文館，1985年）652頁。文化元年（1804）以降順次江戸幕府評定所が編纂していった『御仕置例類集』は刑事事件に関する判例集といえるものである。
　(11)　日置英剛（編）『新国史大年表　第5巻 I（1601-1715）』（国書刊行会，2010年）81-82頁をも参照。

行に提出を強制された起誓文である。ここには「琉球之儀自往古為 薩州之附庸之条」と記されている[12]。琉球は昔から薩摩の「附庸」であるという，いわば「虚構」の下に，薩摩への忠誠を誓う文書ということになる[13]。「附庸」という用語は，14世紀ぐらいまでさかのぼることができるものであり，付属している，付き従っている，という意味である。具体的に島津氏が取った措置──「琉球仕置」とも呼ばれる措置──は，種々あった。起誓文が提出された前日には，琉球王府領として道之島（奄美諸島）以南とし，高89,086石として，諸島からの貢租を定めた。また，「琉球国掟一五か条」も定められた。そのなかには，「薩摩御下知之外，唐江誂物可被停止之事」，「従琉球他国江商船一切被遣間敷之事」などの条文があった[14]。

　もっとも，慶長14年（1609）以降の薩摩藩の「仕置」や「附庸」の具体的内容については，時代により違いがあった。島津氏は当初琉球の諸式の日本化をはかり，日本風俗との同化を求めた。しかしその後は，琉球住民が日本名を付け，日本支度（日本風の服装・風俗）をすることを禁止した（寛永元年〔1624〕8月20日）。幕府は，寛永11年（1634）8月4日，「薩摩・大隅両国ならびに日向国諸郡都合605,000石，この外琉球国123,700石の事，全て領知有るべき」として，島津氏に琉球をも安堵した。また，幕府も島津氏も，琉球を通じた明との通商貿易を望んでいた。明は，当初は警戒心を隠さなかったが（万暦41年〔1613〕5月13日の咨文），崇禎6年（1633）6月9日には明の冊封使が琉球に至り，尚豊を中山王に封じるとともに，かつてのように2年1貢を許可した。これにより琉球は中国の冊封体制のなかにふたたび組み入れられることになった（清は，順治11年〔1654〕に琉球の冊封を決定した）[15]。

　琉球は以上のように，一方では島津氏の「仕置」の下に置かれ「附庸」であったが，その一方では，中国（明，清）の冊封体制のなかに組み込まれてい

---

[12]　鹿児島県維新史料編さん所（編）『旧記雑録 後編4』（鹿児島県，1984年）347頁。

[13]　慶長9年（1604）2月に島津義久が琉球王世子尚寧に宛てた書簡のなかには，「琉球之儀者薩広為附庸」という文言がみられる。鹿児島県維新史料編さん所（編）『旧記雑録 後編3』（鹿児島県，1983年）927頁。

[14]　『旧記雑録』（前掲注[12]）344-345頁。

[15]　詳しい経緯については，紙屋敦之『幕藩制国家の琉球支配』（校倉書房，1990年）18-45，242-268頁，渡辺美季『近世琉球と中日関係』（吉川弘文館，2012年）65-137頁など参照。

1 仕置，附庸，属国，そして主権

た。1609 年以前には琉球と朝鮮との間にも一定の交流があったが[16]，それ以後は琉球の対外関係は日本（島津氏）と中国にほぼ限定されていった。

1609 年から 1830 年代までの琉球王国については，以上のような素描は可能としても，さまざまなとらえ方がなされ，現在においても定説と言えるようなものがないといってもよいであろう[17]。さまざまな事実があって，それをどのように評価するかについて意見の一致がみられない。ただ，はっきりしているのは，関係諸国，すなわち，明，清，琉球王国，それから薩摩藩，幕府の間で見方は複数存在したが，その間に深刻な問題が生じることはなかったということである。それは日清の支配秩序に序列構造があったからなのか，また，日琉（薩琉）関係を清に対して隠蔽することについて幕府がどこまで加担していたのか，という点についてはなお議論があるとして[18]，それぞれにそれぞれの思惑があって，230 年ぐらいの間，現代の目から見るとはなはだ曖昧で，近代法や近代国際法の観点からはどうにもとらえようもないようなあり方が続いたのである。繰り返しになるが，それが当時の人にとっては深刻な問題として浮上していたわけではかならずしもなかったということは間違いない[19]。

Ⅲ 1840年代および1850年代の琉球王国

1840 年代になると，琉球王国にオランダ船，イギリス船，フランス船などが頻繁に訪れるようになる。とくに大きな問題となったのは，弘化元年（1844）

---

[16] 夫馬進「1609 年，日本の琉球併合以降における中国・朝鮮の対琉球外交」『朝鮮史研究会論文集』46 集（2008 年）23-31 頁，孫承喆「朝琉交隣体制の構造と特徴」河宇鳳ほか『朝鮮と琉球』（榕樹書林，2011 年）28-44 頁など参照。池谷望子ほか（編）『朝鮮王朝実録琉球史料集成』（榕樹書林，2005 年）をも参照。

[17] 諸説があることについては，たとえば，豊見山和行「琉球・沖縄史の世界」同（編）『琉球・沖縄史の世界』（吉川弘文館，2003 年）53-57 頁参照。

[18] 渡辺『前掲書』（注 15）140-173，213-253 頁など参照。

[19] Robert K. Sakai, "The Ryukyu (Liu-ch'iu) Islands as a Fief of Satsuma," John King Fairbank (ed.), *The Chinese World Order: Traditional China's Foreign Relations* (Cambridge, Mass.: Harvard University Press, 1968) p. 112 参照。1816 年アマースト使節団の中国訪問の期間を利用して朝鮮・琉球を訪れたイギリス船ライラ号艦長ベイジル・ホール（Basil Hall）による『朝鮮・琉球航海記』（岩波書店，1986 年）[1818 年公刊]，および，その乗組員の海軍大尉クリフォード（H. J. Clifford）による『クリフォード訪琉日記──もうひとつの開国』（不二出版，2015 年）[訳者の浜川仁がポーツマスの国立英国海軍博物館付属図書館において 2013 年に発見した手書きの日記]は，当時の琉球の様子（武器・犯罪・貨幣などのない琉球イメージ）を見事に描いている。

8

〔柳原正治〕　　　　　　　　　　　Ⅲ　1840年代および1850年代の琉球王国

3月にフランス船アルクメーヌ号が那覇に来航し，開港・貿易を求めたときである。同船は結局，宣教師フォルカード（Théodore Ausgustin Forcade）と通訳の清国人神学生を残して1週間後には那覇を去った。報告を受けた薩摩藩は幕府と協議の上，同年7月には警備兵128名を琉球に派遣している。また，同年10月には琉球の清国への進貢船の使節が，琉球滞在のフランス人の退去についての協力のための陳情書を清国へ提出している[20]。

　その後も，西洋諸国の船の来訪は続いた。弘化3年（1846）4月にはイギリス船スターリング号が那覇に来航し，宣教師で医者であったベッテルハイム（Bernard Jean Bettelheim）夫妻とこどもらを皇帝命令と称して強引に残していった。その後も，フランス軍艦サビーヌ号，クレオパトル号，ヴィクトリューズ号などが来航し，宣教師を残していった。幕府の老中阿部正弘は同年6月に，島津斉彬に対して，琉球での外国貿易は万やむをえない場合に限り，また交易相手はフランスに限ると伝えていた。琉球王国としては，外国人の退去・貿易の拒否について周旋してくれるように清国に要請していた。また，ベッテルハイムによる布教活動には徹底的に妨害を行った[21]。

　こうしたなかで琉球王国が作成したのが，『異国人江返答之心得』である。道光28年（1848）2月作成の文書とみなされる。異国船の来航が相次ぐなかで，首里王府が現場役人のために作成した想定問答集である。このなかで一貫しているのは，薩摩・日本との関係や琉球内の事情を意図的に隠蔽すること，欧米人には表向きは友好的な対応をするが，相手側の要求は巧みにはぐらかすこと，ということであった。また，琉球の範囲については，大島，徳之島などの奄美

---

[20]　こうしたなかで同年8月に執筆されたのが，薩摩藩の儒学者五代秀尭による『琉球秘策』である（沖縄歴史研究会『南聘紀考』〔沖縄歴史研究会，1966年〕105-114頁所収）。ここには琉球を切り捨て可能な「異国」とみなし幕藩制の圏外に位置づける，いわば「琉球分離策」が明らかにされている。西里喜行『清末中琉日関係史の研究』（京都大学学術出版会，2005年）119，123，780頁参照。

[21]　嘉永4年（1851）11月にはイギリス軍艦が来航し，ベッテルハイムの待遇改善を要請している。これらの経緯については，Jules Revertegat, "Une visite aux Iles Lou-Tchou," *Le tour du monde: Nouveau journal des voyages*, 1882, pp. 250-256; Bénigne Eugène Fornier-Duplan, "Campagne de l'*Alcmène* en Extrême-Orient（1843, 44, 45 et 46），" *Bulletin de la société de géographie de Rochefort-sur-Mer*, 1908, pp. 17-37; Henri Cordier, *Les Français aux Îles Lieou K'ieou*（Paris: Imprimerie national, 1911）pp. 5-12; 豊見山和行「琉球王国末期における対外関係——琉米・琉仏条約締結問題を中心に」『歴史評論』603号（2000年）32-34頁など参照。

1 仕置，附庸，属国，そして主権

群島を含む琉球36島は「往古ヨリ琉球属島ニテ日本之抱相成候島ハ曽テ無之」という回答となっていた[22]。

1 琉米修好条約

こうした対応では処理できなくなり，安政元年（咸豊4）6月17日（1854年7月11日）に締結されたのが琉米修好条約であった。来琉するアメリカ合衆国市民との友好，薪水の提供，難破時の救助，琉球に上陸した船員に尾行をつけないこと[23]などを内容とする，全7条からなる条約である（漢文と英文が正文[24]）。翌年1855年の3月9日には合衆国大統領より布告がなされ[25]，正式の条約として発効した。徳川幕府が西洋諸国と最初に締結した条約，安政元年3月3日（1854年3月31日）の日本国米利堅合衆国和親条約（Treaty of Peace and Amity between the United States of America and the Empire of Japan）の約3ヶ月後に締結された条約となる。

いずれの条約についても交渉担当者であったペリーが，当時琉球王国を日本の「一部」とみなしていたのか，「独立国家」とみなしていたのかは，公表されている史料を見る限り，揺れ動いているように受けとめられる。日本遠征途上の最初の寄港地マデイラにおいて執筆された，1852年12月14日付けの，ジョン・P・ケネディ（John P. Kennedy）海軍卿に対するペリーの書翰には，「琉球諸島と呼ばれる島々は，何世紀も前に，日本に征服された属領（dependencies）だということですが，その実際の主権については中国政府が異議を申し立てております。……琉球諸島は，日本帝国の諸侯のなかで最も強力な薩摩侯の統治（jurisdiction）下に置かれています」という記述がみられる[26]。

---

[22] 「異国人江返答之心得」（1921号）『評定所文書 第17巻』（2001年）325-333頁。高良倉吉「解題」『沖縄県史料 前近代3』（沖縄県教育委員会，1984年）6-13頁をも参照。

[23] 異国人に尾行人を付けることが琉球政府の非常に大事な，主体的な政策であったとするのが，ティネッロ・マルコ『世界史からみた「琉球処分」』（榕樹書林，2017年）92-99頁。

[24] 漢文の書き下し文は，「亜米理幹合衆国約條之大意」（「諸外国ト琉球ト条約并往復書類」〔1807号〕『評定所文書 第17巻』316-317頁）参照。

[25] JACAR（アジア歴史資料センター）Ref. B06151020700（7画像目），琉球藩米蘭仏約定書（2.5.1.9）（外務省外交史料館）。

[26] それに続けてペリーは，これらの諸島の主要な港を占拠することが，もっとも厳正な道徳律によって正当化されるし，緊急性の原則からも考慮されるべきであるとしている。

〔柳原正治〕　　　　　　　　　　Ⅲ　1840年代および1850年代の琉球王国

ところが，日米和親条約を締結するに当たって，ペリーは幕府に対して，開港地を日本のなかにいくつか設置してほしいという要請をし，琉球を1つの候補としていた。こうした要請は，琉球諸島を日本の一部とみなしていたことを示唆していることになる[27]。

これに対して幕府は，「琉球之儀は遠境に候へは同所開港之談判難行届候事」と応じて，開港地とする交渉には応じなかった[28]。このとき幕府内部では，琉球は日本の「属国」なのか，清の「属国」なのか，あるいは日清「両属」[29]とみなすべきか，というかたちでの議論がなされていた。島津家本『琉球外国関係文書　嘉永六年　三八』（東京大学史料編纂所所蔵）のなかに，「幕府琉球国ニ於テ外国人処分上議案」として「琉球之儀ニ付応接方大意」という文書がある。

田中彰『開国　日本近代思想大系1』（岩波書店，1991年）32頁。Francis L. Hawks, *Narrative of the Expedition of an American Squadron to the China Seas and Japan, Performed in the Years 1852, 1853, and 1854, under the Command of Commodore M. C. Perry* (Washington: A. O. P. Nicholson, 1856)，〔vol. 1〕, p. 85. また，1856年執筆のペリー提督意見書には，「日本，琉球，シャムという隆盛な王国との間に，重要な利益を確実にもたらす条約を締結した。……他のいかなる国家からも事実上 de facto 独立していると知られている東洋諸国……」との記述がみられる（田中『前掲書』11-12頁）。Hawks, *op. cit.*, vol. 2, p. 173.

[27]　ベッテルハイムがペリーに，「琉球はある程度独立しているが（琉球の支配者は，北京への貢納と引き替えに，王という，仰々しい称号を得ている），結局のところ，日本の不可分の一部（integral part）である」と説明していたことも注目される。その理由としては，那覇に日本の守備兵が駐屯していること，琉球の貿易はすべて日本とのものであること，琉球には多くの日本人が平穏に居住していること，日本の監察官がベッテルハイムと琉球当局者の接触をとりしきっていると推測されること，琉球の言語・服装・習慣・道徳・悪習は日本のそれらと一致していること，が挙げられている。*Ibid.*, 〔vol. 1〕, pp. 222-223（M. C. ペリー〔著〕，F. L. ホークス（編纂），宮崎壽子（監訳）『ペリー提督日本遠征記　上』〔角川文庫，2014年〕524-526頁）。

[28]　松前については「松前は是亦辺境にて」として，松前についても開港地とすることについての交渉には応じられないという態度をとった。『幕末外国関係文書　第5巻』249頁。「遠境」と「辺境」が異なる意味を持つものとして使い分けられているかは明白ではない。なお，この交渉の経緯はアメリカ合衆国側の記録にも残されている。「遠境」は a very distant country, a distant dependency，「辺境」は a very distant place と英語では表記されている。*Ibid.*, p. 364.

[29]　日中「両属」という表現がいつごろから存在するのかははっきりしない。弘化元年（1844）6月20日島津斉彬が老中阿部正弘との会談のなかで，「琉球ハ日清両属，表ニ清国ニ隷属シ隠ニ日本ニ随属スル」と述べている事実は，確認できる。『琉球外国関係文書　弘化元年　二』（東京大学史料編纂所所蔵）。

1 仕置，附庸，属国，そして主権

これは，老中阿部正弘による，いわば想定問答集（作成日時は記載されていない）とみなされる。阿部は，琉球は「日本ニ属シ薩摩国主所領」であるとする。ただ，琉球が清からの「正朔〔中国暦〕」を受け，冊封使を迎えることを日本としては許してきた。しかし，琉球は「全我国へ服従罷在候」と回答すべきであるとしている。そして，合衆国からそういう事情であれば「日本・清国へ両属致」しているのではないかという問いが想定されるが，これに対しては，「ケ様ナル押付クルコトヲ可申候ハ，何角心アリテノ儀」であるので，これについては返答しない，という回答としている[30]。

　この想定問答集を前提として老中阿部から諮問を受けた，林復斎大学頭と筒井政憲肥前守が連名で提出した文書が，「琉球国之儀御尋之趣取調申上候書付」（寅〔＝安政元年（1854）〕4月）と推定される。そこには次のように記されている。琉球は「薩州附属之国」であるが，中国とは冊王使・礼謝之使答をやり取りしており，また正朔を受けている。そして，「外之国々へハ，日本へ服従致シ居候事ハ顕シ不申，唯其属島ト交易致シ候趣ニ申成居候」。そこで結論として，「両国ニ随従致スト雖モ，申可ハ唐国ハ父ノ如ク，日本ハ母ノ如キ意味ニ御座候得ハ，押立申候時ハ，唐土ノ属国ト申候テ可然儀」としている[31]。この上申書に対しては，勘定方からは「御国ニ属シ候訳ニ候」としつつも，薩摩に問い合わせるべきとの反論がなされている（同年4月）[32]。また，海防掛からは，「薩州之附庸タル事ハ疑ヲ容候迄ノ儀モ無之候」としつつも，「両国随従之国」とすべきであるとの反論が提出された（同年5月。「琉球国之儀ニ付被　仰出候」のなかの文書）[33]。

　ここにおいては「属国」や「両属」という概念を使いながら，従来の「附

---

[30]　この文書および以下本文に挙げる文書は，洞富雄（訳）『ペリー日本遠征随行記』（雄松堂書店，1970年）447-455頁に翻刻されている。ただし，文書の順番は『琉球外国関係文書』におけるものとは異なっている。なお，この想定問答集の作成日について詳細に検討しているのが，マルコ『前掲書』（注23）101-131頁。

[31]　洞『前掲書』（注30）449-450頁。

[32]　同書，450頁。

[33]　同書，450-451頁。これらの文書については，真栄平房昭「19世紀の東アジア国際関係と琉球問題」溝口雄三ほか（編）『アジアから考える〔3〕周縁からの歴史』（東京大学出版会，1994年）253-255頁，横山伊徳「日本の開国と琉球」曽根勇二・木村直也（編）『新しい近世史 ②国家と対外関係』（新人物往来社，1996年）399-400頁などをも参照。

〔柳原正治〕　　　　　　　　　　Ⅲ　1840 年代および 1850 年代の琉球王国

庸」や「冊封体制」という概念の枠内で議論が組み立てられている。日本の「属国」なのか，中国の「属国」なのか，あるいは，日中「両属」なのか，という結論は別として，ここでの議論の枠組みは，近代国際法上の「従属国」とか「保護国」というものではなく，あくまでも伝統的な「附庸」，「冊封体制」であった。

　また，幕末には琉球を朝鮮とならんで「通信之国」とみなす考えが伝統的な祖法として唱えられたこともあるが（たとえば，弘化 2 年〔1845〕の，老中からのオランダ摂政大臣宛の書簡），このときの文書群のなかでは，唯一海防掛の反論のなかでこうした「祖法」への否定的な言及がなされているのみである[34]。

　こうした幕府内の議論がペリーに知らされることはなかった[35]。そこでペリーが取った策が，琉球王国と直接条約を締結し，開港地を確保することであった。ペリーが 6 月 14 日（7 月 8 日）に琉球王国に提示した案の前文には，琉球を「独立国家（an independent nation）」とする文章が盛り込まれていたということが，『1852 年から 1854 年にかけて実施されたシナ海および日本への M.C. ペリー提督指揮下のアメリカ艦隊の遠征記〔ペリー提督日本遠征記〕』のなかには記されている。これに対して琉球側は，琉球は「中国に忠誠

---

(34)　通信之国は「従附之国トハ難唱候」であるとすれば，朝鮮は別として，琉球について通信之国とみなすことは，「薩州之附庸」とみなされてきたことと矛盾しているのではないかという指摘である。洞『前掲書』（注 30）451 頁。横山「前掲論文」（注 33）400 頁，マルコ『前掲書』（注 23）205-206 頁をも参照。

(35)　日米和親条約が締結されてから約 5 ヶ月（琉米修好条約からは約 2 ヶ月）経った，安政元年（1854）閏 7 月 15 日イギリス東インド艦隊司令長官スターリング（James Stirling）が長崎に来航してきたおりに，日本の「領域」や朝鮮との「国境」問題が議論された。長崎奉行は，同年 8 月 7 日の言上書のなかで，「琉球ハ日本属国，対馬ハ日本国之内」という見解を示した。箭内健次（編）『通航一覧続輯　第 3 巻』（清文堂，1970 年）99 頁。また，文久 2 年（1862）閏 8 月 8 日の英国公使ニール（Edward St. John Neale）の問い合わせに対して，幕府老中は，琉球島は「我国の所属たり」としつつも，「同島は古より唐土へも通信せし故，島内にて唐土之制度に従ふ廉もあれ共其旧習に任て又是を禁する事なし」とされている。また，添付されている別紙では，「唐土明の代より今の清朝に至る迄，同国へも使者来往し其封爵を受る事をも亦禁せさる所なり」ということも付け加えており，「日清両属」を英国公使に伝えたものと一般的には解されている。『夷匪入港録　第 1』（日本史籍協会，1930 年）30-33 頁。この文書については，岩﨑奈緒子「蝦夷地・琉球の『近代』」『日本史講座 7　近世の解体』（東京大学出版会，2005 年）288 頁，西里喜行「咸豊・同治期（幕末維新期）の中琉日関係再考──尚泰冊封問題とその周邊」『東洋史研究』64 巻 4 号（2006 年）688-689 頁，マルコ『前掲書』（注 23）202-210 頁などをも参照。

1 仕置，附庸，属国，そして主権

(allegiance) を誓っており……絶対的独立 (absolute independence) を主張すると断言すること，あるいはそのようにみられること」は，中国との間に紛争を招きかねないとして，この案に反対した[36]。

この前文についてのやり取りからは，琉球王国は絶対的独立をもつ主権国家として合衆国と条約を締結するというふうに，ペリーはこの締約直前には考えていたと推定される。もっとも，琉球王国側の資料には，調査したかぎり，こうした記述は見当たらない。『琉球王国評定所文書』には，実に細かな交渉などの記録があり，当日の交渉についての記述もある。しかしそのなかには，この独立をめぐる前文についてのやり取りは一切出てこない[37]。この事実がどういうことを意味するのかは，今後なお分析を進めていく必要がある[38]。

2 琉仏修好条約

安政元年 (1854) 9月8日，薩摩藩は琉球に対して，米国との条約のうち，直売買を承認するかのように受け取られる箇所についての改訂を命じるとともに，これ以後他の諸国との条約の調印を拒絶するように求めた[39]。もっとも，事

---

[36] Hawks, *supra* note 26, p. 495 (『ペリー提督日本遠征記 下』513頁)。Samuel Wells Williams, *A Journal of the Perry Expedition to Japan (1853-1854)* (Tokyo: Z. P. Maruya, 1910) pp. 240, 242 をも参照。調印日前日の1854年7月10日の項には以下のように記されている。「中国への恐れがかれらが示した唯一の理由である。それは風変わりな議論であった。われわれは，主権国家という平等な条件でかれらが文書に署名することを望んだのであるが，かれらは，中国への従属 (subjection to China) とわれわれに対する著しい下位 (inferiority) のほうを選んで，一文一文議論していった。」洞『前掲書』(注30) 403頁の訳をも参照。さらに，J. Willett Spalding, *The Japan Expedition: Japan and around the World* (New York: Redfield, 1855) pp. 338-339 をも参照。

[37] この6月14日 (7月8日) の交渉の記録は，「亜人成行御国許江御届之扣」(1505号)『評定所文書 第7巻』(1991年) 588-589頁に掲載されている。ここでは，「当地中朝之藩国ニテ，凡行ふ所之大事ハ中国差図を得不申候テハ難相成事候処……前明以来唐藩邦ニ被封」として，清の「藩国」ないしは「藩邦」であるから，清の指図がない限り新規に他国と親睦を結ぶことはできないと主張したという点が記されている。同書，594-595頁をも参照。

[38] 琉球王国の交渉担当者がそもそも「独立国家」や「主権国家」という概念をどこまで理解していたかということ自体の検討も必要であろう。

[39] 『維新史料綱要 巻1』(維新史料編纂事務局，1937年) 648頁。これよりさきの7月5日に琉球は薩摩藩に対して，手数を尽くして条約締結に反対したが，「国難成立候境節相及」ということでやむを得ず締結に至ったと伝え，今後どのような対応を取るべきかの指図を求めていた。「例抜」(1582号)『評定所文書 第14巻』517頁。また，安政

〔柳原正治〕　　　　　　　　Ⅲ　1840年代および1850年代の琉球王国

態はそのようには推移しなかった。この琉米修好条約の翌年の，安政2年（咸豊5）10月15日（1855年11月24日）に締結されたのが，琉仏修好条約である。琉米修好条約で規定されている事項のほか，居住地・家屋・船舶の貸借（2条），逃亡水夫を保護しないこと（9条），琉仏双方の犯罪人の処罰（10条），難破船の修復（11条）をも規定する，全11条の条約である[40]。また条約の末尾には，通商貿易や土地の売却や居留について，琉球と他国との間に合意が今後なされれば，それがフランスにも適用されると規定している（「最恵国待遇」）[41]。この条約の原本は3通作成され，両者の署名（フランス側は，ニコラ・フランソワ・ゲラン〔Nicolas François Guérin〕提督，琉球側は，尚景保，馬良才，翁徳裕）と，琉球側の捺印のうえ，2通はフランス側，1通は琉球側に渡された[42]。現在そのうちの1通は日本の外務省外交史料館，1通はフランスの国防史料館ヴァンセンヌ館（Service historique de la Défense, Vincennes）に保管されている（もう1通は不明）[43]。

　後者の史料館には，ヴィルジー号など3隻の船で来琉した，ゲラン提督が条約締結の経緯を，フェルディナン・アムラン（Ferdinand Hamelin）海軍・植民省大臣に報告している，1855年12月6日付けの書簡も保管されている。その書簡では，もっとも大きな争点は居住地・家屋・船舶の貸借に関する第2条で

　　3年（1856）1月薩摩藩から琉球へ宛てられた「琉球・北亜米唎幹合衆国和約之箇条書互ニ取替候付以来取計振之覚」（「例抜」〔1582号〕『評定所文書　第14巻』）521-525頁）など，いくつかの措置が取られたことについては，豊見山「前掲論文」（注21）34-39頁参照。さらに，岡部敏和「米国ペリー艦隊の琉球来航と琉球『開国』問題──『琉米約定』をめぐる琉球王府・薩摩藩間交渉を中心に」『明治維新史研究』9号（2013年）16-32頁をも参照。

[40]　Henri Cordier, "Le premier traité de la France avec le Japon (Edo, 9 Octobre 1858)," T'oung Pao, 2nd Ser., 13(2) (1912), pp. 205-290.

[41]　フランス語の正文には，通商などの限定はなく，一般的な最恵国待遇が得られると規定されている。

[42]　「仏船来着成行守衛方江御届申上候扣」（1535号）『評定所文書　第11巻』（1995年）219-220頁。「仏船3艘来着付那覇ニテ之日記」（1534号）同書，161頁をも参照。1535号の文書と1534号の文書はほぼ同一の内容である。

[43]　後者の原本がさきに注で引用した琉球新報に掲載されたものである。なお，この原本の写真は，Yasuko D'Hulst「19世紀，琉球王国に関するフランスの海軍・宣教・外交史料 19th-century French naval, missionary and diplomatic archival sources on Ryūkyū」（http://www.eajrs.net/files/happyo/DHulst_Yasuko_13.pdf （last visit: 9 December 2017））にも掲載されている。

1 仕置，附庸，属国，そして主権

あり，琉球の交渉担当者は拒絶の態度を貫いたので，言葉と行動で脅迫して調印にこぎ着けたと記されている[44]。琉球側の記録「仏船来着成行守衛方江御届申上候扣」（1535号）では，この点はもっと詳細に記されている。総勢234名で上陸し，「提督始惣様刀ヲ抜兵卒共座内ヘ呼寄（総）理官并布政官捕付庭ヘ引出，兵器ヲ動候体至極乱妨之仕形ニ付」[45]。抜刀して交渉担当者を庭に連れ出し，調印を迫ったということであった。さらには，「何共迷惑至極恐入奉存候事」とも記されている[46]。

　強迫を用いてまで締結した条約であったが，フランスは結局この条約を批准することはなかった[47]。さきほどのゲランの書簡への返信が，1856年3月10日付けのアムラン大臣によるものである。1855年8月7日，10月3日，11月4日，12月6日，12日，1856年1月10日付けのゲランの書簡を受領したとしたうえで，琉球国王との条約を締結した件について次のように記している。「貴兄は琉球島の国王との条約を締結するに至りました。この取極は，外交上の協定とみなすことはできませんが，この種の行為には両締約政府の明示の批准の交換がともなうのが不可欠であることからして，この条約は間違いな

---

[44] Service historique de la Défense (Vincennes, France), MV BB4 735 Division navale de la Réunion et de L'Indo-Chine – Lettres reçues Contre-amiral Guérin 1855 à 1857, ff. 53-55. なお，この書簡は，Patrick Beillevaire (ed.), *Ryūkyū Studies since 1854: Western Encounter Part 2* (Richmond: Curzon Press, 2002), Vol. 2 に翻刻されている。

[45] 「仏船来着成行守衛方江御届申上候扣」（1535号）『評定所文書　第11巻』215-216頁。

[46] 同書，217頁。この部分は1534号の文書には存在しない。「和蘭国船運天津江来着之筈ニ付諸手組向日記」（1573号）『評定所文書　第14巻』161，173頁では「仏国提督渡来猛威を振ひ……乱妨之仕形有之至極及迷惑候」と記されている。なお，交渉の過程で琉球側は，「往古より唐之屏藩ニ相立，且日本之属島佳喇島〔＝鹿児島〕モ素より交通いたし国家相立候次第」として，中国と日本両国の指図がないと条約を締結できないと回答していた。「仏船来着成行守衛方江御届申上候扣」（1535号）『評定所文書　第11巻』207頁。

[47] この条約についての琉球側の対応は，「仏朗西国約条書之大意」（安政2年10月15日）によく示されている。そこでは「表向ハ友睦之体ニテ」と記されている。「諸外国ト琉球ト条約并往復書類」（1807号）『評定所文書　第17巻』317-319頁。安政2年（1855）11月には，琉球中山府において，仏との条約締結の事情説明のために，清国へ特使を派遣すべきかが議論された（『維新史料綱要　巻2』〔維新史料編纂事務局，1937年〕146頁）。もっとも，実際に派遣されたかは定かではない。なお来琉したフランス人宣教師たちが，安政3年（1856）当時，琉仏修好条約が琉球で守られていないと不満をもらしていると記している史料が，「異国御用掛日記」（1547号）『評定所文書　第12巻』（1996年）349頁。

16

〔柳原正治〕　　　　　　　　　　　　　Ⅲ　1840年代および1850年代の琉球王国

く，われわれ海軍にとっても，貿易にとっても，海軍がこの地域で必要とする
ような資源を手に入れる大きな手段となるでしょう。条約を締結した貴兄の成
功を祝福します。」[48]この箇所は，「この取極は，この種の行為には両締約政府
の明示の批准の交換がともなうのが不可欠であることからして，外交上の協定
とみなすことはできませんが」と読むこともできよう。ただ，いずれの訳を取
るにしても（とくに後者の訳を取る場合には一段と），「条約」と「外交上の協定」
との関係，とくに批准の必要性との関係について，現在の国際法の理論からす
ると，説明がはなはだ困難である。もっとも，アムラン大臣がどの程度国際法
の理論を熟知していたかが，そもそも疑問であるともいえる。いずれにしろこ
こで明白なのは，琉球との関係は経済的に見て重要であり，この条約が効力を
持つようにすべきであるというのが，アムラン大臣の意見であったということ
である[49]。

---

[48]　"Vous étiez parvenu à passer un traité avec le Roi des Iles Liou tchou: bien que
　　　cet arrangement ne puisse être considéré comme une convention diplomatique,
　　　attendu qu'il serait indispensable qu'un acte de cette nature fût suivi d'un échange
　　　de ratifications expresses entre les deux Gouvernements contractants, le traité dont
　　　il s'agit assurera sans doute à notre Marine militaire et du commerce de grandes
　　　facilités pour obtenir les ressources dont elle aurait besoin dans ces parages et je vous
　　　félicite du succès qui vous avez obtenu." Service historique de la Défense (Vincennes,
　　　France), MV BB4　739 Lettres au Guérin 10 mars - 24 déc 1856 (microfilm: MV 1 MI
　　　985), ff. 314-316. ゲラン自身は，琉球王国を独立国家とはみなしていなかった。先に本
　　　文で引用した，1855年12月6日付けの書簡のなかには次のような一節がある。「大臣
　　　閣下，わたくしが見るところでは，琉球は江戸から派遣された地方総督により統治さ
　　　れている，日本の一地方（une province japonaise）です。その人物は，強大きわまり
　　　ない意思によって王国の最上位の指導者たちを意のままにしており，わたくしが締結
　　　すべき条約について唯一の反対者でした。国王はこどものごとくであり，中国の使節
　　　は形式的に相談を受けるに過ぎず，王国の事柄になんらの影響力も持っておりません。」
　　　Service historique de la Défense, *supra* note 44, f. 55. 琉球側の記録では，フランスの
　　　交渉者は「琉球者中国・日本之地方ニ而茂無之」と述べたとされており，ゲランの書簡
　　　でのとらえ方とは異なっている。「仏船来着成行守衛方江御届申上候扣」（1535号）『評
　　　定所文書　第11巻』207頁。

[49]　ゲラン自身は琉球との交渉のなかで，アメリカとロシアの極東への進出の恐れ，フラ
　　　ンスが清への進貢船を海賊船から護ることを条約の目的としてあげていた。「仏船来着
　　　成行守衛方江御届申上候扣」（1535号）『評定所文書　第11巻』200，202頁。こうした
　　　目的のほか，文明化の使命という目的もあったとするのが，上原令「19世紀中葉のフラ
　　　ンス極東対策と琉球」『史料編集室紀要』25号（2001年）94-97頁。なお，アレクサン
　　　ドル・ヴァレフスキー（Alexandre Walewski）外務大臣がルエール（Eugène Rouher）

17

1 仕置，附庸，属国，そして主権

しかし，その後この条約の批准手続はフランスでなされなかった。批准の検討は断続的に行われていた。たとえば，1867 年に作成された「琉球島に関する覚書」という文書のなかでは，海軍は琉球を「完全に独立であり，自由に行動をとることができ，正式に条約により拘束されることのできる政府（le gouvernement de ces iles comme entièrement indépendant, libre de ses actions et capable de s'engager valablement par des conventions）」であるとみなしていたが，外務省の資料は少なく，混乱しているため，オランダに問い合わせるのが良いという結論が出されている[50]。

3　琉蘭修好条約

琉仏修好条約から 4 年後の，安政 6 年（咸豊 9）6 月 7 日（1859 年 7 月 6 日）に締結されたのが，琉蘭修好条約である。オランダ人たちが来琉する前年の 4 月に琉球王国が作成していた「和蘭国之使節渡来之時心得之事寄」によると，琉球は日本へ「通信服従之国」であるから条約を締結したいという申し出がオランダの使節からあった場合には，中国との関係では「一国独立之所餘国交通無之」であり，進貢が取りやめにならないように，「日本随順之段ハ深秘事ニ致シ」とされている[51]。琉球は日本にとって「通信服従之国」である，すなわち「通信」はあるが，同時に「服従」もしているという点は認めるが[52]，その

農・商・公共事業大臣に宛てた，1857 年 12 月 21 日付けの書簡のなかでは，この取極（arrangement）は，授権も完全な特別権限もなく締結されたものであり，また，批准書交換もなされていないため外交上の協定（convention diplomatique）とみなすことができないこと，ただし，この取極によりフランス海軍が航海で必要となるであろう物資をもっと容易に入手できるようになるという意味で有意義であることが記されている。Archives diplomatiques, France, Correspondance politique, Japon, tome 1, f. 63. この書簡については，Patrick Beillevaire, "Wavering Attention: French Governmental Policy towards the Ryūkyū Kingdom," Josef Kreiner (ed.), *Ryūkyū in World History* (Bonn: Bier'sche Verlagsanstalt, 2001) pp. 213-214 も参照。

[50]　"Note sur les iles Liou-Kiou," Archives diplomatiques, France, Mémoires et documents, Japon, tome 1, 1854-1870, ff. 227-228.

[51]　「和蘭国船運天津江来着之筈ニ付諸手組向日記」（1573 号）『評定所文書 第 14 巻』150-151 頁。同書，162 頁も参照。この文書の「独立」という用語は，近代国際法でいうところの「独立国家」ではなく，自身の判断で行動している国であり，日本も含め他国とは交流がない（中国への進貢があるだけである）ということを意味すると解される。

[52]　この点については，注[34]で紹介した，日本の海防掛の指摘とは異なっている解釈をしているようにみなされる。これについてはなお今後検討すべき課題である。

〔柳原正治〕　　　　　　　　　　　　　Ⅲ　1840 年代および 1850 年代の琉球王国

点は中国には内密にしてほしい旨をお願いする，そうでなければ進貢ができなくなってしまう，ということであった。ただ条約締結そのものについては，幕府も薩摩藩も認めていた。とくに島津斉彬には大いなる野望，壮大な構想があったと指摘されている[53]。

『琉球王国評定所文書』をみると，条約の締結過程は比較的スムーズであった。ジュール・ファン・カペレン（Jules van Capellen）提督が 5 月 29 日に 120 名の随員とともに 1 隻の船で来琉し，約 10 日後の 6 月 7 日には平和的に，全 9 条の条約の調印式が行われている[54]。それにはいくつかの理由があるが，条約の内容が琉米条約とほぼ同一であったこと（「最恵国待遇」とみなされる第 8 条と，批准に関する第 9 条は追加されている），オランダは往時から日本と交流があったことなどが挙げられよう[55]。

もっとも，この条約もオランダによって最終的には批准されることはなかった。1862 年の批准書交換ともみなしうるような出来事も含めて，その経緯については（幕府側の対応も含めて），オランダの一次史料も用いて，横山伊徳が詳細に分析している。結局は植民省の独走でこの条約の締結が進められ，外務省はなにも知らされていなかったということであった[56]。

フランス外務省外交史料館に保管されている文書には興味深い事実が記されている。1867 年 2 月 12 日付けの，オランダ・ハーグ駐在のフランス公使の「琉球島に関する覚書」である。ここには，琉球王国は貢納国の地位（la position tributaire）にあるため，オランダとしては条約を批准できないこと，琉球王国は資源がほとんどなく，農業には活力がなく，通商はほとんど重要とはいえないこと，その一方で，中国人や日本人のなりわいがこの海域に浸透しているようにも思われないことが記されている[57]。

---

[53]　恩河尚「解題」同書，147-148 頁。［島津斉彬著］，牧野伸顕序［市来四郎編述］『島津斉彬言行録』（岩波書店，1944 年）83-111 頁をも参照。

[54]　「例抜」（1582 号）『評定所文書　第 14 巻』485-514 頁。とくに問題となったのは，通商・領事官の駐在・礼拝堂の建設，調印者であった。同書，498-499 頁。

[55]　仲地哲夫「解題」同書，482-484 頁。

[56]　横山「前掲論文」（注 33）400-404，411-412 頁。

[57]　"Note sur les iles Liou-Kiou," Mémoires et documents, *supra* note 50, ff. 250-252.

1 仕置，附庸，属国，そして主権

4　3条約の法的問題点

　この3つの条約を現在の目から見て考えたときの国際法上の問題点は，いくつか挙げることができる。ここでは2つの点に絞って分析したい。1つは，琉球王国は西洋諸国と条約を締結できる「主権国家」，「独立国家」であったかということである。さきほど琉米条約の前文をめぐる議論を紹介した。琉球王国は，みずからが主権国家であることをすくなくとも条約に明文化することに反対したと合衆国側の史料からは受け取られるということであった。それではこの当時，条約を締結できるのは，そもそも主権国家に限られていたのであろうか。

　ここで興味深いのはフランス国立図書館の現在のサイトである。そこには，「協定・条約（Convention et traités）」という項目があり，琉仏修好条約についての記述がみられる。そのなかでは，「琉球王国（現在は沖縄県）は，［条約締結］当時は独立国家と推測され，日本近辺で有用な後方基地とみなされていた（le royaume des Ryûkyû（aujourd'hui département d'Okinawa), alors supposé être un État indépendant et considéré comme une base-arrière utile aux abords du Japon）」と記されている[58]。つまり，琉球王国は「独立国家」と推測されていたのであり，そのために条約が締結されたという説明である。ここには，独立国家・主権国家のみが条約を締結できるということが前提されているようにも受け取られる。

　しかしながら，条約を締結する主体が，19世紀中葉において，今われわれが言うような独立国家・主権国家に限られていたかというと，けっしてそのようにとらえることはできない[59]。欧米諸国は実に多数の条約・合意を非欧米地域との間で締結している。たとえば，アフリカの部族長，あるいは東南アジ

---

[58]　http://gallica.bnf.fr/html/und/asie/convention-et-traites（last visit: 9 December 2017).

[59]　ブラウンリーは次のように記している。「領域の基盤（territorial base）のある，種々のタイプの社会組織と条約を締結することは完全に可能であった。ただし，一定の定義が可能で，統一的な社会組織が存在している必要があった。」Ian Brownlie, "The Expansion of International Society: The Consequences for the Law of Nations," Hedley Bull & Adam Watson（eds.）, *The Expansion of International Society*（Oxford: Clarendon Press, 1984）p. 362. Mieke van der Linden, *The Acquisiton of Africa (1870-1914): The Nature of International Law*（Leiden: Brill Nijhoff, 2017）pp. 70-94, 286-287 をも参照。

〔柳 原 正 治〕　　　　　　　　　　　　Ⅲ　1840 年代および 1850 年代の琉球王国

ア等の部族と締結した合意などが数多く存在する。クライヴ・パリー（Clive
Parry）が編纂した『条約集（The Consolidated Treaty Series（CTS））』の別巻
として，『植民地条約および類似の条約（Colonial and Like Treaties）』という
インデックスがあり，そのなかには実に多数の条約・合意の一覧が掲載され
ている[60]。たとえば，1785 年から 1868 年にかけてのアメリカ合衆国とチェロ
キー民族（ネイティブ・アメリカンズ）との条約（たとえば，1817 年 7 月 8 日の
条約[61]），1840 年 2 月 6 日の英国とマオリ族との割譲条約（ワイタンギ条約）[62]，
1885 年 5 月 16 日のドイツ東アフリカ会社（D. O. A. G.）とスルタン・フンゴ
（クアフンゴ）との条約[63]などは，ほんの一例である。これらのなかでも興味深
いのは，アメリカ合衆国とチェロキー民族との条約である。この条約をめぐっ
てはアメリカ合衆国内で訴訟となり，1831 年最高裁判所の判決が出されてい
る。最大の論点の 1 つは，チェロキー民族（The Cherokee Nation）が条約の当
事国となることができるような外国（foreign nation）であったかということで
ある。これについて最高裁は，チェロキー民族は「主権・独立国家（sovereign
and independent States）」ではなく，「国内的従属民族（domestic dependent
nations）」であるという位置づけをした。そのうえで，アメリカ合衆国とチェ
ロキー民族との条約は有効であるとの判断を下した[64]。この「国内的従属民
族」という概念は，国際法上確立したものではけっしてない。最高裁としては，
チェロキー民族と合衆国との合意を無効にはしたくなかった，しかし，チェロ

---

[60]　Michael A. Meyer, *Special Chronological List: Special Chronologies, (A) Colonial
and Like Treaties, (B) Postal and Telegraph etc. Agreements, 1648-1920 (Index-Guide
to Treaties Based on the Consolidated Treaty Series)* (Dobbs Ferry / N. Y.: Oceana
Publications, 1984).

[61]　67 CTS 295.

[62]　89 CTS 473.

[63]　165 CTS 1. ドイツ東アフリカ会社はドイツ帝国の支援を受けて 1884 年 3 月 28 日に
設立された組織であり，条約締結に当たっては「事務管理者（negotiorum gestor）」と
しての役割を果たし，皇帝からの「保護状（Schutzbrief）」を主権取得の権原とした。
Charles Henry Alexandrowicz, *The Law of Nations in Global History*, eds. by David
Armitage & Jennifer Pitts (Oxford: Oxford University Press, 2017) p. 323 参照。アフ
リカ（ナイジェリア，赤道アフリカ，カメルーン）の部族長たちとイギリス，フランス，
ドイツとの「条約」についての最近の研究として，Linden, *supra* note 59, pp. 106-120,
145-161, 185-199, 286-289 参照。

[64]　The Cherokee Nation v. The State of Georgia, 30 U. S. 1 (1831).

1 仕置，附庸，属国，そして主権

キー民族を主権国家とも言いたくない。苦渋の結果として生み出されてきた概念ではないかとみなされる[65]。いずれにしろ，独立国家・主権国家のみが「条約」を締結できるわけではないということがここでも確認されたといってよいであろう。

　琉球王国が締結した3つの「条約」のうち琉米修好条約は，パリーの条約集には掲載されているが[66]，このインデックスには掲載されていない。その一方で，琉仏修好条約と琉蘭修好条約は条約集にもインデックスにも掲載されていない。後二者の条約はフランスとオランダが批准せず正式の条約として発効していないので，掲載されなかったと想定される[67]。それでは，アメリカ合衆国大統領が布告し正式に発効した琉米修好条約がインデックスに掲載されていないという事実は，チェロキー民族との条約などとは異なり，この条約は主権国家同士のものとみなされたということを意味するのであろうか。このインデックスは，非ヨーロッパ地域の割譲や保護領化のための条約を主として収集したものと理解すれば[68]，琉米修好条約はそのような性格の条約ではないので，掲載されていないことは当然かもしれない。ただ，そのことによって，この『条約集』では琉球王国が西洋諸国と同じ意味での「独立国家・主権国家」とみなされていたと承認していると判断することはできない。

　そのことよりももっと重要とみなされるのは以下の点である。そもそも「主権」とか，「独立」とか，「（近代）国家」というのは，近代ヨーロッパで生み出された概念であり，そうした概念が存在していなかった近代ヨーロッパ以外

---

[65]　この1831年のチェロキー民族対ジョージア事件以外にもウスタ対ジョージア事件などが連邦裁判所（ジョン・マーシャル長官）で扱われたことについては，田中英夫『アメリカ法の歴史 上』（東京大学出版会，1968年）334-337頁；Charles F. Wilkinson, *American Indians, Time, and the Law: Native Societies in a Modern Constitutional Democracy* (New Haven: Yale University Press, 1987) pp. 55-56 など参照。

[66]　112 CTS 77.

[67]　昭和32年（1957）12月31日現在の時点で日本の外務省条約局が編纂した『条約便覧（二国間条約）』（外務省条約局，1958年）3，7，373，524，576頁には2つの条約がともに掲載されている。

[68]　ただ実際には，修好や通商や航行などに関する，かなりの数の条約も掲載されている。たとえば，1843年4月23日のフランスとスールー王国との通商条約（94 CTS 395），1860年12月17日のオランダとシャムとのバンコク友好通商航海条約（123 CTS 187）は，ほんの一例である。このインデックスでは，中国・朝鮮・日本（琉球を含む）関連のものはすべて除外しているという理解のほうが的確なのかもしれない。

〔柳原正治〕　　　　　　　　　　　　　　Ⅳ　明治初期における琉球／沖縄

の地域，時代に当てはめること自体が，そもそも妥当であるかということが問われなければならない。東アジアの地域には，この地域に固有の「仕置」，「附庸」，「藩国」，「藩邦」，「属国」，「両属」などのほか，「疆域」，「版図」，「邦土」，「異国境」などといった概念が存在していたのであり，独立国家，主権国家，従属国，保護国などといった，近代国際法上の概念を，なんらの留保もなくストレートに，当時のこの地域に適用することの危険性や問題性は十分に認識しておく必要がある[69]。

　この３条約についてのもう一つの法的問題点は，明治政府による「条約承継」がなされたかということである。この点は次節で論じることにしたい。

Ⅳ　明治時代における琉球／沖縄

　明治政府になって，琉球王国をどのように位置づけるかについては，政権発足当初は大きな混乱があった。しかし，明治５年 (1872) ９月の段階では明治政府の立場は鮮明となり，琉球処分と呼ばれる，一連の措置がとられていった。この過程についてはすでに先行研究の蓄積が相当にある。また，2012 年の拙稿においてその概略を示した[70]。本論文においては，その拙稿を基にしつつ，東アジア地域に固有の概念と近代国際法上の概念との相克という観点を中心として，再度整理をしておきたい。

　江戸時代においては，幕末期になっても，近代国際法にはまったく考慮が払われなかったのに対して，明治政府になって初めて，近代国際法に基づく対外関係の構築，そして日本の「領域」[71]の確定が突然に行われ始めたとみなすの

---

[69]　Masaharu Yanagihara, "Significance of the History of the Law of Nations in Europe and East Asia," *Recueil des cours*, tome 371 (2015), pp. 360-381 参照。また，「異国」と「異域」という概念を用いて当時の琉球や蝦夷の地位が説明されることがあるが，それらの概念が近代国際法上の概念を基盤としてとらえられているとすれば，そのような概念を適用することにも無理があるということについては，柳原正治「幕末期・明治初期の『領域』概念に関する一考察」『現代国際法の思想と構造　Ⅰ歴史，国家，機構，条約，人権』(東信堂，2012 年) 53-54 頁参照。

[70]　同論文，65-68 頁。

[71]　陸地を主物，海を従物とし，その陸地と海に領域主権（支配権的性格のものか，所有権的性格のものかについては，19 世紀末に至っても議論があったが）が及んでいるという，territory, territoire という，近代国際法上の概念（空については 20 世紀初頭から）を「領域」（さらには「領土」）という日訳漢語で表すのが一般的となっていったのは，明治後期以後のことであることについては，同論文，59-60 頁参照。

1 仕置，附庸，属国，そして主権

は，事実関係を正確に掌握しているとはいい難い。江戸幕府は，幕末期においては，蝦夷地の直轄領化，ロシアとの国境画定（千島列島と樺太），琉球所属問題への対処などの例にみられるように，ロシア・フランス・イギリス・アメリカなどといった，江戸時代を通じて「通商之国」あるいは「通信之国」のいずれにも該当しないとみなされた「外国」との交渉のなかで，近代国際法的意味での「国境」とか「領域」ということもまた意識せざるをえない状況に置かれていた。

　もっとも，そうした試みはなお，はなはだ不十分なものであった。当時近代国際法の知識が十分にあったとはとてもいえない。明治政府もごく当初は，国際法の知識が十分ではなく，混乱した状況もあった。しかし，ほどなく，幕府が締結した不平等条約の改正を対外政策の基本に据えつつ，日本の「領域」の確定にも積極的に取り組んでいった。蝦夷地の編入，琉球処分，島嶼の無主地先占などが典型的な事例である。

　明治政府が近代国際法上，日本の領域，とくに領海がどこであるかということを確定するように求められた最初の事例は，明治3年（1870）の普仏戦争に際して発布された局外中立宣言のときであったとみなされる。明治3年7月22日（1870年8月18日），戦争当事国の一つであるプロイセンの代理公使ブラント（Max A. S. von Brandt）から，国際法上局外中立宣言を発布するのが通常であると澤宣嘉外務卿は諭され，急遽その準備を行った。その過程はしかしながら，茨の道であった。明治政府は，いったん発布した局外中立宣言（明治3年7月28日〔1870年8月24日〕の太政官布告492号）を改訂し，さらにその改訂版（明治3年8月29日〔1870年9月24日〕の太政官布告546号）にも「追補」（明治3年9月18日〔1870年10月12日〕）を出し，フランスの全権公使ウートレー（Maxime Outrey）の強烈な反対でその追補も取り消す（明治3年9月21日〔1870年10月15日〕），ただし実態としてはその追補の中味を実施するという，実に錯綜した経緯をたどった[72]。

　この過程で外国の公使から日本の「領海」を示してほしいとの要請を受けた。たとえば，明治3年8月12日（1870年9月7日）のスペイン公使よりの

---

[72]　この局外中立宣言については，たとえば，副島種臣「講演 明治初年外交実歴談」『国際法雑誌』1巻5号（1902年）93-95頁，武山眞行「普仏戦争と日本の領海幅員」『法学新報』116巻3・4号（2009年）455-522頁参照。

〔柳原正治〕　　　　　　　　　　　　　　　　　Ⅳ　明治初期における琉球／沖縄

来翰には，「御管轄内ノ日本内海ヲ心得ノ為御報知被下置夫々承知仕候」と記されていた。明治3年8月24日（1870年9月19日）のオーストリア公使からの書簡も同様の趣旨であった[73]。そして，明治3年8月7日（1870年9月2日）のオランダ公使と澤外務卿との面談において，公使からの「海上ハ何レニテ界ト被致候哉」との質問に対して，「我国里法ニテ2里余ハ大砲届候趣ニ候間日本3里ヲ以界ト致シ右内ニテ戦争差留メ候事ニ候」と答えている。具体的には，下関付近については内海とみなすということであった。さらに，豊後の瀬戸はいかがであろうかとの質問に対しては，「四国九州内海之場所ハ都テ差留ノ方ニ候」と回答している[74]。

　この翌年に作成されたのが，岩倉具視使節団のための準備資料「出帆に付要用調」である。「1唐太境界之事　1竹島　同断　1無人島同断　1朝鮮交際始末之事　1琉球　同断」という記述がみられる。すなわち，樺太と竹島（鬱陵島）と無人島（小笠原諸島）の国境問題，朝鮮と琉球の外交問題が調査課題としてあげられている[75]。ここには，日本の「境界」をどこに設定するか，欧米に向かってどのように発信するか，という問いかけがあったことが明瞭にうかがえる。ここでは琉球は外交問題，すなわち，国家対国家の関係としてとらえられている。

　琉球については，とくに明治4年(1871)11月の台湾事件を契機として大きな問題となったさいに，明治政府内部では幕末期の幕府や薩摩藩内での議論を引き継ぐかたちで，琉球が「両属」であったのか，また現在もそうであるのかというかたちで問題設定を行っている。そして，明治5年(1872)5月30日の，大蔵大輔井上馨の正院宛の建議と同年6月の左院の「井上大蔵大輔琉球国ノ版籍ヲ収メシムル儀ニ付建議并正院ノ下問左院ノ答議」との間では，明らかに意見の相違が見られた。すなわち，前者は琉球について「内地一軌ノ制度」とすることを提案していたのに対して，後者は「琉球国ノ我ト清トニ両属セシハ従前ヨリ其国ノ形勢ニテ的然シ更ニ論スルヲ竢タス」としていた[76]。

----

[73]　JACAR（アジア歴史資料センター）Ref. B07091141500（18画像目，27画像目から），仏独両国開戦ニ付本邦ニ於テ局外中立施行一件　第4巻（5.2.14.2）（外務省外交史料館）。

[74]　JACAR（アジア歴史資料センター）Ref. B07091138600（21画像目から），局外中立参考書類（5.2.14.1）（外務省外交史料館）。

[75]　日本史籍協会（編）『岩倉具視関係文書7』（覆刻版，東京大学出版会，1969年）306-309頁。

1 仕置，附庸，属国，そして主権

　しかし，その後明治政府は「両属」を否定していく。同年9月14日の「琉球国王を藩王とする詔書」（『太政官日誌』明治5年第70号）では「世々薩摩ノ附庸」であったことを認めたうえで，国王を藩王とすることが定められた。

　さらに明治政府は，「両属」か否かという問題設定ではなく，そもそも近代国際法上の「領域」概念を明治以前にも遡及させ，琉球もそうした日本の「領域」の一部であったという位置づけを次第にするようになっていった。松田道之の第1回奉使琉球復命書（明治8年〔1875〕9月25日）では，「両属ノ体ナルモノハ……我カ独立国タル体面ヲ毀損シ万国公法上ニ於テ大ニ障碍ヲ来スコトアリ。……慶長以来ニ至テハ純然我カ版図タル実跡弥確ナレハ」とされている[77]。また，「松田〔道之〕内務大書記官第2回奉使琉球始末付録」のなかの「琉球藩処分案」（日付はないが，明治12年〔1879〕1月か2月ごろに作成されたとみなされる）では，「万国公法上ニ論スル所ノ『隷属ノ国』即チ『半主国』ヲ以テ論スヘキモノニアラスシテ純然タル内国ノ一藩地ニシテ」とある[78]。ここでいわれている，「『隷属ノ国』即チ『半主国』」とは，従属国（附庸国）あるいは被保護国といった，外交能力を制限された国家のことを指しているとみなされる。これらの国々について，「半主権国（halb-souveraine Staaten, mi-souverains）」としてとらえるという考え方は，19世紀前半のヨーロッパにおいて定着していったものである[79]。「半主国」とは，この「半主権国」のことを指しているとみなされる。ここで明白なのは，琉球王国は島津氏の「附庸」で

---

[76]　松田道之『琉球処分』（1879年）（下村富士男〔編〕『明治文化資料叢書 第4巻外交編』〔風間書房，1962年〕所収）8頁。これよりさきの，明治4年（1871）7月12日に鹿児島藩は「琉球一条取調書」という文書を維新政府に提出していた。そこでは，「皇国支那ヲ父母ノ国ト相唱不致，両属候テハ難立行不得止国情ニテ」と記されている。同書，7-8頁。

[77]　同書，157頁。「我日本国ノ版図タルコト固ヨリ論ヲ待タス」という表現がなされることもあった（「松田内務大丞第一回奉使琉球始末」〔明治8年〔1875〕5月13日〕）。同書，94頁。

[78]　同書，203頁。ただし，「昔時ノ事蹟ハ暫ク措キ中時ノ事蹟就中維新以来ノ事蹟ニ基ツ」くとされている。「半主之国」については，井上毅の，明治12年（1879）7月3日付けの三條太政大臣と岩倉右大臣宛の意見書および覚書をも参照。『井上　毅傳　史料篇第1』（国学院大学図書館，1986年）173-175，177-180頁。

[79]　柳原正治「神聖ローマ帝国の諸領邦の国際法上の地位をめぐる一考察──18世紀後半における理論状況を中心として」『成田頼明先生横浜国立大学退官記念　国際化時代の行政と法』（良書普及会，1993年）686頁。

〔柳原正治〕 Ⅳ　明治初期における琉球／沖縄

あるというとらえ方との違いである。そこでの「附庸」とは伝統的な概念であった。それに対してここでいわれる、「従属国（附庸国）」というのは，近代国際法上の主権，外交能力などを前提とした概念であった。

さらに，明治 12 年（1879）1 月 13 日の英国公使ハリー・パークス（Harry S. Parkes）と寺島宗則外務卿との対話でも，「両属ト申訳ハ一切無之清国トノ関係ハ同島ヨリ時々同国皇帝ヘ贈リ物ヲ呈スル為使臣ヲ派セルシ迄ニテ租税ヲ出ス等ノ訳モ無之……。小島ナリトテ我属地タル琉球島」とされており[80]，近代法の概念である「租税」が重要な要素として持ち出されている[81]。

このように，明治 8 年（1875）のころから次第に明治政府は，近代国際法上の概念を明治以前にも遡及して適用するように変化していった。そうした変化をもたらした直接の要因は明白ではないが，清との間で琉球の帰属問題が先鋭化していったという事情もあったのではないかと推定される。同年 5 月 9 日には進貢使・慶賀使・冊封の廃止を中心とする「琉球藩処分の儀」が，太政官から内務省に指令されている（琉球藩に伝達されたのは同年 7 月 14 日）。琉球と日本との伝統的な「附庸」を認めれば，琉球と中国との「冊封関係」も歴史的事実として認めざるをえなくなる。そのことを否定するためには，江戸時代にも琉球は日本の「領域」であったという説明の仕方のほうが説得的だと判断されたという理解である[82]。

---

[80]　松田『前掲書』（注 76）214 頁。

[81]　また，清国の「両属論」に，万国公法の立場から反論したのが「琉球説略」（明治 12 年〔1879〕8 月 2 日総理衙門に送致された）である。そのなかでは，「抑も自ら一国為れば所属の邦土には非らず，既にして所属の邦土為れば即ち自ら一国為る者には非らず」とされている（『日本外交文書 第 12 巻』185 頁）。

[82]　こうした説明の仕方について，当時のお雇外国人たちがどの程度寄与したのかについては，なお検証を進めていく必要がある。当時司法省雇であった（明治 9 年〔1876〕9 月からは外務省事務顧問も兼務）ボアソナードは，こうした説明とは違う考えを，明治 8 年（1875）の「琉球島見込案」という意見書のなかでは示している。この意見書の日本語訳が，現在，国会図書館の憲政資料室に所蔵されている（「伊藤博文関係文書 その 1」〔国立国会図書館憲政資料室〕354）。そこでは，「従来日本政府ニ対シ多少ノ独立ヲ成シタレドモ最早独立ス可キノ理ナキコトハ既ニ前ニ説ク如シ，然レドモ暫時多少ノ独立ヲ許シ置クハ亦賢政ト云フ可キナリ」という整理がなされている。かれの目から見ると，江戸時代の琉球王国は多少独立をしていたかもしれないが，明治 8 年（1875）時点では独立すべき理由はまったくない。ただ，一気に日本の領域のなかに組み入れるということではなくて，清国との協議を通じてこの問題は解決すべきであるという意見書であった。これについては，柳原正治「日本における近代ヨーロッパ国際法の受容」江藤

1 仕置，附庸，属国，そして主権

この関連でもう一つ法的に見て大きな問題として議論されたのが，先述した，琉球王国が締結していた条約の扱いである。琉仏修好条約と琉蘭修好条約は発効しなかったため，直接的な問題とならなかったが，発効した琉米修好条約は現に問題とされた。明治政府がこの問題にどのように対処していったかを検討することにより，明治政府が近代国際法上の「領域」概念を江戸時代にも遡及適用していくようになっていった経過を，一段と明確にできることになる。

琉球処分が行われていく過程で，1872 年 10 月 20 日（明治 5 年 9 月 18 日）に，駐日米公使デロング（C. E. De Long）が副島種臣外務卿に書簡を送ってきた。そのなかでデロングは，最近琉球国王が大名と同格に列せられ華族に叙せられたとのことであるが，「琉球を合併せられて日本帝国の一部と相成候（incorporating Lew Chew, as an integral portion of the Japanese Empire）。……右規約［琉球修好条約］の諸条目を貴政府にて御維持被下候此段御伺申進候」と問い合わせてきた。これに対して，副島は明治 5 年 10 月 5 日（1872 年 11 月 5 日）に返信を送っている。そのなかで副島は「数百年前より我邦の附庸に有之此度改て内藩に定める迄に候（The Lew Chew Islands have been dependencies of this empire for hundreds of years, and to them the title of Han was recently given.）。閣下御申越の如く我帝国の一部に候（the Lew Chew being an integral portion of the Japanese Empire）。……規約の趣は当政府に於て維持遵行可致候儀勿論の儀に御座候」と記している[83]。

ここに，琉球は数百年前から日本の「附庸」[84]であったとしたうえで，現在は日本帝国の一部であると明言している。ここで明白なのは，明治 5 年 10 月

淳一（編）『国際法学の諸相――到達点と展望』（信山社，2015 年）58-60 頁参照。

[83] 『舊條約彙纂』（前掲注(6)）662-663 頁。副島の書簡の英訳は，米国「フォリン，リレーションズ」に拠ると記されている。なお，ほぼ同じ時期に，当時在米日本少弁務使であった森有礼が，米国務長官フヒシ（ハミルトン・フィッシュ Hamilton Fish）と面談し，「条約之ケ条惣テ日本政府引受変更無之間ハ全く異議無之」との発言を得たことを，明治 5 年（1872）11 月 21 日付けの，副島外務卿宛ての書簡のなかに記している。JACAR（アジア歴史資料センター）Ref. B06151020700（15 画像目），琉球藩米蘭仏約定書（2.5.1.9）（外務省外交史料館）。デロングとフィッシュとの間の興味深いやり取りについては，マルコ『前掲書』（注 23）238-243 頁参照。

[84] 「附庸」という箇所は「付属」と記している文書もあるが（たとえば，『大日本外交文書 第 5 巻』394 頁），JACAR（アジア歴史資料センター）Ref. B06151020700（11 画像目），琉球藩米蘭仏約定書（2.5.1.9）（外務省外交史料館）には，手書きの草稿が掲載されており，そこでは「附庸」と記されている。

〔柳原正治〕 Ⅳ　明治初期における琉球／沖縄

の段階では明治政府は，同年9月14日の琉球国王を藩王とする措置の前の時代については，伝統的な「附庸」概念によって琉球王国と日本・薩摩藩との関係をとらえていることである。そのうえで琉球王国がアメリカ合衆国と締結した条約は明治新政府が遵守すると伝えている。しかし，ここで理論的に問題となるのは，どのような理論的根拠付けに基づいて明治新政府は琉米修好条約を遵守すると伝えたかということである。純粋に理論的には二通りの説明の仕方が可能であったであろう。1つは，明治政府は，琉球国王を藩王とすることにより，琉球王国を併合したのであり，琉球王国が締結していた条約を承継国として「承継した」という説明の仕方である。もう1つは，琉球王国が締結した「条約」は近代国際法上の「主権国家」同士の条約とみなすことはできないが，なんらかの「合意」であることは間違いなく，琉球王国を自国の一部であることを明確にした日本がその「合意」の内容を実施することを宣言した，というものである。デロングは，前者の「併合」の解釈であったと受け取られる。これに対して，副島は後者であるともとらえられるが，明確ではない[85]。

　明治政府の解釈が明瞭に示されるのは明治12年（1879）のことである[86]。同

---

[85]　明治5年（1872）9月28日付けで，太政官から外務省に対して，「先年来琉球藩ニ於テ各国ト取結候条約」についての管轄を外務省が行うようにとの指令が出されている（『日本外交文書　第5巻』392-393頁）。ここでは琉球「藩」が締結したと記されている。いうまでもなく，琉球藩が成立したのは明治5年（1872）9月14日のことである。この指令では，遅くとも琉米修好条約が締結された時点では，琉球は日本の一部となっていたという理解ととらえられる。なお，井上毅は覚書（明治12年〔1879〕7月頃の作成と推定される）のなかで，この副島の回答は，琉米条約だけではなく，琉仏条約と琉蘭条約も「正当ノ者ト認メタルナリ。又琉球ノ以前各国ト締盟スベキ権利アルヲ認メタルノ証トスヘキナリ」とし，琉球問題についてこの三条約は「一ノ困難ナル事柄」であり，「巨大ナル障碍物ノ前塗ニ横阻スルヲ見ル如シ」とみなしている。井上『前掲書』（注78）175-177頁。

[86]　これより以前の，明治9年（1876）4月4日付けの書簡で，米国特命全権公使ビンガム（John A. Bingham）は，琉球と日本との間に新規に取極がなされたのか，その取極は，琉米修好条約にどのような影響があるのかを尋ねてきた。これに対して，寺島宗則外務卿は，5月31日付けの書簡で，明治5年（1872）9月に琉球を内藩に定め，その後明治7年（1874）〔7月12日〕からは，外国に関することはすべて内務省から派遣された官員〔内務省出張所〕が担当していること，琉球との間に郵便船の開設，兵営の設置など，改革のための措置をとってきていることを記し，「貴国と該藩と取結候定約上のケ条に難差置変換を生候儀有之候は，尚可及御通知候」としている。そして，琉米修好条約によって得られた米国の権理を奪うようなことは一切するつもりはなく，上記のような事態が生じたときには，協議をする旨も付け加えている。『日本外交文書　第9巻』

1 仕置，附庸，属国，そして主権

年3月には，琉球藩を廃し沖縄県が設置された。このとき，琉球処分をめぐって中国との間でさまざまな議論が行われたが，中国側は，琉球王国は帝国の一部と明治政府は言っているけれども本当にそうなのか，当時は中国に朝貢も行っている，そういう具合に整理していいのかという問いを出す。それに対して明治政府は，同年9月に「1879年8月22日支那政府ノ照会ニ対スル答弁ノ覚書」を作成している。ここでは，「琉球ノ如キニ在テ何ノ国ト雖モ自ラ独立国ノ権利ヲ有スルト偽ルニ因テ真実其権利ヲ有シ又ハ得ル事能ハサルモノナリ……。琉球ハ是等ノ条約ヲ取結フヘキ公当ナ権利ヲ有セサリシモ……当時我帝国ハ全ク封建ノ主義ヲ以テ統治シ且今日ノ中央政府ニ於テ決シテ許スヘカラサルノ事柄ヲモ当時多ク諸封侯ニ許シ」と記されている[87]。琉球は独立国であると偽って条約を締結したのであり，そもそも琉球にはそうした条約を締結する権利はなかった。ただ，当時は封建主義の時代であって，中央政府の支配権というのはあまねく十分に及んでいなかったという説明の仕方である。こうした立論の前提として，朝貢と税金の対比を基礎にしつつ，また，薩摩藩の法令制度を遵奉するという誓書が代々提出されてきた事実などを挙げて，中国の伝統的な「彊域観念」に対比させて，「完全無瑕の主権」という，近代国際法上の「領域」概念が琉球にも及んでいたということが明瞭に示されている[88]。

474-475，480頁。

[87] 『日本外交文書 第12巻』192-193頁。

[88] 「支那古来ノ慣法トシテ自ラ寰宇ノ君主ナリト称シ悉ク天下ノ国ヲ臣属ナリト公言スル……。支那帝国ノ邦土ハ四海ニ洽ネク其権勢ハ満天下ニ窮リナク……。今日該国政府ノ賢明ナル何ソ邦土所属ノ権ハ其ノ地ヲ領シ其政ヲ理メ其税ヲ収ムルニ成ルモノニシテ荒古伝来ノ虚文ニナルモノニ非ル……。夫ノ邦冊ノ虚飾ト朝貢ノ偽名ヲ付シタル贈物ノ詔媚トハ支那愛玩ノ戯具ナリシナルヘシ。……琉球島ニ関シテ何等真実ノ地位ヲ占メ又其土地ヲ専領スルニ何等完全無瑕ノ主権ヲ有スル……。尚寧ヨリ今日ノ尚泰ニ至ル迄……薩摩ノ法令制度ヲ遵奉スヘキノ誓ヲ立タリ。……公法ヲ按スルニ久領為主ノ権ハ他ノ争抗者ノ静黙及ヒ怠慢ニ成立ツモノニ非スシテ乃チ争抗者ノ静黙及ヒ怠慢ニ付帯シタル自家ノ所属ナル事実ニ成立ツモノナリ」という説明がなされている。同書，193-195，199頁。この覚書をもとにして，中国側への回答が，明治12年（1879）10月26日に宍戸璣公使よりなされている。覚書よりははるかに短い文章となっているが，覚書と基本的には同一のことが記されている。すなわち，慶長の役より前はさておき，それ以降琉球全島について日本の「掌管之権」が確立した。そして，琉球と西洋諸国との条約により，琉球に「特立之権」が認められたわけではけっしてなく，「当時我国封建末勢，外交之事，未有統紀，島人踰分犯義，自求冒小国之列，而各国亦未及審其実，是皆由偶然，不足以為一国特立之証拠也」とされている。JACAR（アジア歴史資料センター）Ref.

〔柳原正治〕　　　　　　　　　　　　　　　　　　　　　Ⅴ　おわりに

　さきに説明したように，明治8年（1875）のころから次第に，近代国際法上の「領域」概念を明治以前にも遡及させ，琉球も江戸時代を通じて，そうした日本の「領域」の一部であったという位置づけがされるようになっていった。そうであるとすれば，明治政府としては，琉米修好条約そのものを否定するとか[89]，あるいは自分は関与していないからこれについてコメントできない，という選択肢を取らないとすれば，残されている説明の仕方は，こうした統治体制のあり方ということしか残されていなかったともいえよう。しかしながら，それは法的に見てはなはだ苦しい弁明であることは，否定し難い。

Ⅴ　お わ り に

　近代国際法上の用語，independence, indépendance に対応するとみなされるラテン語 independia は，古代にも中世にも存在しない言葉であった。『オックスフォード・ラテン語辞典（Oxford Latin Dictionary）』（第2版，2012年）や『ニールマイヤー・中世ラテン語辞典（Niermeyer Mediae Latinitatis Lexicon Minus）』（2002年）などにも収録されていない。それはまさに近代のヨーロッパで生み出された用語であったわけである[90]。Sovereignty, souveraineté もまた近代ヨーロッパで初めて作り出された用語である。これに対応するラテン語としては，summa potestas, summum imperium が当時用いられた。そうした用語自体は古代ローマにも存在したが，sovereignty, souveraineté という意味内容ではなかった[91]。

　B03041146600（32画像目から），琉球関係雑件／琉球所属問題ニ関シ日清両国争議関係松本記録第1巻（1.4.1.4.12-2）（外務省外交史料館）。

[89]　この文書のなかに，「該条約ハ効力ナキモノニシテ我々ハ之ヲ認了スル能ハサル旨ヲ以テスル事ヲ得タルヘシ」という箇所がある。『日本外交文書　第12巻』192頁。ただ，その直後にそうした可能性は否定され，中央政府の支配権があまねく十分に及んでいなかったという説明となっている。

[90]　古代ローマでは，「自由（liber）」という概念によって，ローマの支配を浸透させていったことについては，吉村忠典『支配の天才ローマ人』（三省堂，1981年）227-259頁参照。なお，日本語の「独立（ドクリュウ，ドクリツ）」という用語は中世には存在していたが，independence の訳語として使用されるようになっていったのは，明治初期のことである。

[91]　「主権」という漢語はもともと「君主の権力」という意味であったが，19世紀になって，sovereignty, souveraineté の訳語として用いられるようになっていった。ヘンリー・ホィートン（Henry Wheaton）の著作の漢訳『万国公法』（1865年1月出版）で

1 仕置，附庸，属国，そして主権

　琉球王国と欧米諸国との条約の締結のさいに見られたように，西洋側の関係者たち（ペリー，ベッテルハイム，ゲラン，アムラン，ヴァレフスキー等）は，肯定するか否定するかはともあれ，「独立国家」や「主権国家」という概念を前提として，琉球王国の地位をとらえようとし，条約の締結や批准を検討したことは間違いない。これに対して，琉球側も幕府側も，「附庸」あるいは「藩国」「藩邦」「藩屏」といった古来の概念によって琉球の地位——日本や清国との関係——をとらえようとしていた。その一方で，「属国」[92]や「両属」という用語による整理も，遅くとも 1850 年代にはなされるようになっていった。しかしこれらの用語による議論も，旧来の概念による議論と基本的には同一のものであった。それが変化して，近代国際法上の概念による整理がなされ，江戸時代にも遡及適用していくのは，1870 年代後半であった。

　しかしながら，近代法や近代国際法上の観点からはどうにもとらえようもないあり方であった，琉球王国の地位，中国・日本との関係を，このようなかたちで近代法や近代国際法の概念を遡及適用して整理していくことには，大きな問題があったといわざるをえない[93]。明治 5 年（1872）10 月の副島の書簡を近代国際法の観点からとらえるとすれば，「附庸」という，この地域に伝統的な概念に代えて，「領域」という近代的な概念への「切り替え」がなされたということになろう。そうした説明のほうが，歴史的な展開をふまえれば妥当なものであったろう。ただ，先述したように，琉球と日本との伝統的な「附庸」を認めれば，琉球と中国との「冊封関係」も歴史的事実として認めざるをえなく

も使用されている。

(92)　1860 年代以降，とくに 1880 年代において，中国や朝鮮で使用されていく「属国自主」という用語については，岡本隆司『属国と自主のあいだ——近代清韓関係と東アジアの命運』（名古屋大学出版会，2004 年）367-383 頁など参照。

(93)　昭和 8 年（1933）10 月に内部文書として外務省条約局が作成した『国際法先例彙輯(1) 国家併合』には，「帝国ノ為シタル国家併合ノ事例」の一番目に琉球併合が挙げられている（もう一つの事例は韓国併合）。この時点では外務省は，あるいは，少なくとも条約局内部では，「併合」ととらえていたということになる。ただ，「琉球カ併合ニ依リテ帝国領土トナリタル時期及手続ニ関シテハ事実頗ル曖昧ナルモノアリ。之ヲ今日ノ国際法ニ依リ厳密ニ律スルハ適当ナラサルモノアルヤニ認メラルルニ付茲ニハ国際法的記述ヲ避ケ」，帝国と琉球の関係についての歴史，いわゆる琉球処分，それにともなう国際問題を叙述するにとどめる，としている。JACAR（アジア歴史資料センター）Ref. B04120001900（4－5 画像目），国家ノ分離，併合ニ関スル先例（Z.1.1.0.5）（外務省外交史料館）。

32

〔柳原正治〕　　　　　　　　　　　　　　　　　　　　　Ⅴ　おわりに

なる。現に清との間で琉球の帰属問題が先鋭化していくなかで，近代的な概念
を遡及適用していったのは，理論的にはともあれ，現実の対処の仕方としては，
1つのあり方だったのかもしれない。

　筆者が現在取り組んでいる研究課題の1つが，幕末期・明治初期における
「領域」概念の全体像を描くということである。その準備的作業として公刊し
たのが，2012年の論文であった。本論文は，そうした課題に取り組む本格的
作業の第一弾と位置づけられるものである。ただ，琉球については，幕府，薩
摩藩，琉球王国，さらには西洋諸国の史料が大量に存在する。琉球王国が締結
した3条約についてもなおすべての史料を検討できたわけではない。今後なお
研究を進め，幕末期・明治初期における「領域」概念の全体像を描くことに一
歩でも近づけていきたい。そのためには，東アジアにおける状況と，それ以外
の非ヨーロッパ地域——たとえば，東南アジア，イスラーム圏，アフリカなど
——における状況を同じような枠組みでとらえることができるのか，それとも
東アジアではその地域固有の状況を強調すべきなのか，といった点にも留意し
ながら研究を進めていく必要があろう[94]。

　＊本論文の執筆にあたっては，深町朋子・福岡女子大学准教授からさまざまなアド
　　バイスをいただいた。ここに感謝の意を表したい。

---

[94]　この点で，岡本隆司（編）『宗主権の世界史－東西アジアの近代と翻訳概念』（名古屋
　　大学出版会，2014年）は興味深い研究である。

2 複数言語による条約の用語の意味
の相違に関する断片的考察

中 谷 和 弘

I はじめに　　　　　　　　Ⅳ 優先的正文の特定
Ⅱ ウッチャリ条約 17 条　　Ⅴ おわりにかえて
Ⅲ 条約起草言語の正文の位置づ
け

I は じ め に

　複数言語を正文とする二国間・多数国間条約においては，時に用語の意味の
相違が生じる。本稿ではこの複数言語による条約の用語の意味の相違をめぐる
問題について，国家実行や国際判例を包括的に検討するのではなく，以下のよ
うな断片的考察を行うにとどめたい。第 1 に，この意味の相違が史上最も重大
かつ深刻な形で出現したといってよいウッチャリ条約 17 条についてごく簡単
に指摘する。第 2 に，条約起草言語の正文の位置づけについて，国連国際法委
員会（ILC）は条約法条約の原案の検討において，条約起草言語に優位を与え
るべきとの正当な提案を取り入れなかったこと，またヤングローン事件仲裁判
決においても条約起草言語に優位を与えず，合理的な条約の解釈をしなかった
ことを指摘する。第 3 に，複数言語による条約の用語の意味の相違を予防する
最善の方策としては，解釈に際しての優先的正文を特定しておくことであるが，
条約実行においてこの点がどうなっているのかについて概観する。

Ⅱ ウッチャリ条約17条

　1899 年 5 月 2 日にエチオピア中部のウッチャリ（Uccialli, Wichale）において
エチオピアの Menelik（Minilik）皇帝とイタリアの Pietro Antonelli 伯爵との
間で署名された「イタリア王国とエチオピア帝国の間の友好及び貿易に関する

『変転する国際社会と国際法の機能』内田久司先生追悼論文集〔信山社, 2018年 3 月〕　*35*

2 複数言語による条約の用語の意味の相違に関する断片的考察

条約」（Trattato di amicizia e commercio tra il Regno d'Italia e l'Impero Etiopico）
は，イタリア語及びエチオピアの母語であるアムハラ語を正文とし[1]，19 条に
おいては，本条約はイタリア語及びアムハラ語において起草され 2 つのヴァー
ジョンは完全に一致していること，両テキストはオフィシャルなものであり，
等しい価値を有することを規定していた[2]。

しかしながら，同条約の 17 条の規定はアムハラ語正文とイタリア語正文で
は大きく意味が異なっていた。アムハラ語正文では，

የኢትዮጵያ፡ንጉሠ፡ነገሥት፡ከኤውሮፓ፡ነገሥታት፡ለሚፈልጉት፡ጉዳይ
ሁሉ፡በኢጣሊያ፡መንግሥት፡አጋዥነት፡መላላክ፡ይቻላቸዋል ።

となっており，これは「エチオピア皇帝は，イタリア政府の支援を受けて，
ヨーロッパの諸国王と希望するすべての事項について交際することができる」
という意味であった[3]。これに対してイタリア語正文では，Sua Maestà il Re
dei Re d'Etiopia consente di servirsi del Governo di Sua Maestà il Re d'Italia
per tutte le trattazioni di affari che avesse con altre potenze o governi. となっ
ており，これは「エチオピア皇帝はイタリア国王の政府に他の諸国及び諸政府
との間での諸事項のすべての処理を委ねることに同意する」という意味であっ
た[4]。アムハラ語正文では独立国エチオピアが外交の一定事項につきイタリア
の支援を求めるという特に問題のない内容であったのに対して，イタリア語正
文ではエチオピアはイタリアの保護国となることに同意するという趣旨の内容
であり，エチオピアの独立を損なう極めて深刻なものであった。

---

(1) 同条約の両正文は，Sven Rubenson, *Wichale XVII* (1964), pp. 65-78 に，英訳は，
British and Foreign State Papers, vol. LXXXI, pp. 733-735 に収録されている。

(2) 同条はイタリア語正文では，Il presente trattato essendo redatto in lingua italiana
ad amarica e le due versioni concordando perfettamente fra loro, entrambe i testi si
riterranno ufficiali e faranno sotto ogni rapporto pari fede. となっている。

(3) Rubenson, *supra note* 1, p. 19 note 36 では，同条の意味は It shall be possible for
the King of Kings of Ethiopia to communicate with the assistance of the Italian
government regarding all affairs which he wants [to conduct] with the kings of
Europe. であるとする。

(4) 同条の英訳は，*British and Foreign State Papers*, vol. LXXXI, pp. 735 では，His Majesty
the King of Kings of Ethiopia consents to make use of the Italian Government for any
negotiations which he may enter into with other Powers or Governments. となってい
る。

〔中 谷 和 弘〕　　　　　　　　　　　　　　　Ⅲ　条約起草言語の正文の位置づけ

同条約 20 条では両当事国の批准を発効要件として定めている所，Umberto
イタリア国王は同条約を 1889 年 9 月 29 日に批准した。これに対して，
Menelik 皇帝は，イタリア語正文に従うと保護国になってしまうと気がつい
て，「Antonelli が騙した」と激怒して批准を拒否した。Menelik 皇帝は，1890
年 8 月 24 日には Umberto 国王に対して，17 条の誤りを正して各国に通知す
るよう求める旨の書簡を送った[5]。その後，Menelik 皇帝は当初は 17 条を無
効にすることを求めたが，両国間でのやりとりの末，結局，1893 年 2 月に同
皇帝は同条約全体を廃棄し，ヨーロッパ諸国にその旨を伝えた。この 17 条問
題が契機となって両国の関係は決定的に悪化し，1896 年に Adwa の戦いとな
り，エチオピアがイタリアに勝利した。同年 10 月 26 日に両国間で締結された
平和条約においては，確認的に，2 条において「ウッチャリ条約は確定的に無
効である」と規定し，3 条において「イタリアはエチオピア帝国の絶対的独立
を承認し，同国を主権を有する独立国として承認する」と規定した[6]。

　この騒動は，帝国主義外交が展開された時期の 1 つの醜聞であって[7]，これ
ほど極端な事例は 21 世紀においては想定できないものではあるが，複数言語
による条約の意味の相違がいかに深刻な問題をもたらしうるかを最も鮮明に示
すものでもあった。

Ⅲ　条約起草言語の正文の位置づけ

1　国連国際法委員会における議論

　条約法条約 33 条は 2 以上の言語により確定がされた条約の解釈について規
定し，4 項では「1 の規定に従い特定の言語による条約文による場合を除くほ
か，各正文の比較により，第 31 条及び前条の規定を適用しても解消されない
意味の相違があることが明らかとなった場合には，条約の趣旨及び目的を考慮
した上，すべての正文について最大の調和が図られる意味を採用する」と規定

---

[5]　Rubenson, *supra note* 1, pp. 19-20.

[6]　Rubenson, *supra note* 1, p. 21.

[7]　H・ニコルソン（斎藤眞・深谷満雄訳）『外交』（東京大学出版会，1968 年）の中に，
　（昔日の）イタリア外交の特質に関して，「イタリアが求めるのは永続的な信用ではなく
　して，直接的な利益である」（148 頁），「イタリアの外交は，巧妙ではあるが，おそら
　く交渉の術としては正しい見本とはいえないであろう」（149 頁）という指摘があるが，
　これらの指摘はまさに本事案にあてはまるものであろう。

2 複数言語による条約の用語の意味の相違に関する断片的考察

する。そして同条は慣習国際法を反映したものであるとされる[8]。

同項では一見するときれいな定式化がなされているが，現実には本当に「最大の調和が図られる意味」(the meaning which best reconciles the texts) が一義的に確定できるのか，またそもそもそのような意味は必ず存在するのか，という疑問が生じてくる。この点を留保した上で，ここで考察したいのは，ある条約の原案が特定の言語によって起草され，その後他の言語（単数又は複数）も条約の正文となったが，各正文において文言の意味の相違が生じて解釈が必要となった場合，条約起草言語であるという事実に何らかの意味を持たせなくてよいのかという問題についてである。

この点については，ILC における条約法条約の原案の審議の中で，1966 年6 月 21 日の第 874 回会合において，Verdross 委員が，当時の草案 72 条 4 項「条約の用語は，各正文において同一の意味を有すると推定される。3 項において言及された場合を除く他，各正文の比較により，69 条及び 70 条の適用によっても解消されない条約の表現における相違及び結果として生じる曖昧さ又は不明瞭さが明らかとなった場合には，すべての正文を可能な限り調和させる意味が採用される」に関して，原案を支持しつつも，「もし各正文を調和させることができない場合には，考慮されるべき言語は条約を起草した言語であるという文言を追加する必要があるかもしれない」と指摘した[9]。これに対して Ago 委員は，「70 条に従って準備作業及び条約締結の事情に考慮が払われるならば，条約が特定の言語で起草されたという事実が必然的に考慮されるから，それで十分であり，ILC としては条約がたまたまある言語で起草されたからといってその言語に優位を置くべきではない」と述べた[10]。特別報告者の Waldock は，「ILC は 1964 年にこの点を検討し，73 条で規定した以上のことは規定しないとの結論に達した。もし各正文の調和が不可能な場合には，解釈はあらゆる事情に照らして決められるべきである。条約が起草された言語の正文が必ず優位すると事前に言うことはできない，なぜなら当該正文の欠陥が困難の淵源になるかもしれないからである」と述べた[11]。これに対して

---

(8) 後述するラグラン事件国際司法裁判所判決。*ICJ Reports 2001*, p. 502.

(9) *YBILC 1966, Vol. I, Part II*, p. 208.

(10) *YBILC 1966, Vol. I, Part II*, p. 210.

(11) *YBILC 1966, Vol. I, Part II*, pp. 210-211.

〔中谷和弘〕　　　　　　　　　　　　　Ⅲ　条約起草言語の正文の位置づけ

　Verdross 委員は，「ILC が私の提案を受け入れないならば，4 項第 2 文を読ん
だ者はもし各正文を調和させる意味を採用することができなかった場合に何が
起きるかと疑問に思うだろう。困難を克服するために『可能な限り』（as far as
possible）という文言は削除されるべきである」と述べた⑿。

　さらに，1966 年 7 月 5 日の第 884 回会合において，Verdross 委員は，「可
能な限り」という文言を削除するか「各正文と調和が図られる意味を見出す
ことができない場合には，条約が起草された言語の正文が考慮されるべき
である」という条項を追加すべきであると指摘した⒀。しかしながら，この
Verdross 委員の提案はこれ以上議論されることなく，結局，現 33 条 3 項と 4
項の内容をあわせた条項が 29 条 3 項として採択された。ILC のコメンタリー
では次のように指摘する。「本委員会は，複数言語による条約の解釈のための
一般規則を法典化するのに適当な原則が更に存在するかについて検討した。例
えば，明確な意味を有する言語又は条約が起草された言語の正文に有利な法的
推定が働くと特定すべきかについて検討した。しかしながら，本委員会はそれ
は行き過ぎであると感じた，というのは多くは各事案の状況及び当事者の意図
の証拠に依存するからである。」⒁

　もし Verdross 委員の正当な提案が取り入れられて現 33 条において明文化
されたならば，後述するヤングローン事件判決のような不適切な判断は回避で
きたのではないかと悔やまれる。「条約を起草した言語の正文については準備
作業において考慮される」という Ago 委員の指摘は，準備作業があくまで条
約解釈の補足的手段にすぎず，かつ考慮は義務的ではなく裁量的であることに
鑑みると，楽天的すぎると言わざるを得ない。確かに Waldock 委員が指摘す
るように「条約が起草された言語の正文が必ず優位すると事前に言うことはで
きない，なぜなら当該正文の欠陥が困難の淵源になるかもしれないからであ
る」というのは事実であるが，この指摘は極端な事例を想定して妥当な考え方
を否定するという誤謬を犯しているのではないだろうか。この指摘は「条約が
起草された言語の正文はあらゆる場合において他の正文と等価値である」こと
を説得力をもって正当化するものではないであろう。少なくとも，条約が起草

⑿　*YBILC 1966, Vol. I, Part II*, p. 211.

⒀　*YBILC 1966, Vol. I, Part II*, p. 271.

⒁　*YBILC 1966, Vol. II*, p. 226.

2 複数言語による条約の用語の意味の相違に関する断片的考察

された言語の正文の優位を推定した上で，明らかに誤記である，明らかに不合理な結論がもたらされるといった当該正文の欠陥が存在する旨を立証できる場合にはこの優位を覆すことができると考える方が真に合理的な解釈にとって有用であったと解せられる。

さらに，original text 優位を明言した国際判決も存在していたが[15]，条約法条約33条はこれを無視するものでもあった。そして，遺憾なことに，条約法条約の効力発生（1980年1月27日）の直後に original text の優位を無視する不適切な国際仲裁判決が出された。以下，この判決について検討することとしたい。

2　ヤングローン事件仲裁判決

1980年5月16日のヤングローン（Young Loan）事件仲裁判決[16]は，事実関係には争いはなく，複数言語による条約の用語の意味の相違をほぼ唯一の法的論点とするものであった。第二次大戦前にドイツが負っていた債務の返還額の算定基準をめぐる本事件では，英語，フランス語，ドイツ語を正文とする1953年2月27日署名のドイツ対外債務に関する協定（Agreement on German External Debts, ロンドン債務協定とも呼ばれる）[17]の附属書Ⅰの2条

---

[15]　イタリア・ベネズエラ混合請求権委員会における Guastini 事件仲裁判決（1903年）においては，同委員会議定書の original text である英語正文とイタリア語正文の齟齬が問題となったが，Umpire である Ralston は，「議定書の交渉はほとんどすべて英語で行われ，草案は英語で起草され議定書となった。それゆえ，基本的言語は英語であることは明らかであり，翻訳の相違が生じた場合には英語への依拠がなされるべきである」と明快に判示した。Jackson H. Ralston (ed.), *The Venezuelan Arbitrations of 1903* (1904), p. 749, cited by *American Journal of International Law, Supplement 29* (1935), pp. 972-973.

[16]　*International Law Reports*, vol. 59 (1980), pp. 494-591（なお，*Reports of International Arbitral Awards*, vol. XIX (1990), pp. 65-145 にも収録）。同判決の紹介・検討としては，Camille Ann Bathurst, Creditor Protection in a Changing World, *Texas International Law Journal*, vol. 15 (1980), pp. 519-564; Joseph Gold, The Fund Agreement in the Courts - XVI, *IMF Staff Papers*, Vol. 28, No. 2 (1981), pp. 411-436; Hugo J. Hahn, Value Maintenance in the Young Loan Arbitration, *Netherlands Yearbook of International Law*, vol. XIV (1983), pp. 3-39 参照。筆者は同判決について以前，簡単に紹介したことがある。拙著『ロースクール国際法読本』（信山社，2013年）47-48頁。なお，同仲裁判決の裁判長はフィンランドの Erik Castén（1962年から1971年までILC委員）であった。

[17]　333 *UNTS* 4 (No. 4764).

〔中谷和弘〕　　　　　　　　　　　　　Ⅲ　条約起草言語の正文の位置づけ

(e)の解釈が問題となった。同条項は，「1952 年 8 月 1 日現在の為替レートが
その後 5 ％以上変動した場合には，その日以降の分割支払金は，依然発行国
の通貨によって支払われるが，（1952 年 8 月 1 日現在の為替レートとの関連
で）支払期日の為替レートで発行通貨に換算して最も下落幅の少ない通貨を基
礎に勘定される」という趣旨の規定である。この条項は，英語では，Should
the rates of exchange ruling any of the currencies of issue on 1 August
1952, alter thereafter by 5 per cent. or more, the instalments due after that
date, which still being made in the currency of the country of issue, shall
be calculated on the basis of the least depreciated currency (in relation to
the rate of exchange current on 1 August 1952) reconverted into the currency
of issue at the rate of exchange current when the payment in question
becomes due. フランス語では，Au cas où les taux de change en vigueur le
1er août 1952 entre deux ou plusieurs monnaies d'émission subiraient par la
suite une modification égale ou supérieure à 5 % les versements exigibles
après cette date, tout en continuant à être effectués dans la monnaie du pays
d'émission, seront calculés sur la base de la devise la moins dépréciée par
rapport au taux de change en vigueur au 1er août 1952, puis revonvertis
dans la monnaie d'émission sur la base du taux de change en vigueur lors
de l'échéance du paiement. ドイツ語では，Sollte sich der am 1. August 1952
für eine der Emissionswährungen massgebende Wechselkurs später um 5.
v. H. oder mehr ändern, so sind die nach diesem Zeitpunkt fälligen Raten
zwar nach wie vor in der Währung des Emmisionslandes zu leisten; sie
sind jedoch auf der Grundlage der Währung mit der geringsten Abwertung
(im Verhältnis zu dem Wechselkurs vom 1. August 1952) zu berechnen und zu
dem im Zeitpunkt der Fälligkeit der betreffenden Zahlung massgebenden
Wechselkurs wieder in die Emissionswährung umzurechnen. という文言と
なっている。

　ここでの問題は，「最も下落幅の少ない通貨」（英語 the least depreciated
currency，フランス語　la devise la moins dépréciée，ドイツ語 Währung mit der
geringsten Abwertung）という表現に関して，英語の depreciation とフランス
語の dépréciation は「通貨価値の下落」という経済現象一般というより広い

41

2 複数言語による条約の用語の意味の相違に関する断片的考察

概念を指すのに対して，ドイツ語の Abwertung は「政府による通貨価値の切り下げ」というより限定された概念を指し，どちらを採用すべきかということであった。

　この点に関して，仲裁判決では 4 対 3 の多数決で次の通り判示した。「ロンドン債務協定の最終条項及び条約法条約 33 条 1 項から，本協定及び附属書の英語本文には，単に協定が……英語で起草され関連委員会によって英語のテキストを元に英語で討議されたからといって，何ら解釈上の特別な重みはない。本仲裁廷は，解釈の助けとして基本的な又は original な text を参照するという初期の国際慣行において見られた習慣は，一般論として，条約法条約 33 条 1 項で規定された複数言語条約の全正文の等価性と両立しないとの見解をとる。どのような形をとろうと，original text に特別の重要性又は優先性を国際的に措定することは，他の権威ある正文を従属的な翻訳の地位に貶めることになってしまう。」[18]さらに，「どの正文に優先順位が付与されるかを決定するに際して，多言語の国際条約の正文が齟齬して調和できない場合に適用される伝統的な条約解釈の原則のいくつかは，この点に関する条約法条約 33 条 4 項の曖昧ではない文言に鑑みると，助けにはならない。」と指摘した上で，最も明確な正文に優位を与える原則（principle of the prevalence of the clearest text），最小公分母の原則（principle of the lowest common denominator），original text に優位を付与する原則（principle of prevalence of the original text），提案者に不利な解釈の原則（principle of *contra proferentem*）のいずれも採用することができないとする。original text に優位を付与する原則に関しては，上述の理由で否定されているとし，最小公分母の原則とともに条約の「趣旨及び目的」にふれることさえせずに特定の version に優位を与えるものであるが，条約法条約 33 条 4 項では「趣旨及び目的」こそが決定的な基準である。係争条項の目的はドイツ語正文を決定基準として用いることで十分達成される。原告の申立に依拠した係争条項のより広義の解釈は債権者により広範な保護を与えるが，そのような過度の保護は，条約の「趣旨及び目的」に照らして絶対的な平等（つまり最終的には個々の債権者に対する平等待遇）がロンドン債務協定の了知された目的であった場合にのみ必須だと考えられうるものの，同協定 8 条の下での差別の禁

---

[18] *International Law Reports*, vol. 59, pp. 529–530.

止も債権者平等条項（*pari passu* clause）もそのような請求につき述べていない
ため，そうは考えられない。金条項でさえ，その最終結果として永続的かつ絶
対的な平等を保証していない。それゆえ，たとえ条約法条約 33 条 4 項の適用
によって解釈の問題が解決されるとしても，被告に有利に判断がなされる[19]。

　こうして仲裁判決では，「政府による通貨価値の切り下げ」というドイツ
語正文の意味を採用し，債務国ドイツにとって有利な（債権者にとって不利
な）結論を導いたが，これに対して，3 名の仲裁裁判官（Robinson, Bathurst,
Mongulian）が反対意見を付している[20]。反対意見では，注[15]でふれた Guastini
事件仲裁判決や Hardy の学説[21]等を引き，またロンドン債務会議において
翻訳のために用意された用語集においては，Abwertung と Entwertung
の区別はなされず，両者とも対応する英語は depreciation，フランス語は
dépréciation と記載されていたと指摘する。そして，「オリジナルな英語にお
いて depreciated という語が使用されたことに有利な推定を働かせる強度は特
に大きい，というのは交渉者は翻訳プロセスに参加しなかったからである。英
語以外の正文の起草のすべての任務は翻訳部門に委ねられた。」「単にある言語
が他の言語同様に正文であるという理由だけで，他の言語（特に交渉における
基本言語）の意味を正確に反映していないことを立証しようとする議論を拒絶
することはできない。主権国家の関心事項は無名の翻訳者によって選ばれた言
葉の誤った選択によって影響され得ないし，また影響されるべきではない」[22]
として，多数意見を辛辣かつ説得的に批判する。

　反対意見が指摘するように交渉者が全くタッチしておらず単なる翻訳にすぎ

---

[19]　*Ibid.*, pp. 548-550.

[20]　*Ibid.*, pp. 552-590.

[21]　Jean Hardy, The Interpretation of Plurilateral Treaties by International Courts and
Tribunals, *British Year Book of International Law 1961*, p. 105 では，「両立しない正
文の間で選択がなされなければならないが，original version に有利な推定を働かせる
ことは正常である。というのは，それが交渉者が最初に合意に達した基礎だからであ
り，他の正文の権威ある価値は original な正文の下位におかれるからである。original
version 優位の推定の強度は，他の version が起草された状況に依存する。交渉者がす
べてそれらの正文の起草に直接に参加していた場合にはその強度は弱い。小規模の起草
委員会に任務を委ねるといったことにより，交渉者が部分的なコントロールを行使する
にとどまる場合には，その強度はより強い。それらの正文の起草のすべての任務を当事
国中の一カ国又は特定の機関に委ねる場合には，その強度は決定的である」と指摘する。

[22]　*Ibid.*, pp. 584-585.

2 複数言語による条約の用語の意味の相違に関する断片的考察

ないドイツ語正文を採用し，original text である英語正文を無視した本判決は，common sense[23]に反する著しく不合理なものであった。「それぞれの言語による条約文がひとしく権威を有する」（条約法条約第33条1項）として，original text が当然に優位する訳ではないことは事実であるが，「ひとしく権威を有する」を字義通りに解釈すれば，各正文に等しく1ポイントが付与され，その結果，「通貨価値の下落」という英語正文及びフランス語正文の意味には2ポイント，「政府による通貨価値の切り下げ」というドイツ語正文の意味には1ポイントが付与され，結局前者の意味に優位が与えられると解することが合理的であって，あえて少数派であるドイツ語正文の意味に優位を与えるためには特段の立証が必要である。しかしながら，判決では，英語正文及びフランス語正文の意味を押しのけてまで単なる翻訳にすぎないドイツ語正文の意味が優位する理由を何ら説得的に示していない。また，債権者の保護に欠ける結果を生ぜしめるドイツ語正文に基づく解釈がなぜ「最大の調和」をもたらす解釈となるのかを何ら説得的に説明できていない。本判決で示された基準に従うのであれば，（Ⅳでみるような優先的正文を特定できない限り），各締約国はすべての正文について一言一句，細心の注意を払い，少しでも解釈に齟齬の可能性がある場合には異議を唱えて別の単語に置き換えることを要求することが求められる。これは極めて膨大なエネルギーと時間を要する作業であり，条約の締結に対する非常に大きな障害となってしまう。本判決は外交の現実を無視した，その意味で国際法の本質を理解しているとは思われない，仲裁裁判官による机上の空論と言わざるえを得ない。

　さらに本判決は国際金融界からも全く歓迎されざるものであった。国際決済銀行（BIS）は1980年5月30日に New York Times に公告を出して，「本仲

---

[23]　英国外務省法律顧問をつとめた Sinclair は，ヤングローン事件のように準備作業（*travaux préparatoires*）から他の version が単なる翻訳であることが明らかな場合には，交渉者が合意した original language に重要性が付与されるべきだと指摘する。Ian Sinclair, *The Vienna Convention on the Law of Treaties* (2nd ed. 1984), p. 152. また，英国外務省副法律顧問をつとめた Aust は，「ある条約が，正文である複数の言語のうちの1つのみで交渉及び起草された場合には，その言語の text により依拠することは自然であり，特にそれが曖昧でない場合にはそうである」と指摘する。Anthony Aust, *Modern Treaty Law and Practice* (2nd ed., 2007), p. 254. 外交実務を担当し，common sense が特に求められる立場にある彼等にとっては，original text の優位は当然のことであったといえよう。

44

〔中谷和弘〕   Ⅲ 条約起草言語の正文の位置づけ

裁判決はドイツ・マルクの1960年代における正式な切り下げについてのみ判断したものであって，1971年以降の変動相場制の下での諸問題について何ら判断を求められたものではない」旨を強調し，国際金融の現実に無頓着な本判決が変動相場制の下で生じうる諸問題の処理に悪影響を及ぼさないよう予防線を張った。

　条約起草言語（交渉言語）の重要性を勘案しつつも，条約法条約33条4項と整合的な解釈としては，「original text 優位が推定されるが，但し反証は可能」という解釈が考えられる。反証可能な代表的な場合としては，① original text に明らかな誤記がある場合，② original text による解釈が明らかに不合理な結果をもたらす場合，③ original text 以外の正文の解釈が明らかに「最大の調和」をもたらす解釈であることを立証できる場合が挙げられよう。

3　ラグラン事件国際司法裁判所判決

　2001年6月27日のラグラン（LaGrand）事件国際司法裁判所（ICJ）判決（本案）においては，ICJ規程41条[24]（常設国際司法裁判所（PCIJ）規程41条と実質的に同一の条項[25]）が，PCIJ規程における original version であった仏文では，1項が La Cour a le pouvoir d'indiquer, si elle estime que les circonstances l'exigent, quelles mesures conservatoires du droit de chacun doivent être prises à titre provisoire. 2項 が En attendant l'arrêt définitif, l'indication de ses mesures est immédiatement notifiée aux parties et au Conseil de sécurité. となっているのに対して，英文では，1項が The Court shall have the power to indicate, if it considers that circumstances so require, any provisional measures which ought to be taken to preserve the respective rights of either party. 2項が Pending the final decision, notice of the measures suggested shall forthwith be given to the parties and to the

---

[24]　同条1項は，「裁判所は，事情によって必要と認めるときは，各当事者のそれぞれの権利を保全するためにとられるべき暫定措置を指示する権限を有する。」，2項は，「終結判決があるまでは，指示される措置は，直ちに当事者及び安全保障理事会に通告される。」と規定する。

[25]　PCIJ規程41条2項にある「国際連盟理事会」（Conseil, Council）がICJ規程41条2項では「国連安全保障理事会」（Conseil de sécurité, Security Council）となっている点が異なる。

Security Council. となっている。米国は，英文において 1 項で indicate（order ではなく），ought（must や shall ではなく），2 項で suggested（ordered ではなく）という単語が用いられているゆえ，41 条の下での決定は拘束力を欠くと主張する。これに対して，1920 年の PCIJ 規程制定に際しては仏文テキストが original version であったことに鑑み，indicate や ought が order や must, shall と同等の意味を有するかどうかが問題となる。判決では，国連憲章 92 条において ICJ 規程が国連憲章と不可分の一体をなすこと，同 111 条の下で ICJ 規程につき英文と仏文が等しく正文であることを確認した上で，ICJ 規程の両正文間の離齬の場合のルールを規程自身も国連憲章もおいていないため，条約法条約 33 条 4 項に依拠するのが適切であるとするし，同項は慣習国際法であるとする[26]。その上で，規程の趣旨及び目的並びに 41 条の文言から，暫定措置を指示する権能は当該措置を拘束的なものとするとし，それゆえ同条の準備作業に依拠することは不要であるが，準備作業も同条が拘束力を有するとの結論を排除するものではないとした[27]。そして，準備作業を検討した上で，判決では，仏文テキストにおいて ordonner ではなく indiquer が採用されたのは裁判所が決定の履行を担保する手段を有しないことを考慮したためであるが，履行手段の欠如と拘束力の欠如は異なる問題であるとし，それゆえ裁判所が 41 条の下でなされた命令の履行手段を自ら有しないことは当該命令の拘束性を否定する議論とはならないとした[28]。

　同判決においては，当該規定の文言や趣旨・目的と同じ結論を導くためのあくまで補助的手段として original text への依拠がなされた。ヤングローン事件のような正面からの対立状況を解決する指針が示された訳ではない点に留意する必要がある。

Ⅳ　優先的正文の特定

　ヤングローン事件のような問題を予防する手段としては，条約の正文を 1 言語のみにする場合[29]の他，複数言語を正文にする場合でも解釈に相違があると

---

[26]　*ICJ Reports 2001*, p. 502.

[27]　*ICJ Reports 2001*, pp. 503–504.

[28]　*ICJ Reports 2001*, pp. 504–505.

[29]　複数の言語で起草するが単一の言語の本文のみを正文とする場合もこれに該当する。

〔中谷和弘〕　　　　　　　　　　　　　　Ⅳ　優先的正文の特定

きは特定の１つの言語の本文によると規定すること，つまり優先的言語を定め
ておくことが考えられる。条約法条約33条１項但書に該当する場合がこれに
相当する[30]。ここでは以下，我が国が締結した二国間条約においてこの点がど
うなっているかについて指摘しておきたい。

　日本が締結した二国間条約で，優先的正文についての規定をおくものは下記
の通りである。〔A語→B語〕という表記は，「正文を日本語，A語，B語とす
る。解釈に相違（齟齬，疑義）がある場合にはB語の本文による」という文言
の規定になっていることを示す。（*C語→D語*）という表記は，「正文を日本語，
C語，D語とする。日本語とC語の間で解釈に相違（齟齬，疑義）がある場合
にはD語の本文による」という文言の規定になっていることを示す。前者の表
現ぶりでは，日本語とA語の間には解釈に相違がなく，これらの言語とB語と
の間でのみ解釈に相違がある場合であってもB語が優先的正文となる。これに
対して，後者の表現ぶりでは，日本語とC語の間には解釈に相違がなく，これ
らの言語とD語との間でのみ解釈に相違がある場合にはD語は優先的正文とは
ならない。この点が両者の実質的相違である。

　戦前に締結されたものの中で該当する条約としては，①ギリシャとの修好通
商航海条約（明治32年10月12日付官報勅令）（*ギリシャ語→英語*），②スペイン
との特別通商条約（明治34年４月８日付官報勅令）（*スペイン語→英語*），③アル
ゼンチンとの修好通商航海条約（明治34年10月１日付官報勅令）（*スペイン語→
英語*），④ブラジルとの文化的協力条約（昭和16年11月15日付官報条約第16号）
（*ポルトガル語→フランス語*），等が挙げられる。

　これに関連してILC第768回会合（1964年７月17日）においてTunkin委員は，「1928
年のソ連・イエメン友好条約はアラビア語とロシア語により起草されたが，同条約では
アラビア語の本文のみを正文と規定した」旨を指摘する。*YBILC 1964, Vol. I*, p. 299.

[30]　同項は，「条約について２以上の言語により確定がされた場合には，それぞれの言語
による条約文がひとしく権威を有する。ただし，相違があるときは特定の言語による
条約文によることを条約が定めている場合又はこのことについて当事国が合意する場合
には，この限りではない」と規定する。同項但書は，1966年当時の草案では72条３項
がこれに相当したが，この草案72条３項に関して鶴岡千仞委員は，ILC第874回会合
（1966年６月21日）において，このような場合はかなり共通に存在すると指摘し，日
本とタイが条約を日本語，タイ語及び英語で起草し，３つの正文は等しく正文とするが，
解釈につき紛争がある場合には英語の本文を優先させる場合を仮定例として挙げている。
YBILC 1966, Vol. I, Part II, p. 208.

2 複数言語による条約の用語の意味の相違に関する断片的考察

戦後締結された二国間条約（国会承認条約）の中で該当するものとしては，⑤中華民国との平和条約（昭和 27 年条約第 10 号）［中国語→英語］，⑥インドとの航空協定（昭和 31 年条約第 7 号）［ヒンディー語→英語］，⑦カンボジア国との友好条約（昭和 31 年条約第 18 号）［カンボディア語→フランス語］，⑧エジプトとの文化協定（昭和 32 年条約第 13 号）［アラビア語→英語］，⑨インドネシアとの平和条約（昭和 33 年条約第 3 号）［インドネシア語→英語］，⑩エチオピアとの友好条約（昭和 33 年条約第 8 号）［アムハラ語→フランス語］，⑪キューバとの通商協定（昭和 36 年条約第 11 号）［スペイン語→英語］，⑫西ドイツとの航空協定（昭和 37 年条約第 5 号）［ドイツ語→英語］，⑬ブラジルとの航空協定（昭和 37 年条約第 14 号）［ポルトガル語→英語］，⑭アラブ連合共和国との航空協定（昭和 38 年条約第 21 号）［アラビア語→英語］，⑮クウェートとの航空協定（昭和 38 年条約第 22 号）［アラビア語→英語］，⑯エルサルバドルとの通商協定（昭和 39 年条約第 13 号）［スペイン語→英語］，⑰ブラジルとの文化協定（昭和 39 年条約第 21 号）［ポルトガル語→英語］，⑱韓国との基本関係条約（昭和 40 年条約第 25 号）［韓国語→英語］，⑲西ドイツとの租税協定（昭和 42 年条約第 4 号）［ドイツ語→英語］，⑳韓国との航空協定（昭和 42 年条約第 12 号）［韓国語→英語］，㉑アルゼンチンとの友好通商航海条約（昭和 42 年条約第 16 号）［スペイン語→英語］，㉒ブラジルとの租税条約（昭和 42 年条約第 21 号）［ポルトガル語→英語］，㉓セイロンとの租税条約（昭和 43 年条約第 17 号）［シンハラ語→英語］，㉔オランダとの租税条約（旧条約）（昭和 45 年条約第 21 号）［オランダ語→英語］，㉕スイスとの租税条約（昭和 46 年条約第 22 号）［ドイツ語→英語］，㉖イタリアとの租税条約（昭和 48 年条約第 2 号）［イタリア語→英語］，㉗フィリピンとの友好通商航海条約（昭和 49 年条約第 1 号）［フィリピン語→英語］，㉘スペインとの租税条約（昭和 49 年条約第 11 号）（<u>スペイン語→英語</u>），㉙フィリピンとの友好通商航海条約（昭和 55 年条約第 12 号）［フィリピン語→英語］，㉚スペインとの航空協定（昭和 55 年条約第 20 号）［スペイン語→英語］，㉛ポーランドとの租税条約（昭和 57 年条約第 18 号）［ポーランド語→英語］，㉜スリランカとの航空協定（昭和 59 年条約第 4 号）［シンハラ語→英語］，㉝中国との租税協定（昭和 59 年条約第 5 号）［中国語→英語］，㉞中国との原子力協定（昭和 61 年条約第 6 号）［中国語→英語］，㉟ソ連との租税条約（昭和 61 年条約第 8 号）［ロシア語→英語］，㊱中国との投資保護協定

(平成元年条約第3号)［中国語→英語］，㊲インドとの租税条約（平成元年条約第8号）［ヒンディー語→英語］，㊳ベトナムとの租税協定（平成7年条約第22号）［ベトナム語→英語］，㊴メキシコとの租税条約（平成8年条約第10号）［スペイン語→英語］，㊵オマーンとの航空協定（平成10年条約第5号）［アラビア語→英語］，㊶バーレーンとの航空協定（平成10年条約第6号）［アラビア語→英語］，㊷アラブ首長国連邦との航空協定（平成10年条約第18号）［アラビア語→英語］，㊸カタールとの航空協定（平成11年条約第10号）［アラビア語→英語］，㊹ドイツとの社会保障協定（平成11年条約第12号）（ドイツ語→英語），㊺イスラエルとの航空協定（平成12年条約第1号）［ヘブライ語→英語］，㊻ロシアとの投資協定（平成12年条約第3号）［ロシア語→英語］，㊼韓国との犯罪人引渡条約（平成14年条約第4号）［韓国語→英語］，㊽韓国との投資協定（平成14年条約第17号）［韓国語→英語］，㊾ベトナムとの投資協定（平成16年条約第15号）［ベトナム語→英語］，㊿メキシコとの経済連携協定（平成17年条約第8号）［スペイン語→英語］(31)，(51)韓国との刑事共助条約（平成19年条約第1号）［韓国語→英語］，(52)サウジアラビアとの航空協定（平成21年条約第4号）［アラビア語→英語］，(53)中国との刑事共助協定（平成21年条約第6号）［中国語→英語］，(54)中国との領事協定（平成22年条約第1号）［中国語→英語］，(55)香港との租税協定（平成23年条約第8号）［中国語→英語］，(56)サウジアラビアとの租税条約（平成23年条約第9号）［アラビア語→英語］，(57)ブラジルとの社会保障協定（平成23年条約第16号）［ポルトガル語→英語］，(58)ポルトガルとの租税条約（平成25年条約第3号）［ポルトガル語→英語］，(59)ハンガリーとの社会保障協定（平成25年条約第13号）［ハンガリー語→英語］，(60)クウェートとの投資協定（平成25年条約第17号）［アラビア語→英語］，(61)オマーンとの租税協定（平成26年条約第14号）［アラビア語→英語］，(62)アラブ首長国連邦との租税協定（平成26年条約第18号）［アラビア語→英語］，(63)ウクライナとの投資協定（平成27年条約第7号）［ウクライナ語→英語］，(64)カタールとの租税協定（平成27年条約第8号）［アラビア語→英語］，(65)ブラジルとの受刑者移送条約（平成28年条約第1号）［ポルトガル語→英語］，(66)イランとの受刑者

(31)　なお，同条2項では，「1の規定にかかわらず，(a)附属書1第2節は，ひとしく正文である日本語及び英語により作成される。(b)附属書1第3節は，ひとしく正文であるスペイン語及び英語により作成される」と規定する。

2 複数言語による条約の用語の意味の相違に関する断片的考察

移送条約（平成 28 年条約第 11 号）［ペルシャ語→英語］，⑥ドイツとの租税協定（平成 28 年条約第 13 号）（*ドイツ語→英語*），⑥サウジアラビアとの投資協定（平成 29 年条約第 4 号）［アラビア語→英語］，⑥ウルグアイとの投資協定（平成 29 年条約第 5 号）［スペイン語→英語］，⑦イランとの投資協定（平成 29 年条約第 6 号）［ペルシャ語→英語］，⑦オマーンとの投資協定（平成 29 年条約第 19 号）［アラビア語→英語］，等が挙げられる[32]。

以上の他，行政取極においても，両締約国の母語と第三の言語を正文とし，この第三の言語を優先言語として規定する場合がある。特に，中国及びエジプトとの行政取極においては，しばしばそのような規定ぶりとなっている。

---

[32] ちなみに数の最も多い二国間条約である航空協定及び租税条約を例にとると，航空協定に関しては，両国の公用語の他に第三の言語の本文も正文とし相違がある場合にはこの第三の言語とするものが 14（インド，ブラジル，西ドイツ，アラブ連合，クウェート，韓国，スペイン，スリランカ，オマーン，バーレーン，アラブ首長国連邦，カタール，イスラエル，サウジアラビアとの協定。この第三の言語はすべて英語），両国の公用語を等しく正文とし特に優先的言語を定めないものが 13（米国，英国，カナダ（英語），フランス，オーストラリア，スイス（フランス語），ベルギー（フランス語），ソ連，メキシコ，中国，ニュージーランド，フィジー，香港（英語）との協定），英語のみを正文とするものが 33（オランダ，スウェーデン，ノルウェー，デンマーク，タイ，パキスタン，インドネシア，イタリア，マレーシア，シンガポール，レバノン，フィリピン，ビルマ，ギリシャ，イラク，バングラデシュ，フィンランド，オーストリア，トルコ，ネパール，モンゴル，ブルネイ，ハンガリー，南アフリカ，ヨルダン，ベトナム，ポーランド，エチオピア，パプア・ニューギニア，ウズベキスタン，マカオ，カンボジア，ラオスとの協定）であり，この 3 カテゴリーの比率は順に 23.3 %，21.7 %，55 % である。租税条約（税務情報交換を主内容とするもののうち，租税条約と呼ばれるものも含む）に関しては，両国の公用語の他に第三の言語の本文も正文とし相違がある場合にはこの第三の言語とするものが 20（西ドイツ，ブラジル，セイロン，オランダ（旧条約），スイス，イタリア，スペイン，ポーランド，中国，ソ連，インド，ベトナム，メキシコ，香港，サウジアラビア，ポルトガル，クウェート，オマーン，アラブ首長国連邦，カタールとの条約。この第三の言語はすべて英語），両国の公用語を等しく正文とし特に優先的言語を定めないものが 12（米国，英国，オーストラリア，カナダ（英語，フランス語），フランス，ザンビア，バミューダ，バハマ，ケイマン，ニュージーランド，ガーンジー，ジャージーとの条約），英語のみを正文とするものが 28（パキスタン，オーストリア，デンマーク，アラブ連合共和国，ベルギー，マレーシア，シンガポール，フィンランド，アイルランド，ルーマニア，チェコ・スロバキア，フィリピン，ハンガリー，インドネシア，スウェーデン，タイ，バングラデシュ，ブルガリア，ノルウェー，ルクセンブルク，イスラエル，トルコ，南アフリカ，韓国，ブルネイ，カザフスタン，オランダ（新条約），チリとの条約）であり，この 3 カテゴリーの比率は順に 33.3 %，20 %，46.7 % である。

〔中谷和弘〕　　　　　　　　　　　　　　　　　　Ⅳ　優先的正文の特定

　第三の優先的言語を設けた上記の二国間条約においては，⑥インドとの航空協定を除き，英語を公用語としない国家との協定であった。他方，英語を公用語とする国家との間で英語以外の言語の本文を第三の正文としてこれを優先的言語として定めた例はない。

　また，上記の二国間条約のうち戦後締結のものにおいては，優先言語はすべて英語であった。戦前締結の③ブラジルとの文化的協力条約においては優先言語はフランス語であったが，戦後でも行政取極ではフランス語を優先言語として定めた例がある。イランとの経済技術協力協定（昭和33年12月9日）がそれであり，日本語，ペルシャ語，フランス語により作成し，解釈に相違があるときは，フランス語の本文によると規定する。なお，英語以外の本文のみを正文とする二国間条約の例として，イタリアとの文化協定（昭和30年条約第17号，フランス語のみで作成）がある。

　正文を3言語とするが，優先順位を定めない場合もある。例えば，香港との投資協定（平成9年条約第7号）では，「ひとしく正文である日本語，中国語，英語により本書二通を作成した」とのみ規定し，優先正文についての規定はない。このような場合には，両当事国の母語（この場合，日本語と中国語）の間で解釈に相違が生じた際に第3の言語（この場合，英語）に有利な推定が働く訳ではないであろう。他方，相手締約国が複数の公用語を有するといった事情から正文が3言語になっている場合もある。例えば，ベルギーとの文化協定（昭和49年条約第10号）では，日本語，フランス語，オランダ語を等しく正文とする旨を，カナダとの租税条約（昭和62年条約第12号）では，日本語，英語，フランス語を等しく正文とする旨を規定する。

　他方，多数国間条約に関しては，優先的正文を規定した例としては，国際航空運送に関するモントリオール第4議定書（平成12年条約第6号）において，「4の正文である英語，フランス語，ロシア語及びスペイン語により作成した。各正文の間に相違がある場合は，1929年10月12日に作成されたワルソー条約の言語であるフランス語の本文による」と規定した例が挙げられるが，このような規定を有する条約の数は多くないと思われる[33]。ちなみに，1999年の

───────────
⑶⑶　ワルソー条約（国際航空運送についてのある規則の統一に関する条約）ではフランス語の本文のみが正文であった。ヘーグ議定書，グァダラハラ条約，グァテマラ議定書においては，英語，フランス語及びスペイン語を正文とし，各正文の間に相違がある場合

2 複数言語による条約の用語の意味の相違に関する断片的考察

モントリオール条約（国際航空運送についてのある規則の統一に関する条約，平成15年条約第6号）においては，「ひとしく正文である英語，アラビア語，中国語，フランス語，ロシア語及びスペイン語により作成した」と規定するのみで優先的正文についての規定を欠いている。なお，近年の条約の中で3言語以上を正文とした他の注目すべき例としては，旧宇宙基地協定（平成4年条約第1号）において，「イタリア語，英語，ドイツ語，日本語及びフランス語をひとしく正文とする」旨を，新宇宙基地協定（平成13年条約第2号）において，「イタリア語，英語，ドイツ語，日本語，フランス語及びロシア語をひとしく正文とする」旨を，エネルギー憲章条約（平成14年条約第9号）において，「英語，フランス語，ドイツ語，イタリア語，ロシア語及びスペイン語をひとしく正文とする」旨を，それぞれ規定した例（いずれも優先正文についての規定はない），環太平洋パートナーシップ（TPP）協定第30.8条において「この協定は，英語，スペイン語及びフランス語をひとしく正文とする。これらの本文の間に相違がある場合には，英語の本文による」とした例が挙げられる（新旧宇宙基地協定は日本語が正文である多数国間条約の珍しい例でもある）。

多数国間条約において主要言語（国連の公用語）が2つ以上正文となっている場合には，優先的正文を1つに定めることは外交上の配慮から困難であるのが実情であろう[34]。また二国間条約においても，例えば英語を母語とする国家と英語以外を母語とする国家間において，第3の言語も正文として作成し，これを優先的言語とすることは実際には困難であろう。なお，面白い例として，1993年12月30日にイスラエルとバチカンとの間で締結された基本条約においては，正文を英語とヘブライ語とするが齟齬がある場合には英語の正文を優先する旨を規定する[35]。

はフランス語の本文によると規定した。Aust, *supra* note 23, p. 253 では，1978年のクウェート地域海環境条約（1144 *UNTS* 155（No. 17898））がアラビア語，英語，ペルシャ語で締結されたが，齟齬がある場合には英語の正文が優先すると規定していることを指摘する。

[34] 英語正文と仏語正文の意味の相違につき判断をした最近の仲裁判決として，2007年のユーロトンネル事件判決がある。同判決につき，拙稿「ユーロトンネル事件仲裁判決」『東京大学法科大学院ローレビュー』第9巻（2014年）184-194頁。

[35] 1775 *UNTS* 182（No. 30925），*cited by Aust, supra* note 23, p. 251. なお，松田道一「外交及び外交用語に関する変遷と佛蘭西語の地位」（初出は『日佛文化』新第8輯，1942年。鹿島平和研究所編『松田道一遺稿 外交論叢』，鹿島研究所出版会，1970年所収）に

政府は 2016 年 5 月 11 日発表の「投資関連協定の締結促進等投資環境整備に向けたアクションプラン」において，「我が国として，投資関連協定の締結促進に集中的に取り組み，2020 年までに，投資関連協定について，100 の国・地域を対象に署名・発効することを目指す」としている[36]。今後，投資協定をはじめとして多くの途上国との間で二国間条約の締結が増大することが予期されるが，複数言語を正文とする条約となる場合には優先的正文を特定することが，予防法学の観点から是非とも必要であろう。

最後に，複数言語による正文の齟齬に関して優先的正文をおく例は必ずしも国際法に特有のものでないことを指摘しておきたい。例えば，キリバス憲法10 章 127 節では，「本憲法の諸条項はキリバス語の正文及び英語の正文により公布される。2 つの正文の間に不一致が生じた場合には，英語の英文が優先する」と規定する。また，サモア憲法 112 条では，「本憲法のサモア語の本文及び英語の本文は等しく正文とするが，相違がある場合には，英語の本文が優先する」と規定する[37]。

V　おわりにかえて

Ⅱで登場したエチオピアは，我が国に対しても本稿で扱った問題を提供したことがある。1927 年 6 月 21 日にアディス・アベバにおいて署名された日本国「エティオピア」国間修好通商条約は，日本語，アムハラ語，フランス語で作

は，現代では考えらえないような次のような非常に興味深い指摘がある（同書 794 頁。古い表現・字体を改めた）。「言葉の独立平等を主張するのは対等の国柄においてであって，大国が小国と対する場合には政策上かえってその小国の言葉を進んで採用する場合がある。これは一見不可思議な現象とも見えるがそこにある理由が見出される。かのアラビア諸国に対し英国が結べる条約は多くはアラビア語一本で規定するのが常例の様である。これは未開国は一般に諸大国と条約を結んだ挙句，その後で条約にまつわって難題をふっかけられる苦い経験を持っているからで，このことはアラビア諸国に限った話ではない。そこで英国は言葉の点にこだわらず先方に安心を与えて用語自主権などとこだわらぬ点は流石に手慣れたものだと思わしめる。フランスとイエメン国との修好条約（1936. 4. 25 締結）はフランス語とアラビア語の 2 通を作成しているが，解釈に相違ある場合にはアラビア語の本文によるべき旨を明記している。我が国ではフランス語一本を常例としている様である。」

[36]　http://www.mofa.go.jp/mofaj/ecm/ec/page24_000606.html

[37]　John Lynch, Marcolm Loss and Terry Crowley, *The Oceanic Languages* (2002), p. 29.

2 複数言語による条約の用語の意味の相違に関する断片的考察

成され，第4条では「本條約ハ日本語，アマリック語及佛蘭西語ヲ以テ之ヲ作成ス紛議アル場合ニハ佛蘭西文ニ依ルベシ」と規定していた。ところが同条約の批准案につき，枢密院は1929年7月11日に「御沙汰ニ依リ返上」とした[38]。あらためて条約交渉をして，1930年11月15日に署名された同名の条約は，実体内容はほぼ同一であるが，上記の未批准に終わった旧条約の4条に該当する正文についての規定がない点が異なっている（そしてアムハラ語のテキストは付されていない）。この新条約は1931年10月5日に批准がなされた[39]。どのような理由から旧条約が「御沙汰ニ依リ返上」に至ったのかの詳細は今回調べることはできなかったが[40]，アムハラ語という日本人にとって未知の言語にも署名したことが枢密院において問題視されたのかもしれない。

---

[38] 『枢密院会議議事録』第52巻（昭和篇10 昭和4年）（東京大学出版会，1993年）57-66頁。武者小路公共とタファリ・マコンネンが署名した。

[39] 『枢密院会議議事録』第66巻（昭和篇24 昭和6年）（東京大学出版会，1994年）239-242, 259, 262-267頁，『條約集』第10輯第13巻（179）。吉田伊三郎とヘルイ・ウォルド・セラッシエが署名した。

[40] 『枢密院会議議事録』第66巻241頁には「若干ノ曲折ヲ経タル後遂ニ協議調ヒ」という表現があるにとどまっている。

3 日ソ中立条約をめぐる国際法上の諸問題

植 木 俊 哉

Ⅰ　は じ め に　　　　　　　Ⅳ　日ソ中立条約をめぐる国際法
Ⅱ　本稿の考察対象——日ソ中立　　　　上の論点
　　条約と国際法　　　　　　　Ⅴ　お わ り に
Ⅲ　日ソ中立条約の締結と廃棄

Ⅰ　は じ め に

　私事にわたり誠に恐縮であるが，筆者は，大学 2 年生であった 1980 年度後期に内田久司先生の国際法第 1 部の講義を聴講し，3 年生となった 1981 年度前期に国際法第 2 部の講義を聴講した。さらに，4 年生になった 1982 年度には，国際組織法の講義を聴講させていただいた。この他にも，学部 3 年生と 4 年生の時に内田先生が学部で開講していた国際法演習に参加させていただき，多くの優れた先輩や友人とめぐり合う非常に貴重な機会に恵まれた。その後，筆者は，国際法の教育研究に従事する道を歩むこととなったが，筆者が学生時代に教室で教えを受けた国際法はすべて内田先生が担当されたものであり，決して派手ではないが誠実で精緻な先生の授業の光景は，今でも私の心に残っている。
　内田先生の国際法の授業は，時に国際法上のやや細かな論点に触れることがあり，後に筆者自身が国際法の授業を担当するようになってから思い返すと，そこに内田国際法学の真髄が滲み出ていると気付かされることがあった。当時未熟な学生であった若き日の私には，それを自覚することができなかった。しかし，このような内田先生の教室での授業から受けた知的刺激が，その後の筆者の進路と人生にとって非常に大きな意味を持ったことは確かである。今日の筆者があるのは，内田先生から受けた知的刺激と賜ったご指導に負うものであり，先生の学恩には感謝しても感謝し尽くせるものではない。

『変転する国際社会と国際法の機能』内田久司先生追悼論文集〔信山社，2018年 3 月〕　55

3 日ソ中立条約をめぐる国際法上の諸問題

そこで，内田先生の追悼論文集に寄稿させていただくこの小論では，先生が
30数年前の教室での授業の中で取り上げられた国際法上の論点のいくつかを
紹介し，その後の国際法学の発展や新たな展開等も踏まえながらこれに検討を
加えることを通じて，内田先生の国際法学の特長と本質の一端を記録にとどめ
ることとしたい。

Ⅱ　本稿の考察対象──日ソ中立条約と国際法

内田先生による国際法の講義の中で筆者が個人的に興味をかき立てられた
個別の論点を断片的に記すとすると，①ソ連の沿海州ウラジオストク近郊の
ピョートル大帝湾と「湾口10カイリ規則」「歴史的湾」の主張[1]，②特殊な形
態の「国家結合」としてのコモンウェルス（英連邦）とそこで適用になる「内
部関係」理論（*inter se* doctrine），③国際河川が国境となる場合に可航水路の
中間線を境界線とする「タルウェーグ」原則（及び同原則の中ソ国境問題への
含意），さらに，④ソ連による日ソ中立条約の破棄をめぐる国際法上の諸問題，
等が挙げられる。現時点から振り返ってみると，内田先生が授業の中で挙げら
れた国際法に関する具体的論点には，（当時の）ソ連をめぐる問題が多く含ま
れており，このことは先生がかつて1950年代にモスクワ国立大学での在外研
究に従事されたことを反映しているものと考えられる。

内田先生の授業を私が大学で聴講させていただいた1970年代末〜1980年代
初頭は，国際社会では東西冷戦の基本構造がなお残存していた時代であり，先
生のようにモスクワ国立大学といったソ連を代表する研究機関での在外研究を
経験した日本の国際法研究者は多くはなかった。また，先生が講義の中で挙げ
られたピョートル大帝湾を抱えるソ連沿海州の中心都市ウラジオストクは，当
時は軍事都市として日本人を含む外国人には固く門戸を閉ざしていた。もちろ
ん，ここで筆者が改めて指摘するまでもなく，当時のソビエト国際法学，ない
しは社会主義国際法学に対する内田先生の基本姿勢は，称賛一辺倒ではなく，
また批判一辺倒でもなかった。このような先生の国際法学に対する真摯で客観
的な学問的姿勢から，筆者は多くの大切なことを自然と学ばせていただいたこ

---

(1)　ピョートル大帝湾が「歴史的湾」としてソ連の内水であると主張するものとして，日
　　刊労働通信社編『ソヴィエト国際法』（日刊労働通信社，1962年）280頁，ソ連科学ア
　　カデミー法律研究所『国際法・上巻』（日本評論新社，1962年）230頁参照。

56

〔植木俊哉〕　　　　　　　　　　　　　　　Ⅲ　日ソ中立条約の締結と廃棄

とを感謝の念とともに思い起こす。

　かつてのソ連，現在のロシアと日本の関係をめぐっては，いわゆる北方領土
問題をはじめとして数多くの国際法上の問題が現在もなお存在する。本稿にお
いては，内田先生がかつて大学での講義で取り上げられた論点の中から，1941
年4月に締結され1945年8月にソ連が破棄を通告した日ソ中立条約をめぐる
国際法上の諸問題を具体的な検討対象として取り上げ，国際法の観点からの検
討と考察を試みることとしたい。

Ⅲ　日ソ中立条約の締結と廃棄

1　条約締結に至る経緯

　1936年11月，ベルリンで日独防共協定が締結されたことを契機として，日
ソ間の外交関係は悪化の一途をたどった[(2)]。1937年以降，日本軍が事実上支
配する当時の満州国とソ連との国境地帯で日ソ両軍の武力衝突が頻発し，1938
年7月～8月には張鼓峰事件，1939年5月～8月には満州国と外蒙古の国境
地帯でノモンハン事件が起きた。ノモンハンでの日ソ両軍の武力衝突が激化し
ていた同年8月23日，ソ連はドイツとの間で独ソ不可侵条約を締結し，同年
9月1日にドイツ軍のポーランド侵攻によりヨーロッパで第2次世界大戦が開
始された。ソ連は，独ソ不可侵条約とその附属秘密協定に基づきポーランド東
部に軍事侵攻し，バルト三国を併合するとともにフィンランドに対して国境地
帯の領土割譲を要求してソ連・フィンランド戦争（冬戦争）が行われた[(3)]。他
方，ドイツは1940年5月に西部戦線での侵攻を開始し，6月にはパリを陥落
させてフランスを占領下においた。

　以上のようなヨーロッパでの政治情勢を踏まえ，日本では日独伊三国軍事
同盟とともに日ソ間で不可侵条約を締結することにより（日独伊ソの）「四国協

---

(2)　ソ連は，日本に対する抗議として既に仮調印が行われていた日ソ漁業協定の調印を拒
　　否し，北樺太における日本の石油・石炭利権に対しても非常に厳しい姿勢を取るように
　　なったほか，オデッサ，ノボシビルスク，ハバロフスク，ブラゴエシチェンスクの日本
　　領事館が閉鎖された。工藤美知尋『日ソ中立条約の研究』（南窓社，1985年）44頁。な
　　お，日独防共協定の締結に至る交渉過程の詳細等に関しては，NHK"ドキュメント昭
　　和"取材班編『ドキュメント昭和第9巻，ヒトラーのシグナル：ドイツに傾斜した日』
　　（角川書店，1987年）が興味深い。

(3)　Richard Overy and Andrew Wheatcroft, *The Road to War* (Macmillan London,
　　1989), p. 216.

57

3 日ソ中立条約をめぐる国際法上の諸問題

商」を模索する動きが現れた。このような動きの中心となったのが，1940 年 7 月に成立した第 2 次近衛文麿内閣で外務大臣に就任した松岡洋右である。また，ドイツの外務大臣リッペントロップも，同様の四国協商案についてソ連との間で交渉に入ることを計画していた。1940 年 9 月，日独伊三国軍事同盟が締結されると，ドイツの外務大臣リッペントロップは，同年 11 月にソ連のモロトフ外務大臣をベルリンに招き，三国同盟とソ連の関係を調整する事実上の「四国協商」の協定草案をモロトフ外相に提示した[4]。しかし，結局「四国協商」に関する独ソ間の交渉は，東ヨーロッパとバルカン半島の独ソ両国の勢力圏の画定等をめぐって折り合わず，この結果を踏まえてヒトラーは翌 1941 年 5 月を目標に独ソ戦の開始準備を指示する秘密指令を 1940 年 12 月に出した[5]。

　三国軍事同盟の締約国であるドイツがソ連との開戦の意思を密かに固めその準備に入ったとは知る由もなく，松岡洋右外相は，日独伊三国軍事同盟に日ソ不可侵条約を加えることによる「四国協商」の実現を目指して，1941 年 3 月に日本を立ちシベリア鉄道経由でドイツとイタリアに向かった。松岡外相は，ドイツでリッペントロップ外相と会談したが，この時点で既にヒトラーの指示により対ソ戦の準備を内々に進めていたリッペントロップ外相は，もはや「四国協商」案や日ソ交渉には全く関心を示さず，もっぱら日本によるイギリス領シンガポールへの侵攻等を促すことに終始した。ドイツとイタリアからの帰途，モスクワに立ち寄った松岡外相は，ソ連のモロトフ外相と日ソ不可侵条約の締結に向けた交渉を行ったが，モロトフ外相は日ソ間での「不可侵条約」の締結には日本の北樺太における利権の解消といったソ連の利権回復が不可欠であると主張した。そこで，松岡外相は，「不可侵条約」に代わり「中立条約」を日ソ間において無条件で締結することを提案し，モロトフ外相は当初これにも難色を示したが，最終的にはスターリンの決断により松岡外相がモスクワを離れる直前の 1941 年 4 月 13 日，クレムリンにおいて日ソ中立条約の調印が行われた。協定には，日本側から松岡洋右外務大臣と建川美次駐ソ大使が，ソ連側からはモロトフ外務大臣が，それぞれ署名を行った。同条約の批准書の交換は，なるべく速やかに東京で行われるべきことが条約第 4 条に規定されており，実

---

(4)　リッペントロップ外相がモロトフ外相に提示した「四国協商」協定草案の条文案及び附属秘密協定の内容等に関しては，工藤・前掲注(2) 82 頁。

(5)　Overy and Wheatcroft, *supra note* 3, pp. 216-218, 工藤・前掲注(2) 86 頁。

〔植木 俊哉〕　　　　　　　　　　　　　　Ⅲ 日ソ中立条約の締結と廃棄

際の批准書交換は 1941 年 4 月 25 日に東京で行われた。

2　日ソ中立条約の内容とその法的義務

　このようにして 1941 年 4 月に日ソ両国間で締結された日ソ中立条約は，以下の前文と 4 ヵ条の条文から成るものであった。

　　「両締約国ハ両国間ニ平和及友好ノ関係ヲ鞏固ナラシムルノ希望ニ促サレ中立条約ヲ締結スルコトニ決シ左ノ如ク協定セリ
　　第一条　両締約国ハ両国間ニ平和及友好ノ関係ヲ維持シ相互ニ他方締約国ノ
　　　　　領土ノ保全及不可侵ヲ尊重スヘキコトヲ約ス
　　第二条　締約国ノ一方カ一又ハ二以上ノ第三国ヨリ軍事行動ノ対象ト為ル場
　　　　　合ニハ他方締約国ハ該紛争ノ全期間中中立ヲ守ルヘシ
　　第三条　本条約ハ両締約国ニ於テ其ノ批准ヲ了シタル日ヨリ実施セラルヘク
　　　　　且五年ノ期間効力ヲ有スヘシ両締約国ノ何レノ一方モ右期間満了ノ一年前
　　　　　ニ本条約ノ廃棄ヲ通告セサルトキハ本条約ハ次ノ五年間自動的ニ延長セラ
　　　　　レタルモノト認メラレルヘシ
　　第四条　本条約ハ成ルヘク速ニ批准セラルヘシ批准書ノ交換ハ東京ニ於テ成
　　　　　ルヘク速ニ行ハルヘシ[6]

　この条約の実質的内容をなす部分は第 2 条であるが，第 2 条は本条約の締約国，すなわち日本とソ連のいずれかが第三国による軍事行動の対象となった場合に，他方の締約国が当該（武力）紛争の期間中「中立」を守るべき義務を規定するものであった。この条項の規定する義務の内容を，1939 年 8 月に締結された独ソ不可侵条約，さらに 1940 年 9 月に締結された日独伊三国軍事同盟の規定と比較してみたい。まず独ソ不可侵条約は，その第 2 条において「締約国の一方が第三国による軍事行動の対象となった場合，他方の締約国は当該第三国に対していかなる援助も与えてはならない」と規定していた。日ソ中立条約の規定する「中立を守る」義務と独ソ不可侵条約が規定する「（軍事行動を開始した当該第三国に対して）いかなる援助も与えない」義務とを比較した場合，

（6）　日ソ中立条約は，条約の末尾に記載されている通り日本語とロシア語をそれぞれ正文
　　として作成されているが，これらの日本語とロシア語の正文は，1992 年に日本国外務
　　省とロシア連邦外務省が共同で作成した『日露間領土問題の歴史に関する共同作成資料
　　集』に掲載されている。日本国外務省・ロシア連邦外務省『日露間領土問題の歴史に関
　　する共同作成資料集』（日本国外務省・ロシア連邦外務省，1992 年 9 月）日本語版 23 頁，
　　ロシア語版 26-27 頁。

3 日ソ中立条約をめぐる国際法上の諸問題

一般的には後者の義務の方が締約国にとってより「重い」義務であると解される。また，日独伊三国軍事同盟は，その第3条において，「三締約国中何レカノ一国ガ現ニ欧州戦争又ハ日支紛争ニ参入シ居ラザル一国ニ依テ攻撃セラレタルトキハ」「三国ハ有ラユル政治的，経済的及軍事的方法ニ依リ相互ニ援助スベキコトヲ約ス」と定めていた。この三国軍事同盟の規定する締約国間の義務は，独ソ不可侵条約及び日ソ中立条約の規定する締約国間の義務よりも「重い」義務であると一般に解されていた[7]。以上の義務の内容に関しては，本稿で後で検討する条約相互の効力関係や条約の第三国に対する効力といった国際法上の論点を考える場合に重要なポイントとなるものである。

　もう1点，日ソ中立条約をめぐる法的論点としてここで指摘すべき点は，同条約の効力発生と有効期間，そしてその終了に関する問題である。日ソ中立条約第3条は，同条約は批准を完了した日に効力を発生し，それから5年間有効であることを明記していた。そして，5年間の有効期間の満了の1年前までにいずれかの締約国が廃棄の通告を行わない場合には，同条約はその後さらに5年間効力を有する旨が明記されていた。日ソ中立条約の批准書が東京で交換され，同条約が正式に発効したのは1941年4月25日であったから，日ソ中立条約は1941年4月25日から5年間，すなわち1946年4月24日まで効力を有するものであり，両締約国の一方が同条約のそれ以降さらに5年間の延長を望まない場合には，1945年4月25日までにその旨を他方の締約国に通告する必要があった。このように有効期間の定めのある条約の終了に関する問題は，条約法に関する国際法上の規則との関係で検討が必要であり，本稿でも後で取り上げることとしたい。

3　日ソ中立条約をめぐるその後の展開とソ連による廃棄

　1941年6月22日，ドイツ軍はヨーロッパにおいてソ連に対する武力攻撃を開始し，いわゆる独ソ戦が開始された。ドイツ軍は，ソ連領の奥深くまで侵攻

---

(7)　なお，1941年12月8日の日本による対米英宣戦布告を受けて，ドイツは同年12月11日にアメリカ合衆国に対して宣戦布告を行ったが，日独伊三国軍事同盟の条項はあくまで「政治的，経済的及び軍事的方法による相互援助」を義務づけるにとどまっており，宣戦布告を行うことまでが法的義務であったわけではないと考えられる。同様の論点は，1941年6月の独ソ戦開始により三国軍事同盟に基づいて日本に対ソ参戦義務が発生するか，という点との関係でも問題となる。

〔植木俊哉〕　　　　　　　　　　　　　　　Ⅲ 日ソ中立条約の締結と廃棄

し，同年9月～10月にはレニングラード（帝政ロシア時代の首都ペトログラード）を包囲し，12月初旬にはドイツ軍はソ連の首都モスクワの近郊に迫った[8]。しかし，ソ連軍の強固な首都防衛線と訪れた真冬の寒波の前にドイツ軍の進撃がモスクワ近郊で阻まれたちょうどその頃，日本は12月8日に対英米開戦の宣告を行い，同日（現地時間12月7日）日本軍がハワイ真珠湾を攻撃した。

　1941年6月の独ソ戦の開始と同年12月の日本と米英両国の間での戦争の開始は，当然のことながら日ソ中立条約をめぐる日ソ間の外交関係にも大きな影響を与えることとなった。

　6月22日に独ソ戦が勃発した直後の6月24日，当時のスメターニン駐日ソ連大使が松岡外務大臣を訪れ，独ソ戦の開始にもかかわらず日本が日ソ中立条約に基づいてソ連との間の中立を維持することの確認を求めた。これに対して松岡外相は，日独伊三国同盟が日本外交の基軸であることを強調しつつも日本政府はソ連とも良好な関係を維持する旨の回答を7月2日に行った[9]。他方で，日本軍は，1941年7月中旬から下旬にかけて，ソ連国境に近い満州国の牡丹江北演習場で大規模な軍事演習（関東軍特別演習（関東軍特殊演習））を実施し，極東のソ連軍に対して一定の牽制を行った。

　ところで，ヨーロッパにおける独ソ戦の開始は，松岡外相が構想した「四国協商」構想の完全な破綻とその外交的失敗を意味した。同年7月下旬，松岡外務大臣は更迭され，第3次近衛文麿内閣が成立した。第3次近衛内閣で外務大臣に就任した海軍出身の豊田貞次郎は，スメターニン駐日大使に対して，独ソ戦と日ソ中立条約との関係，そして日独伊三国軍事同盟と日ソ中立条約との関係については，種々法律論もできるが，法律論はともかくとして，日本は中立条約の義務を誠実に履行する意向なのでソ連側においてもそれに対応した措置を取るよう要望した[10]。この回答は，ヨーロッパ戦線でのドイツ軍との戦争に

───────────

(8)　この間の独ソ戦の推移等に関しては，Martin Gilbert, *Second World War* (Weidenfeld and Nicolson, 1989), pp. 198-271.

(9)　松岡外相のスメターニン大使に対する回答は，ヨーロッパにおける独ソ戦の開始に伴い1941年7月2日の御前会議で決定された「情勢ノ推移ニ伴フ帝国国策要綱」に沿ったものであったが，同要綱に記された「要領」の「三」では，「独『ソ』戦ニ対シテ三国枢軸ノ精神ヲ基調トスルモ暫ク之ニ介入スルコトナク密カニ対『ソ』武力的準備ヲ整ヘ自主的ニ対処ス」とされていた。工藤・前掲注(2)105頁。

(10)　同上 109-113頁。

3 日ソ中立条約をめぐる国際法上の諸問題

集中したいソ連にとっては大いに歓迎されるものであった。

一方，日独伊三国軍事同盟の締約国であるドイツは，ヨーロッパでの独ソ戦の帰趨が決まる重要な段階を迎えると，日本に対ソ参戦をさせることによりソ連軍にヨーロッパと極東での二正面作戦を余儀なくさせ独ソ戦を少しでも有利に導こうとして，日本に対して対ソ参戦を強く要請してきた。1942 年 7 月，ドイツのリッペントロップ外相は，ベルリンの大島浩駐独日本大使に対して，正式に日本による対ソ参戦を要請した。しかし，日本政府は，南方での対米英戦の遂行と北方での対ソ戦の両面作戦を避け，南方作戦に全力を注ぐという戦略的考慮から，ドイツに対してこの要請を拒否する回答を行った[11]。その後，1942 年 11 月から 1943 年 2 月にかけてスターリングラードの攻防をめぐる独ソ両軍の死闘が決定的な局面を迎えた段階で，ドイツ政府は再び日本政府に対して対ソ参戦を要望してきたが，日本政府は 43 年 2 月にこの要請を拒否する回答をドイツ側に伝え，ソ連との間の中立を保持し続けた[12]。

1943 年以降，第 2 次世界大戦の戦局は連合国側に有利に傾いていったが，その中でも連合国陣営の一員であるソ連と枢軸国陣営の一員である日本との間には，日ソ中立条約による中立状態が保たれていた。連合国が対日戦争の目的と戦後処理の基本方針を定めた 1943 年 11 月のカイロ宣言は，米国大統領ルーズベルト，英国首相チャーチル及び中華民国総統蒋介石の名前で発出されたが，ソ連はその当事国とならなかった[13]。その後，1945 年 2 月にルーズベルト米国大統領，チャーチル英国首相，スターリンソ連書記長により行われたヤルタ会談において，日本の戦後処理に関するヤルタ協定が三国間で締結されたが，同協定は秘密協定とされたため，その内容は第三国である日本政府の知るとこ

---

[11] 同上 120-122 頁。

[12] 同上。なお，この点に関しては，Toshiya Ueki, "The Northern Territories Dispute and Prospect for Resolution: Historical and Legal Analysis", in Dalchoon Kim, Choon-ho Park and Seo-Hang Lee and Jin-Hyon Paik (eds.), *Marine Policy, Maritime Security and Ocean Diplomacy in the Asia-Pacific* (Institute of East and West, Yonsei University, 1995), pp. 99-100.

[13] 従って，カイロ宣言では，①日本が第 1 次世界大戦以降奪取し又は占領した「太平洋の島嶼」を剥奪されること，②満州，台湾及び澎湖島を中華民国に返還すること，等が明記されたが，その他の領土に関しては，「暴力及貪慾ニ依リ日本国ガ略取シタル他ノ一切ノ地域ヨリ駆逐セラルベシ」とのみ規定され，ソ連との関係での日本の領土に関する具体的な言及は存在しなかった。

〔植木俊哉〕　　　　　　　　　　　　　　Ⅲ　日ソ中立条約の締結と廃棄

ろとはならなかった。このヤルタ協定において，「ドイツ国が降伏し且つヨー
ロッパにおける戦争が終結した後二箇月又は三箇月を経て，ソヴィエト連邦が，
連合国側において日本国に対する戦争に参加すべきこと」に米英ソ三国は合意
した[14]。ヤルタ協定は，日本が当事国となった条約ではなく，また秘密協定で
もあったため，同協定の法的効力が直接的に日本に及ぶと解することは，条約
と第三国に関する一般原則からすれば，困難である。他方で，ソ連の立場から
すれば，ドイツが連合国に対して無条件降伏した 1945 年 5 月 8 日から数えて
ちょうど 3 ヵ月後にあたる 45 年 8 月 8 日にソ連が対日参戦通告を行ったこと
は，ソ連がヤルタでの米英両国に対する約束を「守った」ことを意味する[15]。

　一方，日ソ中立条約に話を戻すと，1945 年 4 月 5 日，日本では小磯国昭内
閣が総辞職したが，同日モスクワではソ連のモロトフ外相が日本の佐藤尚武駐
ソ大使を呼び，日ソ中立条約の廃棄に関する次のような内容の覚書を読み上げ
た。

　　　「日『ソ』中立条約ハ独『ソ』戦争及日本ノ対米英戦争勃発前タル一九四一年
　　四月十三日調印セラレタルモノナルカ爾来事態ハ根本的ニ変化シ日本ハ其ノ同
　　盟国タル独逸ノ対『ソ』戦争遂行ヲ援助シ且ツ『ソ』連ノ同盟国タル米英ト交
　　戦中ナリ斯ル状態ニ於テハ『ソ』日中立条約ハ其ノ意義ヲ喪失シ其ノ存続ハ不
　　可能トナレリ。
　　　依テ同条約第三条ノ規定ニ基キ『ソ』連政府ハ茲ニ日『ソ』中立条約ハ明年
　　四月期限満了後延長セサル意向ナル旨宣言スルモノナリ。」[16]

　この 1945 年 4 月 5 日付のソ連政府による覚書の中で法的に特に注目される
点は，日ソ中立条約が締結された 1941 年 4 月 13 日の後，同年 6 月の独ソ戦開
始及び日本による同盟国ドイツに対する「援助」，そして同年 12 月の日本と米
英の戦争開始等によって，「事態が根本的に変化」したため本条約（日ソ中立

---

[14]　米英ソ 3 カ国によるヤルタ協定の条文に関しては，日本国外務省・ロシア連邦外務省
　　『日露間領土問題の歴史に関する共同作成資料集』（前掲注(6)）日本語版 19 頁，ロシア
　　語版 21 頁。また，日本の戦後処理に関するヤルタ協定の成立に至る背景と経緯等に関
　　しては，藤村信『ヤルタ──戦後史の起点』（岩波書店，1985 年）157-223 頁参照。
[15]　なお，ヨーロッパにおいて第 2 次世界大戦が終了したのはベルリンでの戦闘が終結し
　　ドイツが無条件降伏をした 1945 年 5 月 8 日と一般に考えられているが，ソ連では 5 月
　　9 日が対独戦の戦勝記念日とされている。
[16]　日本国外務省・ロシア連邦外務省『日露間領土問題の歴史に関する共同作成資料集』
　　（前掲注(6)）日本語版 24 頁，ロシア語版 28 頁。

63

3 日ソ中立条約をめぐる国際法上の諸問題

条約）の意義が失われその存続が不可能になった，との言及があることである。この 45 年 4 月 5 日付のソ連政府覚書をそのまま素直に解釈すれば，同覚書は日ソ中立条約が当初の 5 年間の有効期間が終了した時点，すなわち 1946 年 4 月を以って終了することを通告したものにとどまり，それ以前に同条約の効力を終了させることを意図するものではないと解せる。モロトフ外相から上記の覚書の読み上げによる通告を受けた佐藤大使が，その場で日ソ中立条約の期間終了までの効力の確認を求めたところ，モロトフ外相は，同条約はあと 1 年有効であることを認める回答を口頭で行った[17]。

1945 年 5 月のドイツの無条件降伏の後，日本はいよいよ国際社会で完全に孤立して連合国との戦争を行う状態となり，1945 年 4 月に成立した鈴木貫太郎内閣は，ソ連を介した終戦工作を急ぐこととなった。しかし，同年 7 月 26 日，米英華三国によるポツダム宣言が発せられ，日本政府に対する降伏の呼びかけがなされた。

1945 年 8 月 8 日午後 5 時，モロトフ外相はクレムリンに佐藤駐ソ大使を呼び出し，以下のようなソ連の対日参戦布告を読み上げた。

> 「ヒトラー独逸ノ壊滅及降伏後ニオイテハ，日本ノミカ引続キ戦争ヲ継続シツツアル唯一ノ大国トナレリ，日本兵力ノ無条件降伏ニ関スル本年七月二十六日附ノ亜米利加合衆国，英国及ヒ支那三国ノ要求ハ日本ニヨリ，拒否セラレタリ，コレカタメ極東戦争ニ関シ日本政府ヨリソ連邦ニ対シナサレタル調停方ノ提案ハ総テノ根拠ヲ喪失スルモノナリ日本カ降伏ヲ拒否セルニ鑑ミ連合国ハ戦争終結ノ時間ヲ短縮シ，犠牲ノ数ヲ減縮シ且ツ全世界ニオケル速カナル平和ノ確立ニ貢献スルタメソ連政府ニ対シ日本侵略者トノ戦争ニ参加スルヤウ申出タリ
>
> 総テノ同盟ノ義務ニ忠実ナルソ連政府ハ連合国ノ提案ヲ受理シ本年七月二十六日附ノ連合国宣言ニ加入セリ
>
> 斯ノ如キソ連政府ノ政策ハ平和ノ到来ヲ早カラシメ今後ノ犠牲及ヒ苦難ヨリ諸国民ヲ解放セシメ且ツ独逸カ無条件降伏拒否後体験セル如キ危険ト破壊ヨリ日本国民ヲ免ルルコトヲ得セシムル唯一ノ方法ナリトソ連政府ハ思考スルモノナリ
>
> 右ノ次第ナルヲモツテソ連政府ハ明日即チ八月九日ヨリソ連邦ハ日本ト戦争状態ニアルモノト思考スルコトヲ宣言ス」[18]

---

(17) 工藤・前掲注(2) 228-229 頁。

(18) 日本国外務省・ロシア連邦外務省『日露間領土問題の歴史に関する共同作成資料集』（前掲注(6)）日本語版 25 頁，ロシア語版 29 頁。また，工藤・前掲注(2) 296-297 頁参照。

〔植木俊哉〕　　　　　　　　　　　　　Ⅳ　日ソ中立条約をめぐる国際法上の論点

　8月9日零時，ソ連軍は満州，樺太，千島列島において日本に対する軍事行動を開始した。8月10日には，東京でマリク駐日ソ連大使が東郷茂徳外務大臣を訪ね，ソ連の日本に対する上記の宣戦布告文を伝えた。日本政府は，8月14日の御前会議でポツダム宣言受諾を最終決定し，8月15日玉音放送によって広く日本国内にそれが伝えられた。なお，ソ連軍と日本軍との間の戦闘は，8月15日以降も，さらに9月2日に東京湾の米国戦艦ミズーリ上で行われた降伏文書の調印後も，部分的に続いたが，9月5日にソ連軍が千島列島と国後，択捉，色丹島及び歯舞群島を占領するとほぼ終了した。

Ⅳ　日ソ中立条約をめぐる国際法上の論点

1　条約法条約が規定する条約に関する国際法規則の位置づけ

　以上のような経緯をたどった日ソ中立条約に関しては，いくつかの国際法上の論点が存在する。その中心となる問題の第一は，日ソ中立条約の規定，具体的には同条約第2条の規定する日ソ間の中立義務と1945年8月のソ連による対日参戦との関係をどのように国際法上説明することができるか，という点である。

　今日，条約法に関する国際法上の規則を定めた一般条約として，「条約法に関するウィーン条約」(1969年採択，1980年発効，1981年日本加入。以下，「条約法条約」と略記) が存在することは周知の通りである。条約法条約は，国連の国際法委員会 (International Law Commission; 以下，「ILC」と略記) がその起草作業を行い，1969年にウィーンで開催された外交会議において採択されたものであるが，同条約の前文の「この条約において条約法の法典化と漸進的発達が図られたことにより」との文言からも示唆される通り，同条約の規定の中には，①従来から国際慣習法上も条約に関する規則として認められてきたものを明文化した部分 (国連憲章第13条1項(a)の規定する「国際法の法典化」にあたる部分) と，②従来国際慣習法上は条約に関する規則として認められていなかったものを新しく制定した部分 (国連憲章第13条1項(a)の「国際法の漸進的発達」にあたる部分)，の双方が含まれていると解することができる。もちろん，条約法条約は，第4条において同条約の不遡及を原則として定めているため，1941年に締結・発効し1945年に廃棄された (あるいは仮に同条約の効力が1946年4月まで及んでいたとしても) 日ソ中立条約に関して条約法条約の定める規則を適

3 日ソ中立条約をめぐる国際法上の諸問題

用することは原則としてできないと考えられる。しかし，条約法条約第4条には但書があり，そこでは「ただし，この条約に規定されている規則のうちこの条約との関係を離れ国際法に基づき条約を規律するような規則のいかなる条約についての適用も妨げるものではない。」と明記されている。従って，条約法条約の条文のうち，上記①②の中の①に該当する条文に関しては，条約法条約の採択・発効以前から既に国際慣習法上の規則として確立していたものであり，条約法条約の採択・発効以前に遡って適用することが可能な場合があるものと解される。

　以上のような観点からすれば，日ソ中立条約のように1940年代に締結され発効した条約の終了や廃棄の問題を考察する場合にも，条約法条約が規定する条約に関する一般的規則を参考として検討を行うことに一定の合理性が認められるものと考えられる。例えば，1928年に署名され1929年に発効した不戦条約（戦争抛棄ニ関スル条約）や1945年に採択・発効した国連憲章等の結果として，武力紛争の規制に関する国際法規則は1920年代から1945年の国連憲章の採択・発効までの間に急速に変化し発展を遂げた。これと比較すれば，条約に関する国際法規則は，武力不行使義務の確立に伴う条約の無効原因の発展などの一部の例外を除けば[19]，それほど大きく変化・発展したものとは考え難いからである。

2　二国間条約における条約の終了，廃棄又は脱退に関する規則

　それでは，条約法条約は，条約の終了，廃棄又は脱退に関してどのような規則を定めているであろうか。条約法条約は，その第5部「条約の無効，終了及び運用停止」の第3節「条約の終了及び運用停止」(Termination and Suspension of the Operation of the Treaties) において，条約の終了及び運用停止に関する規則を定めている。具体的には，同条約第5部第3節は，第54条〜第64条の11の条文から構成されているが，この中の冒頭の第54条で「条約又は当事国の同意に基づく条約の終了又は条約からの脱退」に関する規則が規定され，第56条で「終了，廃棄又は脱退に関する規定を含まない条約の

---

[19]　例えば，「国に対する強制」による条約，すなわち武力による威嚇又は武力の行使の結果締結された条約を無効と規定する条約法条約第52条の条文などが，このような例として挙げられるであろう。

〔植木俊哉〕　　　　　　　　　　　　　Ⅳ　日ソ中立条約をめぐる国際法上の論点

廃棄又はこのような条約からの脱退」に関する規則が規定されている。ILC が
作成した本条の注釈によれば，現代の条約の多くは，①有効期間の定めがあ
る，②終了の時点を明記している，③終了の条件又は事情を明記している，④
条約の廃棄（denounce）又は条約からの脱退（withdraw）の権利を明記してい
る，等の条約の終了に関する関係規定を当該条約自身の中に設けている[20]。こ
れらの場合には，条約の終了又は脱退は，そのような当該条約の規定に基づい
てのみ可能である（条約法条約54条(a)）。また，すべての条約当事国の同意が
ある場合には，いかなる時点においても当該条約の終了又は当該条約からの脱
退が認められる（同条(b)）。本稿の考察対象である日ソ中立条約の条文を見る
と，本稿のⅢの2で紹介した通り，日ソ中立条約には「5年間」という有効期
間の定めがあり（日ソ中立条約第3条），また当該有効期間の終了1年前に締約
国の一方がその廃棄を通告しない場合には，さらに自動的に5年間条約の効力
が延長されることが明記されていた。「終了，廃棄又は脱退に関する規定を含
まない条約」の廃棄又はこのような条約からの脱退に関しては，第54条とは
別に条約法条約第56条が一定の規則を設けているが[21]，日ソ中立条約は「終了，
廃棄又は脱退に関する規定」を含む条約であると解されるため，第56条では
なく第54条の規則が適用になる条約であると解釈できる。そうであるとすれ
ば，1945年8月の時点で日ソ中立条約の「終了」に関して条約当事国である
日ソ両国間での特別な「同意」は存在せず条約法条約54条(b)に該当しない以
上，ソ連にとって可能である条約終了の方法としては，条約法条約第54条(a)
が規定する条約自身の規定に従った方法，すなわち条約第3条の規定に従って
条約を終了させる方法のみが日ソ中立条約を有効に終了させる方法であると考
えられる。その場合，日ソ中立条約は，1945年4月5日にモロトフソ連外務
大臣が日ソ中立条約の終了通告を佐藤駐ソ日本大使に伝達した際に佐藤大使に
対して認めた通り，1946年4月までは有効であるはずであり，1945年8月時
点でのソ連の対日参戦は，日ソ中立条約上の義務と抵触するものと理解される。

---

[20]　*Yearbook of the International Law Commission*, 1966, Vol. Ⅱ, p. 246.

[21]　条約法条約第56条は，「終了，廃棄又は脱退に関する規定を含まない条約」の廃棄又
はこのような条約からの脱退に関しては，(a)当事国が廃棄又は脱退の可能性を許容する
意図を有していたと認められる場合，(b)条約の性質上廃棄又は脱退の権利があると考え
られる場合，には，条約当事国はこれを廃棄し又はこれから脱退することができる旨を
定めている。

67

3 日ソ中立条約をめぐる国際法上の諸問題

　以上のように，条約の終了に関する国際法の一般的規則に照らせば，1945年8月時点でのソ連の対日参戦が日ソ中立条約に違反するという結論が支持されることになる。しかし，条約法条約は，以上のような条約の終了に関する一般的規則に加えて，第59条〜第64条に条約の個別的な終了原因を列挙しているため，日ソ中立条約をめぐる1945年時点での問題状況が条約の終了に関するこれらの条件を満たすものであるか否かに関して，以下でさらに検討を加えることとしたい。

3　条約の終了原因としての条約当事国による「重大な違反」

　条約の個別的終了原因を列挙した第59条〜第64条の6つの条文の中で，日ソ中立条約の終了原因としてソ連側が援用する可能性があるものとしては，第60条の規定する締約国による「条約の重大な違反」と第62条が規定する「事情の根本的な変化」の2つが挙げられよう。

　このうち前者の条約の一方当事国による「重大な違反（a material breach）」が二国間条約の終了原因となることに関しては，条約法条約第60条1項が具体的な規則を定めている。第60条1項は，「二国間の条約につきその一方の当事国による重大な違反があった場合には，他方の当事国は，当該違反を条約の終了又は条約の全部若しくは一部の運用停止の根拠として援用することができる」と定めており，また同条で規定する「重大な条約違反」の内容について，同条3項は，「この条の適用上，重大な条約違反とは，次のものをいう。」として「(a)条約の否定であってこの条約により認められないもの」「(b)条約の趣旨及び目的の実現に不可欠な規定についての違反」の2つを挙げている。

　そこで，この条約法条約第60条が規定する条約の終了原因となり得るような日ソ中立条約の「重大な違反」が1945年8月以前に日本側によって行われたか否かを検討する必要がある。この関係で問題となるのが，1941年7月に当時満州に駐留していた日本の関東軍が実施したいわゆる関東軍特別演習（関東軍特殊演習）である。この軍事演習は，1941年7月16日〜7月31日に満州国の牡丹江北演習場で70万以上の日本軍を動員して実施された。第2次世界大戦後，ソ連政府は，1941年6月下旬に独ソ戦が開始されドイツ軍がソ連の首都モスクワに迫りつつあったこの時期にこのような大規模な軍事演習がソ連国境近くの満州で日本軍によって実施されたため，満州国との国境近くのソ連

68

〔植木俊哉〕　　　　　　　　　　　　　Ⅳ　日ソ中立条約をめぐる国際法上の論点

極東地方に配備されていたソ連軍をヨーロッパ戦線へ移動させることが妨げられたと主張し，これは日ソ中立条約の重大な違反であり，この時点で日ソ中立条約の効力は事実上消滅しており，1945年8月のソ連対日参戦は日ソ中立条約違反とはならない，との主張を展開した。

　しかし，このようなソ連との国境線を越えない場所で日本軍が実施した軍事演習が，日ソ中立条約が規定する日ソ両国の「中立義務」に関して，条約法条約60条3項の規定する「重大な条約違反」の要件を満たすものとして当該条約の終了原因となると認められるか否かについては，さらに慎重な検討が必要であると考えられる。

4　国際法における「事情変更」(*rebus sic stantibus*) 原則の適用

　日ソ中立条約に関して，条約の個別的終了原因としてもう1つ検討されるべき論点が，条約法条約第62条の規定する「事情の根本的変化」(fundamental change of circumstances) である。同条は，条約の個別的終了原因の1つとしていわゆる「事情変更」(*rebus sic stantibus*) 原則の適用に関して定めるものであるが，本来国内法上の契約法に関して認められてきた "*rebus sic stantibus*" の原則を，国際社会における条約に関しても認めるべきか否かについては，国際法学においても古くから激しい議論が行われてきた[22]。

　例えば，Hersch Lauterpacht は，彼の代表作の1つである "Private Law Sources and Analogies of International Law" の第4章「私法類推の条約への適用」(Private Law Analogy in Application to Treaties) の「Ⅰ. 契約としての条約」の中で，「事情変更条項は，どこまで一般的な法原則として認められるか」(How far is the *clausula rebus sic statibus* a generally recognised Principle of Law) という問いを立て，この問題を検討している[23]。

　また，Lauterpacht は，彼の別の代表作である "The Function of Law in the International Community" の中でも，条約法における「事情変更」原則の問

---

[22]　"*rebus sic stantibus*" とは，「事情がそうである限りにおいて（合意の効力は存続し続ける）」ということを意味し，本来は国内法上の契約に法的拘束力が認められる前提として，契約締結時の事情が（根本的に）変化していないこと，という条件が暗黙のうちに含まれていることを意味するものとして理解されてきた。

[23]　Hersch Lauterpacht, *Private Law Sources and Analogies of International Law* (Longman, 1927), pp. 167-169.

3 日ソ中立条約をめぐる国際法上の諸問題

題について，これを取り上げて詳しく検討を加えている[24]。

　司法制度が完備し強制的・義務的な裁判による紛争解決制度が設けられている国内社会とは異なり，強制的・義務的な裁判制度が完備されておらず自らの権利は自らの力で実現することが必要とされた伝統的な国際社会では，条約の終了原因として「事情変更」原則の適用を安易に認めることは，実際には強い力を持つ大国のみが容易に条約の法的拘束力を免れることを許す不公平で正義に反する結果を招きかねない。このような考慮から，「事情変更」を理由とする条約の終了を認めることに関して，国際社会の実行は非常に厳しい態度を示してきた[25]。このような国家実行を反映して，1969 年に採択された条約法条約においても，条約の終了原因として「事情変更」の援用が認められるのは，極めて厳格な要件を満たす例外的な場合に限定されることとなった。

　すなわち，同条約第 62 条 1 項によれば，条約締結の際に存在していた事情の根本的変化は，原則として条約の終了又は条約からの脱退の根拠として援用することができず，例外的にこれを援用することができるのは，「条約の締結の際に存在していた事情につき生じた根本的な変化」が「当事国の予見しなかったものである場合」であり，かつ，(a)「当該事情の存在が条約に拘束されることについての当事国の同意の不可欠の基礎を成していたこと」，及び，(b)「当該変化が，条約に基づき引き続き履行しなければならない義務の範囲を根本的に変更する効果を有するものであること」の 2 つの条件を満たす場合に限られる。さらに，第 62 条 2 項は，(a)「条約が境界を確定している場合」，又は，(b)「事情の根本的変化が，これを援用する当事国による条約に基づく義務についての違反又は他の当事国に対し負っている他の国際的な義務の違反の結果生じたものである場合」には，事情の根本的変化を条約の終了又は条約からの脱退の根拠として援用することができないことを定めている。

　日ソ中立条約との関係では，本稿で先に紹介した通り，1945 年 4 月 5 日付

---

(24)　Hersch Lauterpacht, *The Function of Law in the International Community* (Clarendon Press, 1933), pp. 270-283.

(25)　Wolff Heintschel von Heinegg, "Treaties, Fundamental Change of Circumstances", Rüdiger Wolfrum (ed.), *The Max Planck Encyclopedia of Public International Law*, Vulume IX (Oxford University Press, 2012), pp. 1114-1124. 現在の条約法条約第 62 条に関する ILC の注釈は，*Yearbook of the International Law Commission*, 1966, Vol. II, p. 256-260.

のソ連政府による日ソ中立条約終了通告の覚書の中で，1941年4月の日ソ中立条約締結後，同年6月の独ソ戦の開始や同年12月の日本と米英両国との戦争の開始によって，「事態が根本的に変化した」との言及がある点が注目される。この1945年4月5日のソ連政府覚書は，当該覚書の最後に明記されている通り，「日『ソ』中立条約ハ明年（1946年を指す：筆者注）四月期限満了後延長セザル」ことを日本政府に対して通告する内容のものであったが，そこに「事情変更」の原則の適用により「（日ソ中立条約は）既に終了している」との主張が含意されていると解釈され得るであろうか。もしそこにソ連側のそのような意思が読み取れるとしても，それは現在の条約法条約第62条が規定するような「事情の根本的な変化」が条約の終了原因として認められるための非常に厳格な要件をすべて満たすものと解釈できるであろうか。これらの点に関しても，さらに慎重な検討が必要とされるであろう。

5　条約の「第三国」に対する効力と条約法条約第75条

日ソ中立条約をめぐる国際法上の論点の中で，さらに検討が必要なもう1つの問題として，条約の「第三国」に対する効力の問題がある。条約が法的拘束力を有する根底には，*"pacta sunt servanda"*（「合意は拘束する」「合意は守られなければならない」）という基本原則が存在することはここで指摘するまでもない[26]。この*"pacta sunt servanda"*原則に従えば，国際法上の「合意」たる「条約」は，その「当事者」たる国家（「当事国」）のみを拘束するものであり，従って「条約」の「第三者」たる非当事国（「第三国」）は当該「条約」に拘束されない。これは，*"pacta tertiis nec nocent nec procent"*（「合意は第三者を益しも害しもせず」）の原則として，国際法上も広く認められているものである[27]。

条約法条約は，その第3部第4節で「条約と第三国」に関する規定を設けたが，その冒頭の第34条で条約は原則として第三国の義務又は権利を当該第三国の同意なしに創設することはない，との原則を明記している。条約法条約は，

---

[26]　条約法条約の第26条は，*"pacta sunt servanda"*（「合意は守られなければならない」）という見出しを掲げ，「効力を有するすべての条約は，当事国を拘束し，当事国は，これらの条約を誠実に履行しなければならない。」と明記している。

[27]　中谷和弘・植木俊哉・河野真理子・森田章夫・山本良『国際法〔第3版〕』（有斐閣，2016年）108-109頁（山本良執筆）。

3 日ソ中立条約をめぐる国際法上の諸問題

とりわけ条約が第三国に対して義務を課すことが認められるための要件は第三国に権利を付与する場合（第36条）よりも厳格であることを第35条において定めている。条約法条約第35条の規定によれば，条約の第三国が当該条約の義務を負うためには，「条約の当事国が条約のいずれかの規定により当該第三国に義務を課すことを定めており」かつ「当該第三国が書面により当該義務を明示的に受け入れる」ことが必要であると明記している。

日ソ中立条約とヤルタ協定との関係を考えた場合，ヤルタ協定の非当事国（第三国）である日本がヤルタ協定上の義務を負うためには，条約法条約の規定する規則に従えば，日本がこれを書面により明示的に受け入れることが必要であるが，ソ連が対日参戦した1945年8月8日以前の時点で日本がこのような義務を書面により明示的に受け入れたという事実はない。この点に関して，1945年8月14日の日本政府によるポツダム宣言の受諾が，「書面による受諾」に該当する，という見方もあるが，ポツダム宣言は第8項で「カイロ宣言の条項は，履行せられるべく，又日本国の主権は，本州，北海道，九州及び四国並に吾等の決定する諸小島に局限せらるべし」と1943年11月の米英華3カ国によるカイロ宣言への言及があるのみでヤルタ協定への言及は一切ないため，日本政府によるポツダム宣言受諾により日本がヤルタ協定上の義務を負ったものと解することは困難であろう。

この点との関係で問題となる条約法条約のもう1つの規定が，条約法条約75条である。「侵略を行った国の場合」（Case of an aggressor State）と題する条約法条約第75条は，「この条約（条約法条約を指す：筆者注）は，侵略を行った国が，当該侵略に関して国際連合憲章に基づいてとられる措置の結果いずれかの条約に関連して負うことのある義務に影響を及ぼすものではない。」と規定する。この条約法条約第75条に関しては，内田久司先生による先駆的で詳細な研究がある[28]。ソ連時代の国際法研究者の中には。日本がヤルタ協定とポツダム宣言に参加しなかったにもかかわらずこれに拘束される義務を負う根拠として，この条約法条約第75条を挙げる者もいた[29]。

---

[28] 内田久司「侵略国に対する条約の効力——ウィーン条約法条約第七五条をめぐって——」『横田先生鳩寿祝賀・国際関係法の課題』（有斐閣，1988年）151-200頁。

[29] 例えば，1969年の条約法条約を採択したウィーンでの外交会議にソ連代表として出席したモスクワ大学教授のタララーエフ（A. N. Talalaev）は，このような見解を示し

〔植木俊哉〕　　　　　　　　　　　　　　　　　　　　　　　　　　　Ⅴ　おわりに

　しかし，条約法条約第75条では，「国際連合憲章に基づいてとられる措置の結果」という文言が明記されており，国連憲章が発効した時点である1945年10月以前の1941年4月に発効し1945年8月にソ連によって廃棄がなされた日ソ中立条約に関してこの条項を援用することは原理的に不可能である，と解釈するのが自然であると思われる。

　以上，日ソ中立条約をめぐる国際法上のいくつかの論点について若干の検討を試みた。これらの国際法上の問題は，その後の日ソ間及び日露間の関係に一定の影響を与えており，同時にそこには今日に至る日露間の領土問題とも関連を有する重要な論点が含まれている。その意味でも，これらの諸問題に関しては引き続き綿密な学問的検討を行っていくことが重要であると考えられる。

Ⅴ　お わ り に

　内田先生による国際法の講義を大学の教室で初めて聴講されていただいてから，35年以上の歳月が経過した。その後，歴史の歯車が回り1991年にソ連は崩壊してロシア連邦となり，かつて外国人に門戸を閉ざしていたロシア極東のウラジオストクも，日本人を含む外国人に開放された。そして最近では，筆者自身もたびたびウラジオストクやモスクワなどを訪れる機会に恵まれるようになった。モスクワを訪れてスターリン様式の堂々たるモスクワ国立大学本館の建物を仰ぎ見るとき，またウラジオストクを訪れてピョートル大帝湾に続くその美しい港や海を眺めるとき，筆者は内田先生の講義を初めて聴講し国際法の勉強を始めた頃のことを思い出す。ロシアをめぐる国際法上の課題は現在もなお多く存在しているが，内田先生にご教示いただいた冷静で客観的な視点を決して忘れずに，今後も国際法の研究を少しずつ積み重ねていきたいと考えている。

　ていた。内田・前掲注(28)154頁。なお，そもそもヤルタ協定は，当時の連合国の首脳が戦後処理の基本方針を述べたものに過ぎず，領土を移転するような法律的効果を持つものではない，との見解も有力である。日本外務省『われらの北方領土（2015年版）』9頁。

4 自決権の現在
──非植民地化以後の内的自決の役割──

櫻 井 利 江

Ⅰ　は じ め に　　　　　　Ⅳ　内的自決と自治
Ⅱ　自決権・人民の意思・自治　Ⅴ　効果的参加権と自治との関係
Ⅲ　内的自決と参加　　　　　Ⅵ　結　　び

Ⅰ　は じ め に

1　自決権の発展

　自決は 1910 年代，レーニン及びウィルソン元米国大統領によって国際政治の場で主張され，国連憲章第 1 条 2 項及び第 55 条に自決原則として規定されたが，1960 年代までは政治的理念とみなされていた。「すべての人民は自決の権利を有する」と明示する植民地独立付与宣言（国連総会決議 1514（XV））の採択（1960 年）を契機に，自決権は植民地人民がその地位を離脱し，独立その他の国際法上の地位を獲得する法的根拠として援用され，その実行が積み重ねられた。1966 年に採択された経済的，社会的及び文化的権利に関する国際規約（社会権規約），並びに市民的及び政治的権利に関する国際規約（自由権規約）（以下，社会権規約及び自由権規約を「国際人権規約」と総称）共通第 1 条はすべての人民の自決権を規定し，国連友好関係原則宣言（国連総会決議 2625（XXV）1970 年）は国際法の基本原則の一つとして自決権の意味内容を詳述する。植民地人民がその従属的支配からの解放を求めて援用する自決権は，国際社会の実行に裏付けられ，国際法上の権利として確立した。さらに国際司法裁判所は東チモール事件判決（1995 年）において，自決権を対世的（*erga omnes*）権利と明示した[1]。

---

[1]　East Timor, Judgement, International Court of Justice（ICJ）Reports, 1995, p. 102, para. 29.　なお，EC ユーゴスラヴィア会議により設置された仲裁委員会はその第 1 意見

『変転する国際社会と国際法の機能』内田久司先生追悼論文集〔信山社, 2018 年 3 月〕　*75*

4 自決権の現在

2 外的自決と内的自決

自決権はその発展過程を通じて，植民地からの独立の外，様々な意味の権利
として主張され，その意味内容は複合的になった。集団がその所属する国家か
ら離脱し，集団が居住する領域の新たな国際法上の地位を選択する意味の権利
を外的自決，集団が外部に従属せず，内部的にその自主性を認められ，その
在り方を決定する意味の権利を内的自決として区別することが一般的である[2]。
外的自決の行使形態としては所属国家からの分離独立の外，他の国家との連合，
統合その他があるが，このような意味の自決権は分離権と呼ばれる。国連にお
ける非植民地化活動が概ね終了した 21 世紀において，自決権に関して議論さ
れる問題の一つは主権国家に属する一部集団による分離権であり，もう一つは
内的自決の意味である。

3 外 的 自 決

分離権をはっきりと否定する国際法はない。自決権に関する条約，国連総会
決議及び国際文書の解釈からすれば，分離権の存在を肯定しうる。ただし分離
権を肯定する見解においても分離権が認められるためには厳しい要件を満たさ
なくてはならないとされる。分離権をめぐる紛争の先例とされるオーランド諸
島事件において，国際連盟理事会が設置した報告者委員会は，当該島民が極端
な抑圧政策下にあり，政府が少数者の権利の正当かつ効果的保障を実行しかつ
適用する意思または権力を欠く場合のような，極めて例外的な場合に最終的手
段として所属国家から分離しうることを示唆した（1921 年）[3]。

（1992 年）において，自決権を一般国際法の強行規範（peremptory norms）とみなし
た（Arbitration Commission of the Peace Conference on Yugoslavia, 20 November
1991, Opinion No. 1, 1 e. 第 9 意見 Opinion no.9,1992 も同様の見解を確認）。しかし国際
社会における十分な支持を欠くので，自決が強行規範の地位を獲得したと結論づけるこ
とは難しい（Antonio Cassese, *Self-Determination of Peoples A Legal Appraisal*, New
York, 1995, 139）。

(2) 自決権の意味をこのように二分する議論（二分論）については批判がある。その理
由は，二分論の意図が植民地支配国の「分割と支配」戦略，言い換えれば政治的・
経済的支配を継続することにあり，自決権の本質を正確に把握していないことにある
（Kalana Senaratne, "Beyond the Internal/External Dichotomy of the Principle of Self-
Determination," 43 *Hong Kong Law Journal*, 2013, 479）。しかし後述するように自決権
の意味内容を外的自決と内的自決とに識別する分析方法は一般的に定着しており，本稿
での検討を進める上でも便宜かつ有益と考える。

〔櫻井利江〕　　　　　　　　　　　　　　　　　　　　Ⅰ　は じ め に

　分離権肯定説の中で広く支持されている理論として救済的分離（remedial secession）がある[4]。これによれば分離権が認められるのは，集団が所属国家による重大かつ深刻な人権侵害にさらされ，所属国家の枠内で可能なあらゆる解決方法をすべて尽くしてもなお，侵害から逃れるために他の可能な手段がなく，分離が唯一の救済手段とみなされる場合に限られるとする。しかしこの解釈については，その理論を実定法にまで発展させる国家実行を欠くとする批判があり[5]，実際，救済的分離が提示する要件を満たすとみなしうるにもかかわらず，国際社会が分離を認めていない集団は存在する[6]。

　コソボの一方的独立宣言に関する国際司法裁判所勧告的意見はコソボ人民の分離権を否定していない。同意見は独立宣言に至った経緯として，コソボにおいて人道法違反の行為が存在した状況，そして当事者間での直接対話，交渉及び専門家との協議プロセスを重ね，問題解決のための手段を尽くしたにもかかわらず，当事者間での合意達成が不可能であることを見極めたことに言及している[7]。これらの点からすれば国際司法裁判所はコソボ人民が救済的分離の要件を満たしているとみなし，分離を許容したと解釈する余地がある。同手続過程において一部の諸国は実際にコソボ人民の分離権を明示的に認め，個別意見でコソボ人民の分離権を認めた裁判官がいる[8]。

---

(3)　The Aaland Islands Question, Report Submitted to the Council of the League of Nations by the Commission of Rapporteurs, League of Nations Doc. B7. 21/68/106, 1921, p. 28.

(4)　Lee C. Buchheit, *Secession the Legitimacy of Self-Determination*, New Haven, 1978, 221-222.

(5)　Rosalyn Higgins, "Postmodern Tribalism and the Right to Secession: Comments" in Catherine Brölmann, René Lefeber and Marjoreine Zieck, eds, *Peoples and Minorities*, Dordrecht/ Boston, 1993, 29; Helen Quane, "The United Nations and the Evolving Right to Self-Determination," 47 *International and Comparative Law Quarterly*, 1998, 564; James Summers, *Peoples and International Law: How Nationalism and Self-Determination Shape A Contemporary Law of Nations*, Leiden/ Boston, 2007, 345.

(6)　Marc Weller, "Escaping the Self-Determination Trap," 4 (1) *Ethnopolitics*, 2005, p. 9. 拙稿「アジアにおける分離権―― ICJ コソボ独立宣言勧告的意見を踏まえて――」㈠『富大経済論集』第60巻1号1-39頁，㈡第60巻3号65-111頁，㈢第61巻2号19-58頁，㈣第61巻3号111-154頁，（五・完）第62巻2号101-170頁参照。

(7)　Accordance with international law of the unilateral declaration of independence in respect of Kosovo, ICJ Advisory Opinion, 16 April 2009, paras. 58-69.

(8)　拙稿「コソボ分離に関する国際法㈠―― ICJ 勧告的意見要請を素材として」『同志社法

77

4 自決権の現在

　分離権を許容または承認しうるとする諸見解において，その可能性は極めて限定的とする点では異論がない[9]。2000 年，国連総会が採択した決議 55/2（国連ミレニアム宣言）[10]は「植民地支配及び外国の占領下にある人民の自決権」と規定し，これら以外の主体には言及していない。21 世紀の国際社会において，自決権が外的自決としての役割を果たす機会は極めて稀であろう。

　非植民地化がほぼ終焉を迎えた今日，実際に役割を果たす場面が極めて限定される外的自決に代わり，内的自決の役割が自決権の重要な側面として見直されている[11]。自決権が法的権利として発展するのと同時に人権に関する国際法も大きく発展した。自決権は人権法として規定され，その発展過程では人権法の発展が反映され[12]，内的自決の権利内容も発展しているであろう。自決はかつてよりもずっと柔軟かつ有益な概念になったとする見解もある[13]。そうだとすれば，現在までに内的側面としての自決権はどのように発展し，どのような具体的な意味内容を持つ権利として行使され，また機能することが期待されているのか考察したい。

4　予備的考察

　国連を中心として非植民地化が進められていた時期には，社会主義諸国，第三世界の多くの諸国は，自決権の適用は植民地人民の独立達成の目的に限定されると主張した[14]。現在でも，例えば中国のように，自決権が適用されるのは

　学』第 62 巻 2 号 2010 年 35-44 頁，㈢第 63 巻 2 号 2011 年 23-25 頁。

(9)　Hurst Hannum, "Rethinking Self-determination," 34（1）*Virginia Journal of International Law*, 1993, 67; Dinah Shelton, "Self-Determination in Regional Human Rights Law: from Kosovo to Cameroon,"105 *American Journal of International Law (AJIL)*, 2011, 80; Summers, *supra* note 5, 345; Christian Tomuschat, "Self-determination in a Post-Colonial World," in Christian Tomuschat, ed., *The Modern Law of Self-Determination*, Dordrecht/ Boston/ London, 1993, 9.

(10)　United Nations Millennium Declaration, A/RES/ 55/2, I. 4.

(11)　Thomas M. Franck, "The Emerging Right to Democratic Governance," 86 *AJIL*, 1992, 58-59; Hannum, *supra* note 9, 40; Gnanapala Welhengama, *Minorities' Claims From Autonomy to Secession : International Law and State Practice*, Hampshire/ Burlington, 2000, 127.

(12)　Hannum, *supra* note 9, 58.

(13)　Hurst Hannum, "Self-Determination in the Twenty-First Century," in Hurst Hannum and Eileen F. Babbitt, eds., *Negotiating Self-Determination*, Lexington, 2006, 71-76.

〔櫻井利江〕   Ⅰ　はじめに

植民地人民及び外国支配下の人民に限定されると主張し，内的自決としての自決権の意味について明言していない諸国が存在する[15]。そこで内的自決の役割についての考察に先立ち，まず国際文書，判例，学説及び国際社会の実行を手がかりに，自決権は植民地人民のみならず主権国家内部の人民を含めてすべての人民に普遍的に効力を有する権利であり，内的自決は一般国際法の下での人民の権利として認められていること，すなわち内的自決の存在を確認する。

(1)　国　　連

第二次世界大戦後の世界構想及び国際連合設立の基礎となった大西洋憲章は，自決原則の２つの側面，外的自決と内的自決とを含めている。「両国は，関係人民の自由に表明された願望に一致しない，いかなる領土の変更も欲しない」とする第２条は外的自決を，そして「両国は，すべての人民が，自らが生活する政体（form of Government）を選択する権利を尊重する」とする第３条は内的自決を表わす。国連憲章第１条及び第55条は自決の原則を主権国家の人民に適用される原則として規定したことが明らかである[16]。

国際人権規約は植民地人民及び外国の支配下にある人々がそれらから解放されることが，すべての個人の人権の実効的保障及び遵守のための前提条件であるとして，共通第１条に自決権を規定する[17]。ただしその起草過程において，多数の諸国は植民地人民のみならず独立国家内部の人民にも自決権は適用されなければならないと主張していた[18]。

自決権は非植民地化を超えた法的意味を持ち，すべての国家の住民全体に帰属する権利であるとする見解，すなわち自決権の普遍性については，殊に西欧

---

(14)　Allan Rosas, "Internal Self-determination," in Tomuschat, ed., *supra* note 9, 225.

(15)　Accordance with international law of the unilateral declaration of independence in respect of Kosovo, ICJ Advisory Opinion on Kosovo, China, Written Statement, 16 April 2009, pp. 3-7.

(16)　The Right to Self-Determination: Historical and Current Development on the Basis of United Nations Instruments, Study prepared by Aureliu Cristescu, E/CN. 4/Sub. 2/404/Rev. 1, 1981, para. 265.

(17)　United Nations General Assembly Resolution A/RES/32/14, 7 November 1977; E/CN. 4/SR. 1389, para. 10.

(18)　Dominic Mcgoldrick, *The Human Rights Committee: Its Role in the Development of the International Covenant on Civil and Political Rights*, Oxford, 1991, 15.

4 自決権の現在

諸国が力説し[19]，内的自決を含む権利として規定すべきと主張して譲らなかった[20]。第1条後段（「すべての人民は，その政治的地位を自由に決定し並びにその経済的，社会的及び文化的発展を自由に追求する」）はこれらの諸国の主張を反映したものである。すなわち，すべての締約国の住民が，民主的手段を通じて，その政治的地位を決定し，経済的，社会的及び文化的発展を自由に追求する権利，つまり内的自決として自決権が適用されることを意図している[21]。同規約批准の際，インドは自決権は植民地及び外国の支配下の人民だけに適用され，独立主権国家または人民の一部または民族には適用されないとして留保を主張した。これに対しオランダ，フランス及びドイツは，自決権はすべての人民に適用されるとして異議を申し立てた[22]。

自由権規約人権委員会の一般的コメント12（1984年）は，内的自決の語は用いていないが，自決権の意味内容には内的自決が含まれることを示している。すなわち規約第1条に関し，自決権は植民地人民のみならず既存国家人民を含むすべての人民の不可譲の権利であり，同規定に従う義務はすべての締約国に課されている[23]として内的自決の保障を締約国の義務として明示する。そして人民の自決権行使を国家が許容するという実践が重要であるとして，同規約第40条1項に基づいて当事国が提出する国家報告書においては，内的自決の行使を許容する憲法及び政治的プロセス等，国内での実施状況について記載するよう要請する[24]。これに従い，国家報告書の多くは当事国の住民全体による内

---

(19)　Cassese, *supra* note 1, 326.

(20)　例えばオランダは，「自決思想は単一の概念というよりむしろ思想の複合体である。ゆえに内的自決は，国際的レベルにおける外的自決とは識別すべきである。前者は，すでに国家として構成された国民（nation）がその統治形態を選択し，及び追求するための政策を決定する権利であり，後者は国民とみなす集団がそれ自身の国家を形成する権利である」（A/C. 3/SR. 447, 1952, para. 4）と述べた。

(21)　Franck, *supra* note 11, 58; David Raič, *Statehood and the Law of Self-Determination*, the Hague/ London/ New York, 2002, 246.

(22)　CCPR/C/2/Rev. 2, 12 May 1989, pp. 37-38; ICJ Advisory Opinion on Kosovo, Written Statement, The Netherlands, 17 April 2009, para. 3. 18.

(23)　Human Rights Committee, General Comment 12, Article 1, 21st session, 1984, Compilation of General Comments and General Recommendations Adopted by Human Rights Treaty Bodies, HRI/GEN/1/Rev. 1, 1994, para. 2. 同文書は内的自決の意味を含むとされる他の自決権に関する国際文書として，殊に友好関係原則宣言に言及している。

(24)　*Ibid.*, paras. 3-4.

〔櫻 井 利 江〕　　　　　　　　　　　　　　　　　　　Ⅰ　は じ め に

的自決の具体的実施措置について報告している[25]。

　友好関係原則宣言自決原則第 7 パラグラフは国家の領土保全尊重原則を「す
べての人民を代表する政府」と関連付けて規定する。これは政府は人民の意思
を反映するという意味での内的自決を規定していると捉えることができる[26]。

　人種差別撤廃委員会による一般的勧告 21 は，人民の自決について外的側面
と内的側面という 2 つの側面を識別すべきであると述べている（1996 年）[27]。

(2)　地域的国際機構・国内裁判所・国際司法裁判所

　CSCE ヘルシンキ宣言（1975 年）第 8 原則は以下のように規定し，人民が内
的自決を継続的権利として有することを示唆している。

　　人民の同権と自決の原則により，すべての人民は，常に，外部の干与を受ける
　ことなく，完全に自由にその欲するときまた欲するようにその国内的及び対外的
　な政治的地位を決定し，かつその政治的，経済的，社会的及び文化的な発展をそ
　の望むように追求する権利を有する[28]。

　アフリカ諸国の人権条約，人及び人民の権利に関するアフリカ憲章（バン
ジュール憲章，1981 年採択）は「彼らが自由に選択した政策に従って，自由に
その政治的地位を決定し，経済的社会的発展を追求する」（第 20 条 1 項）とし
て，内的自決について規定する。同憲章当事国に向けて作成された国家報告書
のためのガイドライン（1988 年）は，同条に従い，内的自決を享受するために
構築された国内の司法及び行政の仕組みに関する情報提供を当事国に要請して
いる[29]。

---

[25]　Raič, *supra* note 21, 246.

[26]　Patrick Thornberry, "The Democratic or Internal Aspect of Self-Determination with Some Remarks on Federalism," in Tomuschat, ed., *supra* note 9, 115.

[27]　Committee on the Elimination of Racial Discrimination, General Recommendation 21, The Right to Self-Determination, 1996, A/51/18, annex Ⅷ, p. 125, para. 4.

[28]　Thomas D. Musgrave, *Self-Determination and National Minorities*, Oxford, 2002, 98; Jean Salmon, "Internal Aspects of the Right to Self-Determination: Towards A Democratic Legitimacy Principle?" in Tomuschat, ed., *supra* note 9, 269; M.C. van Walt van Praag and Onno Seroo, eds., "The Implementation of the Right to Self-Determination as a Contribution to Conflict Prevention," Report of the International Conference of Experts, Barcelona, 1998, p. 21.

[29]　11 *Human Rights Law Journal*, 1990, 417.

4 自決権の現在

カナダ連邦最高裁判所によるケベック分離事件に関する諮問意見（1998 年）は以下のように内的自決を明示する。

　　国際法における自決権は対外的及び対内的側面を含むものであり，通常は内的自決を通じて実現され，既存国家の枠内で，人民の政治的，経済的社会的及び文化的発展を追求する権利として確立された[30]。

コソボ一方的独立宣言に関する国際司法裁判所勧告的意見（2010 年）の手続過程は，多数の諸国が自決権の意味内容についての見解を示す機会となった。参加国のうち中国は，前述のとおり，内的自決としての自決権の存在を否定した[31]。しかし中国を除き，自決権の意味について言及した多数の諸国——アルバニア[32]，キプロス[33]，ドイツ[34]，フィンランド[35]，ヨルダン[36]，オランダ[37]，ルーマニア[38]，スロバキア[39]，スペイン[40]その他——は，自決権を内的自決の意味を有する権利と捉えている。さらにロシアは，非植民地化以後における内的自決の重要性を明言している[41]。

以上のように条約，国連決議その他の国際文書および国際社会の実行から，自決権は既存国家内部の住民を含むすべての人民に普遍的に適用される権利であり，内的自決の意味を含むことが明らかである。ただし内的自決の具体的な意味については，国際人権規約共通第 1 条に言及する以外には国連機関の文書においてもほとんどコンセンサスがない[42]。

---

[30]　Reference re Secession of Quebec, Supreme Court of Canada, 20 August 1998, para.126. カナダ司法長官の事実陳述（*factum*）も同様の解釈を示した（Factum of Attorney General of Canada, Anne F. Bayefsky, *Self-Determination in International Law: Quebec and Lessons Learned*, the Hague/ London/ Boston, 2000, p. 310）。

[31]　China, *supra* note 15.

[32]　Albania, Written Statement, 17 April 2009, para. 89.

[33]　Cyprus, Written Statement, 17 April 2009, para. 132.

[34]　Germany, Written Statement, April 2009, p. 33.

[35]　Finland, Written Statement, 16 April 2009, p. 3.

[36]　Jordan, Verbatim Record, 9 December 2009, CR 2009/31, p. 36.

[37]　The Netherlands, Written Statement, 17 April 2009, p. 9.

[38]　Romania, Verbatim Record, 10 December 2009, CR 2009/32, p. 31.

[39]　Slovak Republic, Written Statement, 16 April 2009, para. 10.

[40]　Spain, Written Comments, July 2009, para. 8.

[41]　Russian Federation, Written Statement, 17 April 2009, p. 30.

[42]　自由権規約委員会一般的意見 25（25 条・政治に参与する権利）は，内的自決につい

II 自決権・人民の意思・自治

自決原則はその発展経緯を通じ，人民の真正な意思の尊重を掲げ，自決権を行使するプロセスでは住民投票が主要な手段として用いられてきた。同時に自決原則は自治とも結びつけられてきた[43]。

ウィルソンは 14 カ条[44]の中で，オーストリア・ハンガリー人民の自治（第10 条）及びオスマン・トルコ支配下の民族の自治（第 12 条）の発展に言及する（1918 年）。オーランド諸島事件において報告者委員会はオーランド諸島住民が主張する分離権に替えて，島民に自治権を付与することにより，その権利を保障することで紛争を解決しようとした（1921 年）[45]。

大西洋憲章（1941 年）は，自決原則の適用にあたっては関係人民の自由に表明された願望に一致させること，そして自治を強制的に剥奪されたものへの自治の回復を宣言する。第二次大戦の戦後処理に関してヤルタ，ポツダム，モスクワ等で連合国が合意した宣言文[46]（1945 年）は，「自由選挙を通じた人民の意思を代表する政府の樹立」を掲げ，三国外相会談コミュニケ[47]（1945 年）は「国民の自由に表明した意思に従った政府の樹立」，「普遍的及び秘密投票に基づく自由かつ制限のない選挙の実施」，「政府への真正な代表」および「自治の回復」を確認し，東欧諸国における基本政策とされるヤルタ宣言[48]（1945 年）は，「すみやかに自由選挙を行うこと」及び「自治を回復させ，民主的な政府

て「すべての人民が政治的地位を自由に決定する権利及び憲法又は政治体制の選択を享受する権利」と，国際人権規約共通第 1 条後段を引用する（Human Rights Committee, General Comment 25, CCPR/C/21/Rev. 1/Add. 7, 27 August 1996, para. 2）。

[43] Alfred Cobban, *The Nation State and National Self-Determination*, Revised ed., New York, 1969, 63; Thornberry, *supra* note 26, 106.

[44] President Woodrow Wilson's Fourteen Points, 8 January 1918.

[45] League of Nations Doc. B7/21/68/106, 1921, p. 34.

[46] Declaration of Liberated Europe, Yalta Conference, February 10, 1945 <http://highered.mheducation.com/sites/dl/free/0072849037/35264/01_5_liberated_europe.html>.

[47] Communique on the Moscow Conference of the Three Foreign Ministers, 1945 <https://www.loc.gov/law/help/us-treaties/.../m-ust000003-1341.pdf>.

[48] The Declaration of Liberated Europe, Yalta Conference, February 1945 <http://highered.mheducation.com/sites/dl/free/0072849037/35264/01_5_liberated_europe.html>.

4 自決権の現在

を樹立させること」を明示する。

　国連憲章は信託統治制度について，「関係人民が自由に表明する願望に適合するように，……自治または独立に向っての住民の漸進的発達を促進する」（第76条2項）と規定し，また非自治地域については，「自治を発達させ，人民の政治的願望に妥当な考慮を」（第73条b）払うと規定する。

　このように連合国による第二次世界大戦後の国際社会の構想の中に自決原則が関係住民の意思の尊重および自治と関連づけて取り込まれた。国連人権機関において検討された課題のうち，自決権の内的側面に関連する問題としては参加及び自治がある。そこで，内的自決の視点からまず参加について，次に自治について検討する。

III　内的自決と参加

1　住 民 投 票

　国連における非植民地化活動の過程で自決と人民の自由に表明する真正な意思とは密接に関連づけられてきた[49]。自決に関する国連決議は「人民の自由に表明する意思」に言及し，自決権をそのような意思に基づいてその政治的地位を決定する権利として規定している。非植民地化に関する国連の実行の場面では，自決権が行使される多くの場合，関係住民をはじめ利害当事者の参加が勧告され，人民の真正な意思を表明する手段として住民投票または選挙が採用され，関係人民が表明した意思に従って領域の地位が決定されてきた。住民投票の実施にあたり，国連は投票監視を支援した。

　国連総会決議637A（VII）（1952年）は関係する非自治地域人民の自由に表明された希望に従った自決権の行使を勧告する。植民地独立付与宣言は非自治地域人民の「自由に表明する意志及び希望に従」うことを規定し，国連総会決議1541（XV）（1960年）は非自治地域人民がその地位を離脱し，国際法上の新たな地位を選択する場合，人民の意思が「すべての状況において情報を提供されかつ民主的プロセスを通じて公平に実施される普遍的普通選挙を通じて表明され」るよう要求する。

　友好関係原則宣言自決原則は，当該人民の自由に表明した意思に妥当な考慮

---

[49]　Salmon, *supra* note 28, 267.

を払って，植民地主義を早急に終了させることを宣言する（第2パラグラフB
(b)）。同宣言に従い，国連総会決議35/118（1980年）は，信託統治地域住民の
請願権に関連し，「植民地領域及び非自治地域人民の口頭または文書によって
表明された見解」を検討することにより，自決へ向けた発展を加速化するよう
要請する[50]。

　西サハラ事件に関する国際司法裁判所勧告的意見（1975年）は，自決原則は
「人民が自由に表明した意思を尊重することが必要であると定義」されている
こと，そして人民が居住する領域の政治的地位を決定する場合の方法について
は「関係人民の自由かつ真正に表明された意思を要求する」ことを明確に示し
た[51]。アフリカ統一機構は2000年，西サハラの地位決定に関し，バンジュー
ル憲章第20条（自決権）に言及しながら，「サハラ人民の自決についての住民
投票」実施を要請した[52]。

　以上のように，自決権行使のプロセスでは人民の政治的地位は関係人民の意
思に基づいて決定され，その意思は住民投票または選挙の実施によって表明さ
れ，確認されてきた。この点で自決権は政治に参与する権利（参政権）と関連
する。

2　参　政　権

(1)　自決権と参政権

　世界人権宣言（1948年）は，「すべての人」は「政治に参与する権利を有」
し（第21条1項），「人民の意思は統治の権力の基礎」であり，この意思は「真
正な選挙によって表明されなければならない」と規定する（第21条3項）。同
宣言は自決権については触れていないが，参政権はその後，自決権に関する条
約や国際文書において言及されるようになる。

　前述のとおり，自由権規約はすべての人民の自決権を規定し（第1条），あ
わせて参政権については，選挙が選挙人の意思の自由な表明を保障するよう規
定する（第25条(b)）。同規約起草作業においては自決権と参政権との密接な関
連性を指摘する発言があり，エジプト代表は，自決権の実践においては個人が

---

[50]　A/RES/35/118, 1 December 1980, annex, para. 17(d).

[51]　Western Sahara, Advisory Opinion, ICJ Reports 1975, paras. 58-59.

[52]　OAU Heads of State and Government, AHG/Dec.150 (XXXVI), 12 July 2000.

4 自決権の現在

表明する願望を通じて選挙及び住民投票の手段によって実施されると述べた[53]。また内的自決を肯定する諸国は，自決権は独裁政権から解放される権利という意味を含み，自決権は民主的手段を通じて集団がその意思に基づいて政治的地位を自由に決定する権利であると主張した[54]。規約起草過程では自決原則が民主的または代表政府の権利を含むという意見をかなり多くの諸国が示した[55]。

自由権規約委員会一般的意見 12（1984 年）は国家報告書作成の際，当事国は選挙法に関する説明だけでなく，自決権の行使を認める場合について人民の真正な意思の確認を含む憲法的及び政治的プロセスの実行を詳述するよう促した[56]。

自由権規約委員会一般的意見 25（1996 年）は参政権（自由権規約第 25 条）に関して詳述する中で，参政権と自決権との密接な関連性を明らかにしている。

> 第 25 条は人民の同意に基づいた，規約原則に一致する民主制政府の中核として位置づけられる。第 25 条は自決権とは識別されるが関連する。第 1 条 1 項の権利により，人民は自由にその政治的地位を決定し，及び憲法または政府形態を選択する権利を享受する。第 25 条は政治的行為を構成するこうしたプロセスに参加する個人の権利を扱う。この点で第 1 条に含まれる権利とは識別される[57]。

また自由権規約選択議定書に基づく個人通報の審査にあたり，自由権規約委員会は参政権に関する問題を自決権と関連付けて解釈した（2002 年）。すなわち同委員会はフランスが施政する非自治地域，ニュー・カレドニアの住民投票（1998 年）について，独立の是非をめぐる自決に関するプロセスで実施された住民投票の場合と捉えたのである[58]。

人種差別撤廃委員会一般的勧告 21 は内的自決と参政権享受における人種差別撤廃（人種差別撤廃条約第 5 条 c）との関連性について確認している。

---

[53] A/C. 3/SR. 571, 1954, para. 4.

[54] Raič, *supra* note 21, 246.

[55] Summers, *supra* note 5, 186.

[56] Human Rights Committee, General Comment 12, Article 1, 1984, HRI/GEN/1/Rev.1, 1994, p. 12, paras. 3-4.

[57] Human Rights Committee, General Comment 25, CCPR/C/21/Rev. 1/Add. 7, 27 August 1996, paras. 1-2.

[58] Gillot et al v. France, Communication No. 932/2000 France, CCPR/C/75/D/932/2000, 26 July 2002, paras.13, 16.

〔櫻井利江〕　　　　　　　　　　　　　　　　　　　　　Ⅲ　内的自決と参加

　内的自決を人民が外部の干渉なしにその経済的社会的及び文化的発展を自由に追求する権利と捉えれば，内的自決と差別のない参政権を保障する人種差別撤廃条約第5条cとの間に関連性が存在する。結果として，政府には人種，皮膚の色，世系，民族または部族的出自の差別なくすべての住民が代表されなければならない[59]。

　自決権は公正な選挙への参加を通じて行使されるということから，自決権と参政権との密接な関連性を認める見解は多くの西欧諸国が共有していた[60]。例えば米国は，「自決を経験するためには，選択の自由は不可分である。……自決は周期的かつ規則的な投票によって正当で活発な論争及び検証を伴う」[61]と述べて，自決権の実行には参政権が不可欠であるとの見解を示していた（1972年）。またドイツは自由権規約における自決権及び参政権に関し，以下のように発言した（1978年）。

　　自由権規約第1条は自決権について，すべての人民が自由にその政治的地位を決定する権利であると定義する。どのようにその地位を自由に決定するのかという疑問への解答は自由権規約第25条にある。自決権は，……政治に参与する個人の権利と不可分である。同様に，自決権の行使は，……民主的プロセスを要求する[62]。

冷戦後になると，東欧のスロバキアは，自決権と参加との関係について国家の人民は，国家の統治システムへの参加を通じて自決権を行使すると述べた（2009年）[63]。
　ヒギンズ（Rosaryn Higgins）も両権利が密接に関連することを認めている。

　　明らかに自由権規約第1条と第25条とは密接に関係する。ただし第25条は普通選挙に基づく定期的選挙による自由な選択（これは当然第1条に含意されるのだが）の実施方法の詳細に関係している[64]。

---

[59]　Committee on the Elimination of Racial Discrimination, General Recommendation 21, The right to self-determination, 48th session, 1996, A/51/18, annex Ⅷ, p.125, para.4.

[60]　Musgrave, *supra* note 28, 98-99.

[61]　US Department of State Bulletin, 25 December 1972, 740-741.

[62]　A/C. 3/43/SR. 7, p. 16.

[63]　Slovak Republic, Written Statement, 16 April 2009, para. 10.

[64]　Rosalyn Higgins, "International Law and the Avoidance, Containment and Resolution of Disputes," 230 *Recueil des Cours*, 1991, 165-166.

87

4 自決権の現在

以上のとおり，自決権に関係する条約，国連決議をはじめとする国際社会の実行および学説は自決権と参政権との関連性を示している。

(2) 参政権の侵害に関する国連の対応

国連における 1970 年代の実行では，政府が人種的集団の参政権を含む人権を大規模に侵害するとき，人民の自決権が確認された。南ローデシア（ジンバブエ）に関し，国連はジンバブエ人民の自決権を再確認し，その将来の地位を，同人民の完全な参加による多数決原理により，かつ彼らの真の熱望に従って決定するよう決議し，同時に少数者政権を「違法な当局」とみなし，同政権を承認しないよう要請する[65]。

南アフリカに関し，人種差別政権が行うアパルトヘイト政策を南アフリカ及びナミビア人民の自決権の侵害とみなして非難し，人種差別政権には南アフリカ人民を代表する権利はなく，南アフリカのすべての人民の自決権を確認し，かれらの選挙権の完全かつ自由な行使を通じた多数決原理の確立を支持し，全体としての南アフリカ住民の熱望の正当性を認める[66]。さらに 1983 年南ア憲法，同年実施された住民投票及び選挙についてアパルトヘイト制度に基づくものとして「無効」と宣言する[67]。

以上に挙げた国連決議における自決権は，人種的多数者集団が国家の統治に参加する権利としての内的自決を意味している。以上の国連の実行から，人種差別的白人至上主義を掲げる少数者政権により統治への参加権が侵害されている多数者集団については，統治へのアクセスを達成するという意味での内的自決が認められる，とする内的自決に関する慣習法規則が形成されたとみなす見解がある[68]。

---

[65]　A/RES/31/154A, 20 December 1976; S/C/RES/460, 21 December 1979.

[66]　A/RES/2671F（XXV），8 December 1970; A/RES/2775E（XXVI），29 November 1971; A/RES/31/6 I, 9 November 1976; S/C/RES/417, 31 October 1977; S/C/RES/569, 26 July 1985.

[67]　S/C/RES/554（1984），17 August 1984; A/RES/41/101, 4 December 1986.
　　なお，安保理は南ローデシアにおける普通選挙の結果に基づいて樹立された新独立国ジンバブエについて国連加盟を容認し（S/C/RES/477, 25 August 1980），国連総会はすべての人種が参加した普通選挙によるマンデラ（Nelson Mandela）新大統領の誕生を歓迎した（A/48/PV. 95, 23 June 1994）。

〔櫻井利江〕　　　　　　　　　　　　　　　　　　　　Ⅲ　内的自決と参加

3　住民参加

　1980年代，国連機関では自決権と参加との関係が次第に注目されるように
なり，参政権については参加権の呼称が用いられるようになった。差別防止と
少数者の保護に関する小委員会特別報告者クリステスク（Aureliu Cristescu）は，
自決権に関する研究の中で参加に言及し，政治的，経済的及び社会的生活の管
理には人民による広範な民主的参加が重要であると指摘していた（1981年）[69]。
因みに同年採択されたバンジュール憲章は前述の内的自決条項の外，以下のよ
うに統治への参加権を規定する。

　　　すべての市民は，直接的または法律に従って自由に選択された代表を通じて，
　　　国の統治に自由に参加する権利（right to participate）を有する（第13条1項）。

　第2次「国連開発の10年」のための国際発展戦略プロセスにおいて住民
参加（popular participation）が強調され，人権委員会及び総会は1983年から，
住民参加に関する審議を始め[70]，人権委員会決議は住民参加を権利として確認
した[71]。この過程で人権委員会は世界人権宣言第21条が規定する権利（参政
権）を住民参加権（right to popular participation）と呼び，自決権行使のプロセ
スにおいて人民の真正な意思を確認するために実施された住民投票，地方議会
における決議，住民との特別な協議方式等の手段をその具体例であるとし，そ
の点で自決権と参加権とは密接に関連すると明確にした[72]。また住民投票の意
味については，すべての市民が自由かつ積極的に参加できるように国家の司法
的政治的制度を構築することであると解説し[73]，住民参加を含む民主的プロセ
スを通じた自決権行使のための実効性のある助力の重要性を確認した[74]。

---

[68]　Cassese, *supra* note 1, 120-129.　さらにカッセスは社会主義諸国及び途上国に比べ，
　　　南ローデシア及び南アには政治的には好意的であった西欧諸国が，多数者であるアフリ
　　　カ系住民の自決権を支持したことはこの問題に関する慣習法の形成にとって重要性が高
　　　いと論ずる（*ibid.*）。

[69]　E/CN. 4/Sub. 2/404/Rev.1, 1981, para. 721.

[70]　UN Commission on Human Rights, Popular participation in its various forms as
　　　an important factor in development and in the full realization of all human rights, 31
　　　December 1985, E/CN.4/1985/10, para.15.

[71]　E/CN.4/RES/1983/14, 22 Feb. 1983; A/38/338/Add. 4, 15 December 1983.

[72]　E/CN. 4/1985/10, paras. 62-69.

[73]　E/CN. 4/1985/10, para. 94.

[74]　E/CN. 4/1985/10, paras. 70-72.

4 自決権の現在

住民参加と自決権との関連性について積極的に支持する諸国がある。オーストラリアは非植民地化達成後の独立国家において，自決権は自由権規約第25条が規定する定期的，自由かつ公正な選挙を含む民主的プロセスにおける住民参加原則の尊重を要請する権利として適用される[75]，と住民参加を自決権プロセスにおける原則として主張した。英国は住民参加の意味について，住民自身の福祉（well-being）に影響する事項の決定に関する権限の真正な移譲及び関与であるとし，自決権を含む人権享受の基本であると述べた[76]。以上の意見では住民参加は自決権の構成要素，または自決権享受のための基礎として捉えられている。

これに続き，人権委員会及び総会では政治的レベルのみならず，経済的，社会的，文化的レベルを含む「多様な住民参加」の重要性を確認する決議が繰り返し採択された[77]。これらの国連決議は，完全な住民参加の保障が人権の完全な実現に重要な要素であり，住民参加はすべての人に適用される規則であると規定する。ただしこれらの決議は住民参加に焦点が当てられ，自決権には言及していない。

4　参　加　権

(1)　少数者の権利と参加

(i)　少数者の参加

住民参加に関して国連人権機関での検討が進められる一方で，少数者の権利保護への取組みにおいては，少数者の参加が注目された。人権委員会は住民参加を以下のように定義することにより住民参加の重要性を示し，少数者が真正な参加から疎外されてきた集団であることを示唆した（1985年）。

住民参加とは人権を十分に尊重し，差別なく，殊にこれまで真正な参加から疎外されてきた集団に注意を払いつつ，公的事項に市民が関与することを意味する[78]。

---

[75]　Report of the Secretary-General, Popular participation in its various forms as an important factor in development and in the realization of human rights, A/38/338/Add. 2, 1 November 1983.

[76]　A/38/338/Add. 1, 14 September 1983, para. 50.

[77]　E/CN.4/RES/1988/21, 7 March 1988; A/RES/44/53, 8 December 1989; E/CN.4/RES/1990/14, 23 February 1990; A/RES/40/99, 13 December 1985.

[78]　E/CN. 4/1985/10, para. 25.

1989 年，ILO が採択した独立国における原住民及び種族民に関する条約（ILO169 号条約）は，関係人民が自由に表明する希望（第 4 条 2 項）に言及し，先住民族に関する政策及びプログラムの責任機関における参加（第 6 条 1 項 b），先住民族に直接影響する国内及び国際的開発計画及びプログラムの作成，実施及び評価への参加（第 7 条 1 項）等を規定することにより，重ねて先住民族の参加に言及する。

(ii) 効果的参加権

人権委員会での少数者の権利宣言案の起草作業において，少数者集団は少数者の権利として自決権を主張し，自決権の中心に効果的参加権（the right to effective participation）を位置づけた[80]。同委員会では効果的参加権を含めることは国際法の重要な発展となるとして支持され[81]，民族的又は種族的，宗教的及び言語的少数者に属する者の権利に関する宣言（少数者の権利宣言）[82]に以下のような条文として含められた（1992 年）。

第 2 条 2　少数者に属する者は，文化的，宗教的，社会的，経済的及び公的活動に効果的に参加する権利を有する。
　　　　 3　少数者に属する者は，自己の属する少数者又は自己の居住する地域に関する全国的及び，適当な場合には，地域的段階での決定に，国の立法に反しない仕方で効果的に参加する権利を有する。
第 4 条 5　国家は，少数者に属する者がその国の経済的な進歩及び発展に充分に参加できるように適当な措置を考慮するものとする。

同宣言第 2 条 2 項の侵害に該当する例として，人権の促進と保護に関する小委員会作業部会は，ナイジェリア政府がニジェール川デルタ開発委員会からイジョウ（Ijaw）部族を除外した事例，コロンビア政府がサン・アンドレス諸島のアフリカ系英国系カリブ人民と協議せずに彼らの伝統的漁場の一部を隣接国に譲渡する条約を締結した事例等を挙げている[83]。他方，最良の実行例としては，マケドニア政府が高い比率で民族的少数者を採用した事例[84]，そしてグア

────────────────

(79) Convention concerning Indigenous and Tribal Peoples in Independent Countries (No. 169), adopted on 27 June 1989.

(80) Hannum, *supra* note 13, 72.

(81) E/CN. 4/1992/SR. 17, SR. 19.

(82) A/RES/47/135, 18 December 1992.

(83) E/CN.4/Sub. 2/2000/27, 30 June 2000, para. 48.

4 自決権の現在

テマラ政府が選挙プロセスにおいて先住民族の参加を奨励した結果，選出される先住民族の比率が増加した事例[85]等を挙げている。

　同宣言が保障するほとんどの権利，宗教的，言語的及び文化的権利，アイデンティティの権利，平等権等は，伝統的に主張されてきた少数者の権利である。他方，効果的参加権は少数者の権利として初めて規定された革新的な権利であり，少数者の権利分野での最も重要な発展として評価される[86]。他方，少数者集団の事項に関する自治及び管理権について，及び特別の権限を有する機関の設置による履行監視制度について提案されたが，いずれも不採用とされた[87]。権利保障の仕組みに関し，同宣言は国際機関による寄与（第9条）または国家間協力（第5−7条）について規定するが，第4条5にあるように国家が「適当な措置」をとることが望ましいとするに留まる。

　少数者の権利宣言は効果的参加を自決権と関連付けていない。だが自決権と少数者の参加または参与との関連性については，自由権規約委員会が国家報告書審査の際，コメントした例がある。同委員会はイラクに関して，少数者を含めすべての人は，政治システム及び社会の運命に参与する（take part）権利を有するのであり，そうでなければ，彼らは自決権を享受していることにはならないと述べた（1991年）[88]。またコロンビアの憲法改正に際して実施された国民投票を含め，様々な機関の設置や制度改革等，人民の自決権のためにとられたアプローチが，少数者集団を含む参加民主主義の発展に沿っているとして積極的に評価した（1992年）[89]。

　国連総会に続き，欧州評議会が欧州民族的少数者保護枠組条約[90]に署名し（1995年），はじめて条約において少数者の効果的参加を規定した。

---

[84]　CERD/C/270/Add. 2, 13 March 1997.

[85]　CERD/C/292/Add. 1, 19 March 1996.

[86]　Hannum, *supra* note 13, 73; Li-ann Thio, *Managing Babel: The International Legal Protection of Minorities in the Twentieth Century*, Leiden/ Boston, 2005, 181.

[87]　Thio, *supra* note 86, 185-186.

[88]　CCPR/C/SR. 1108, 31 October 1991, para. 65.

[89]　Report of the Human Rights Committee, GAOR, 47th Sess. Supp. No. 40, A/47/40, 9 October 1992, para. 391.

[90]　European Framework Convention for the Protection of National Minorities (FCNM), signed on 1 February 1995.

当事国は民族的少数者に属するものが文化的，社会的及び経済的生活並びに，ことに彼らに影響を与える公的事項に効果的に参加するために必要な条件を醸成しなければならない（第15条）。

続いて，OSCE により採択された「民族的少数者の公的生活への効果的参加に関するルンド勧告」[91]（1999年）は民族的少数者に関する効果的参加についての詳細かつ具体的な態様を提示する[92]。ただし欧州民族的少数者保護枠組条約及びルンド勧告は，少数者の効果的参加の保障を当事国の義務として規定している訳ではない。効果的参加権の保障義務を履行するために国家が何をすべきかについて提示したものである[93]。

(2) 参加権の侵害

国家が集団の参加権を恒常的に否定するとき，集団には内的自決だけではなく，外的自決が認められるとする議論がある[94]。ケベック分離事件に関するカナダ連邦最高裁諮問意見[95]は，画定された集団が意味ある政治的経済的社会的及び文化的発展を追求するための政府へのアクセスを否定される場合，そのような集団は自決権を内的に行使する可能性を否定されているとみなして分離権が認められると述べた。またカタンガ人民会議対ザイール事件に関する人及び人民の権利に関するアフリカ委員会裁定（1995年）[96]は，集団の政府へのアクセス，または参加権の侵害を根拠として分離権が認められるかどうかについて検討した[97]。両機関は当該集団の分離権を認めないと判断したが，その理由と

---

[91] The Lund Recommendations on the Effective Participation of National Minorities in Public Life, OSCE High Commissioner on National Minorities (HCNM), September 1999.

[92] 拙稿「多民族国家における国内的統合の試み――欧州民族的少数者保護枠組条約第一五条の実施をめぐって――」『同志社法学』第59巻6号2008年，86-88頁。

[93] Hannum, *supra* note 13, 73.

[94] Commission on Human Rights, Sub-Commission on the Promotion and Protection of Human Rights, Working Group on Minorities, Towards a General Comment on Self-Determination and Autonomy, Working paper submitted by Marc Weller, 30 May-3 June 2005, E/CN. 4/Sub. 2/AC. 5/2005/WP. 5, p. 10.

[95] Supreme Court of Canada, *supra* note 30, para. 138.

[96] Katangese Peoples' Congress v. Zaire, Comm. No. 75/92, African Commission for Human and Peoples' Rights 1995, 8th Annual Activity Report, 1994-1995, ACHPR/RPT/8th, Annex 6 Ⅵ (1995), para. 6.

4 自決権の現在

して当該集団が中央政府に参加する権利（参加権）が否定されていない事実を指摘した。

　以上の 2 事例は，所属国家内部における公的分野において集団の効果的参加が否定される場合，集団には分離が認められる可能性を示唆する。そのような議論には研究者による支持もある[98]。しかし集団による政府へのアクセスまたは参加が否定された場合に，集団の分離権を認める条約や国際文書における根拠規定はなく，国家実行においても分離の意味の自決権が認められた事例はない。

Ⅳ　内的自決と自治

1　自治の概要

　自治（self-government, autonomy）[99]の用語について一般的に合意された定義はない。ルンド勧告注釈（1999 年）は自治（self-government）について，共同体に影響する事項への共同体自身による管理手段を意味し，行政権，管理，特定の立法及び司法管轄権を含むと解説している[100]。

　自治は国家に所属する一部集団の自決権をめぐる紛争を解決する手段として長く採用されてきた。自治または自治制度については 19 世紀後期から議論され，第一次世界大戦後に多く導入されるようになり[101]，事例の蓄積がある。ことに冷戦後の 1990 年代，複合的権力分有（complex power-sharing）形態と呼ばれる領域的自治は民族間の対立により分離独立紛争にまで発展するという

---

[97]　Mtendeweka Owen Mhang, "Recognizing a Right to Autonomy for Ethnic Groups under the African Charter on Human and Peoples' Rights: Katangese Peoples' Congress v. Zaire," 14 (2) *Human Rights Brief*, 2007, 11-15.

[98]　Hurst Hannum, *Autonomy, Sovereignty, and Self-Determination: The Accommodation of Conflicting Rights*, revised ed., Philadelphia, 1996, 113.

[99]　国連憲章（邦語訳）は self-government の訳語として自治を使用している。先住民族権利宣言第 4 条については autonomy を自律，そして self-government を自治として訳語を区別する場合がある（「先住民の権利に関する国際連合宣言案」31 条松井芳郎他編『国際人権条約・宣言集（第 3 版）』（東信堂，2005 年）248 頁。ただし必ずしも常に区別して使用されていないことから，本稿では同時に両語が使用されている場合を除き，いずれも自治の訳語を用いる。

[100]　The Lund Recommendations, Explanatory Note, September 1999, p. 26, para. 14.

[101]　Suzan J. Henders, *Territoriality, Asymmetry, and Autonomy Catalonia, Corsica, Hong Kong, and Tibet*, New York, 2010, 11-12.

脅威に直面する国家においては，国家の領土的一体性を維持するための唯一の有効な解決策として提示され，導入されるようになった[102]。

2 内的自決と自治

自治はしばしば内的自決と同義とみなされることがある。研究者の見解にも自治が内的自決の構成要素，または内的自決に内在する意味内容の一つと捉えるものがある[103]。確かに自治と内的自決とは基本的に共通の性格があり，ともに民主的統治を強調し，公正かつ真正な定期的選挙を通じた政治的プロセスに参加する人民の権利，経済的社会的活動を遂行する権利を基礎とする[104]。

他方，自治は国家内部の一部住民のための内的自決を実現可能にする形態の一つと捉える見解がある。コソボ事件に関する国際司法裁判所勧告的意見手続において，ドイツは，内的自決とはより大きな実体内部で，原則として，そこから完全に離れることなく，ある程度の自治を享受し，地域レベルで当該地域に関連する事項を決定することであるとの見解を示し[105]，フィンランドは，内的自決は多様な方法で実現しうるが，その一つの方法は国家内部で自治を通じた方法があるとの見解を示した[106]。少数者差別撤廃及び保護小委員会によれば，内的自決は自治の定式とは全く異なるとする[107]。

---

(102) Marc Weller and Stefan Wolff, "Recent Trends in Autonomy and State Construction," in Marc Weller and Stefan Wolff, eds., *Autonomy, Self-Governance and Conflict Resolution: Innnovative Approaches to Institutional Design in Divided Societies*, London/ New York, 2005, 263; Sia Spiliopoulou Åkermark, "Internal Self-Determination and the Role of Territorial Autonomy as a Tool for the Resolution of Ethno-Political Disputes," 20 *International Journal on Minority and Group Rights*, 2013, 14.

(103) カッセス (Antonio Casses) は，内的自決とは真正な自治権，すなわち集団の政治的または経済的地位に関して，単に与えられた選択肢の中から選ぶのではなく，人民が真に自由に政治的経済的体制を選択する権利であると捉える (Cassese, *supra* note 1, 101)。

　　同様に，以下も内的自決を自治と同義と捉えている。Yash Ghai, "Public Participation and Minorities," in Zelim A. Skurbaty, ed., *Beyond a One-Dimensional State: An Emerging Right to Autonomy?*, Leiden/Boston, 2005, 13-14; Yoram Dinstein, "Autonomy (international guarantees of autonomy)," in *ibid.*, 245; Åkermark, *supra* note 102, 7.

(104) Welhengama, *supra* note 11, 127.

(105) Germany, Written Statement, April 2009, p. 33.

(106) Finland, Written Statement, 16 April 2009, p. 3.

4 自決権の現在

3 自 治 権

(1) 自治に関する国際法

前述のように，国連憲章は自治について非自治地域人民の施政に関する原則
（第73条b）および信託統治制度の基本目的（第76条b）として言及し，そし
て総会決議1541（XV）（1960年）は，住民が「完全な自治を達成する」ことに
言及している。しかしこれらの規定は植民地人民の権利として自治権を認めた
ものではない。自治を集団の権利として規定する普遍的条約は成立していない。

CSCEが採択したコペンハーゲン文書（1990年）は，以下のように少数者及
び自治に言及する。

> 参加国は，具体的な歴史的及び領域的状況に合致し，かつ関係国の政策に一
> 致する適正な地域的または自治的行政を達成するために必要な手段の一つとして，
> 一定の民族的少数者の種族的，文化的，言語的及び宗教的アイデンティティを促
> 進する条件を保護し及び条件を創設するために努力することに留意する[108]。

同文書は少数者の自治権には触れず，しかも参加国の努力義務を規定したの
に留まり，いかなる義務も創設していない。またその適用範囲はCSCE/OSCE
参加国に限定される。

国連総会では「自治を通じた自決権の効果的実現」（Lichtenstein Initiative）
が提案され（1993年），分離権をめぐる紛争の自治による解決が模索された[109]。
しかし同案に関しては，自治は国家的統一への障害となる，また内政不干渉及

---

(107) Sub-Commission on Prevention of Discrimination and Protection of Minorities,
Resolution 4, part B, 15 September 1978, cited in Rosas, *supra* note 14, 233.
　同小委員会は自治が独立の代替とされることにより，植民地人民の独立を妨げようと
する動きをけん制していた（Rosas, *supra* note 14, 233）。同様の視点からハニカイネン
（Lauri Hannikainen）は，自治は集団に自身の統治権を与えるだけであるが，それとは
異なり，内的自決は外部からの干渉なしに集団がその意思に基づき政治的システムを
決定する権利であると述べる（Lauri Hannikainen, "Self-Determination and Autonomy
in International Law," in Markku Suksi, ed., *Autonomy: Applications and Implications*,
The Hague/ London/ Boston, 1998, 79）。

(108) Document of the Copenhagen Meeting of the Conference on the Human Dimension
of the CSCE, 29 June 1990, Part I, para. 35; http://www.osce.org/odihr/elections.

(109) Sir Arthur Watts, The Lichtenstein Draft Convention on Self-Determination
Through Self-Administration, in Wolfgang F. Danspeckgruber and Sir Arthur Watts,
eds., *Sourcebook, Self-Determination and Self-Administration*, 1997, 1-21.

〔櫻井利江〕   Ⅳ　内的自決と自治

び領土保全原則に反する等の反対があり，総会決議として採択されるには至らなかった。

　ルンド勧告は自治の具体的内容，自治制度創設に向けた手続き等を詳細かつ明確にしている。ただし前述の同勧告における効果的参加権の場合と同様に，自治についても参加国の義務としては規定していない。

(2)　少数者の自治権

　自治と自決との関係について，少数者の権利宣言コメンタリー検討の際，自治は分離及び紛争への最善の予防策であるとの意見が表明された[110]。ただし少数者の自治権については議論がある[111]。

　確かに自治については分離権をめぐる紛争解決の道具として特別の役割を果たしていることが認められ[112]，そのような自治の実績は豊富である。にもかかわらず，それらの自治の実行は広範で，しかも一様ではなく，ゆえに国内における事例の蓄積から国際的レベルの義務を導くのは困難である。自決権に基づき，国家内部の少数者集団に何らかの自治権を付与することを国際法上の義務としようとする見解について諸国家の支持は希薄である。ほとんどの諸国は自治を受け入れ可能な自決形態としては認めていない[113]。

　国際法は少数者集団に自治を付与する国家の義務を創設していない[114]。条約において特定の国家の義務として規定されてはじめて，自治の付与は当該国家への法的拘束力を生ずる[115]。自治と自決に関して詳細に検討した国連人権機関，CSCE/OSCE 及び欧州評議会による文書でも自治は拘束力のない概念として論じられている[116]。なお，内的自決の形式における自治はまだ発展途上にあり，将来，自決原則のコンテクストの枠内で国際法原則として発展しうる兆候はある[117]。

---

(110)　E/CN. 4/Sub. 2/AC.5/2000/WP. 1, paras. 18-21.

(111)　E/CN.4/Sub. 2/2003/19, para 39.

(112)　E/CN. 4/Sub. 2/AC. 5/2005/WP. 5, p. 15.

(113)　Musgrave, *supra* note 28, 208.

(114)　Hannikainen, *supra* note 107, 85; Zelim A. Skurbaty, "Introduction," in Skurbaty, ed., *supra* note 103, xxxvii; Thornberry, *supra* note 26, 134; Summers, *supra* note 5, 342.

(115)　James Crawford, *The Creation of States in International Law*, Oxford, 1979, 211.

(116)　E/CN. 4/Sub. 2/AC. 5/2005/WP. 5, p. 14.

(117)　Welhengama, *supra* note 11, 150.

4 自決権の現在

(3) 先住民族の自治権

1982 年，先住民族に関する作業部会が設置され，同部会に参加した先住民族代表は自決権及び自治権を先住民族の権利として主張した[118]。2007 年，国連総会で採択された先住民族の権利に関する宣言（先住民族権利宣言）[119]は第3 条で先住民族の自決権を，また第 4 条で自律あるいは自治の権利を規定する。

> 第 3 条　先住民族は，自決の権利を有する。この権利に基づき，先住民族は，自らの政治的地位を自由に決定し，ならびにその経済的，社会的及び文化的発展を自由に追求する。
> 第 4 条　先住民族は，その自決権の行使において，このような自治機能の財源を確保するための方法と手段を含めて，自らの内部的及び地方的問題に関連する事柄における自律あるいは自治に対する権利を有する。

同宣言第 3 条の自決権は自治権としての意味で解釈され，先住民族の自決権は自治を通じて達成されるとみなされている[120]。自治権は先住民族の権利として広く認められている[121]。ただし先住民族の場合を除き，自治は集団の権利としては受け入れられていない。

V　効果的参加権と自治との関係

効果的参加を規定する少数者の権利宣言，欧州民族的少数者保護枠組条約及びルンド勧告は効果的参加を達成する手段あるいは促進する道具として自治を位置づけている。少数者の権利宣言の有権的解釈とされる差別防止と少数者の保護に関する小委員会作業部会コメンタリー（2001 年）は，「自治は少数者が生活する地域に関連した効果的参加を達成する手段」[122]とみなしている。差別防止と少数者の保護に関する小委員会作業文書（1989 年）は，自治は少数民

---

(118)　E/CN. 4/Sub. 2/AC. 5/2005/WP. 5, p. 16.

(119)　A/RES/61/295, 13 September 2007.

(120)　Welhengama, *supra* note 11, 143.
　　ただし先住民族権利宣言第 3 条については，分離権を含むとする解釈も主張されている（Welhengama, *supra* note 11, 143-145; Gudmundur Alfredsson, "Indigenous Peoples and Autonomy," in Suksi, ed., *supra* note 107, 130）。

(121)　Welhengama, *supra* note 11, 143; Thornberry, *supra* note 26, 134; Ernest Duga Titanji, "The Right of Indigenous Peoples to Self-Determination Versus Secession: One Coin, Two Faces?" 9 *African Human Rights Law Journal*, 2009, 55.

(122)　E/CN. 4/Sub. 2/AC. 5/2001/2, 2 April 2001, para. 38.

〔櫻井利江〕   Ⅵ 結 び

族の権利として明示的には要求されていないが，文化的宗教的言語的権利の
保護と促進の1手段ではある，として自治を少数者の権利保障手段と位置づけ，
両者を関連づけて解説している[123]。欧州民族的少数者保護枠組条約諮問委員
会コメンタリー（2008年）は少数者の自治は生活の多くの分野において民族的
少数者に属する人の効果的参加を促進する価値ある道具になりうる[124]と述べ，
ルンド勧告は，公的生活における少数者の効果的参加には自治が必要であると
規定する（Ⅲ.14）。

　以上の解釈にあるように，内的自決の意味内容の一つとして参加権を捉え，
または内的自決を参加と密接に関連づける見解については研究者の支持もあ
る[125]。

Ⅵ　結　　び

　自決権は植民地人民がその従属的支配から解放され，人民自身が選択する国
際法上の地位を達成するための法的根拠――外的自決――となる権利として確立
した。非植民地化以後，既存国家内部の人民の権利としての内的自決に関する
実行が積み重ねられている。

　非植民地化のための自決権行使のプロセスでは，住民投票および参政権は領
域の政治的地位決定の手段とされ，自決権と密接に関連してきた。内的自決に
関する実行においても，住民参加の重要性が確認され，自決権に基づく権利と
して効果的参加権が主張されるようになった。効果的参加と自決権との関連性
は国際文書等に示されている。効果的参加は少数者の権利宣言において少数者

---

(123) E/CN. 4/Sub. 2/1989/49.

(124) ACFC/31DOC（2008）001, 5 May 2008, p. 8.

(125) 例えばヴァン・プラーグ（Michael van Walt van Praag）は内的自決とは参加型民
主主義（participatory democracy）を意味し，国家の住民全体が政府形体及び支配者を
選択し，国家レベルの政策決定に参加する権利であり，また文化的，言語的，宗教的ま
たは領域的政治的自治を所属国家内部で行う権利を意味すると述べる（van Praag and
Seroo, eds., *supra* note 28, pp. 12-13）。

　以下も同様の見解を示す。Antonio Cassese, "Political Self-Determination: Old Concepts
and New Developments," in Antonio Cassese, ed., *U. N. Law Fundamental Rights:
Two Topics in International Law*, Alphen aan den Rijn, 1979, 137-162; Franck, *supra*
note 11, 58-59; Hannum, *supra* note 9, 67; Raič, *supra* note 21, 237, 284; Rosas, *supra*
note 14, 249; Thio, *supra* note 86, 183.

4 自決権の現在

の権利として規定され，欧州民族的少数者保護枠組条約において明記された。ただし，いずれも少数者の自決権には触れていない。

自治は一般的には内的自決の行使形態の一つとして捉えられている。自治は自決権と共に先住民族権利宣言において先住民族の権利として規定された。ただし先住民族以外の少数者集団に関して，自治を付与する国家の義務を規定する普遍的条約は成立していない。紛争当事国の領土保全及び主権侵害の問題を回避しうるとともに，国家に所属する集団の分離独立への熱望をある程度満足させ[126]，民族間の対立を和解させる方法として，自治の役割は明らかに認められている。実際に自治は分離紛争解決のための現実的な方法として採用され，長年にわたる事例蓄積がある。しかしそれらの自治の具体的内容は各事例ごとに異なり，一様ではない。従って自治に関する実行から少数者の権利としての自治権の形成を導くことは難しいであろう。

少数者の権利宣言及び欧州民族的少数者保護枠組条約は，少数者が効果的参加を達成するための手段または必要条件として自治を捉えており，その点で効果的参加権と自治とは関連づけられている。

自決は民主主義，人民主権，被治者の同意原則，正義と自由等を淵源として発生しており，政治的独立達成だけでは自決権の完全な達成とみなすことはできない[127]。本稿で取り上げた効果的参加及び自治以外にも内的自決の役割は主張されている。コソボ事件に関する国際司法裁判所勧告的意見におけるトリンダージ裁判官個別意見は，内的自決の役割として政府による抑圧と圧政に抵抗して人民を解放することに言及する[128]。この外，内的自決の意味として，民主的政府の樹立，良い統治の実現，すべての人民を代表する政府の実現，非合法手段による政権変更の拒否等が挙げられている。このような意味の自決権が慣習法規則としてどの程度発展しているかについては，今後の課題としたい。

---

(126) Christian Walter and Antje von Ungern-Sternberg, "Introduction Self-Determination and Secession in International Law—Perspectives and Trends withParticularFocus on the Commonwealth of IndependentStates," in Christian Walter, Antje von Ungern-Sternberg, and KavusAbushov, eds., *Self-Determination and Secession in International Law*, Oxford, 2014, 3.

(127) Thornberry, *supra* note 26, 121.

(128) ICJ Advisory Opinion on Kosovo, Separate opinion of Judge CançadoTrindade, 22 July 2010, para. 174.

5 英米臨検権論争の国際法上の意義

森 田 章 夫

I はじめに　　　　　　　Ⅲ 臨検権論争の展開と終焉
Ⅱ 臨検権論争の登場　　　Ⅳ 結　び

I はじめに

英米間の19世紀「臨検権 (right of visit)」[1]論争は，海上奴隷取引に対する一定の干渉行為を法的に正当化しようとする英国に，米国が強硬に反対することによって生じた対立である。本稿は，それら諸実行が，国際法上の様々な分野で残した先例的意義を明らかにすることを目的とする[2]。その主要な意義は，以下の点にある。

---

(1) 「臨検権 (right of visit)」論争，あるいは「捜索権 (right of search)」論争と呼ばれる。英国政府は，主として前者を用いていた。例えば，Correspondence with the United States' Government on the Question of Right of Visit, House of Commons Parliamentary Papers (Hereinafter referred to as HCPP), 1857-58 [2446], XXXIX. 365. 他国では，批判の意味も込めてと推測されるが，後者の方がよく用いられる傾向にある。

(2) この面での代表的な先行業績は，以下の通りである。邦文献では，山本草二「海上犯罪の規制に関する条約方式の原型（以下，山本「条約方式の原型」）」『海洋法の歴史と展望──小田滋先生還暦記念』（有斐閣，1986年）245-287，特に250，280-281頁，同『国際刑事法』（三省堂，1991年）279-280，318-320頁，薬師寺公夫「公海海上犯罪取締りの史的展開──公海海上警察権としての臨検の権利を中心に──」栗林忠男・杉原高嶺編『海洋法の歴史的展開』（有信堂高文社，2004年）195-247頁，奴隷取引に関しては特に215-223頁参照。20世紀も含めた通史としては，杉原高嶺「奴隷輸送の防止と条約制度の史的展開──公海上の臨検制度を中心として──」『新海洋法制と国内法の対応 第3号』（日本海洋協会，1988年）21-35頁（簡略なものとして，同『海洋法と通航権』（日本海洋協会，1991年）205-217頁），深津栄一「奴隷貿易の国際的規制」『国際人権年記念論文集』（全国人権擁護委員連合会，1968年）456-482頁。「臨検」の面からの検討として，林久茂「公海上における外国商船に対する干渉」『海上保安大学校研究

5 英米臨検権論争の国際法上の意義

すなわち,「公海の自由」, とりわけ利用の自由に関する関係国の権利義務関係については, 現在では, 旗国管轄権の排他性原則が確立している。しかし, その内実を明らかにするためには, 例外として, 第三国による「干渉行為 (acts of interference)」がどこまで許容されるかを確定することが, 極めて重要な問題となる。同時にこのことは, 今日, 旗国主義の例外を規定する多数国間条約が増加し[3], 干渉行為に関する分析も増えつつある折[4], 喫緊の課題と言うことができるのである。

公海条約は, 旗国主義とその例外に関して初めて本格的な法典化に成功したが, そこでは, (拿捕・処罰等も認められる) 海賊行為に加えて, 奴隷取引に従事している船舶に対して, 臨検を限度とした干渉行為を認め, その要件・効果を詳細に規定した (第22条[5])。その後の国連海洋法条約においても,「臨検」

報告 (第1部)』昭和39年度173-177頁も参照。秀逸な外国文献は数多いが, 19世紀を主対象とする通史としては, Wilson, H. H., "Some Principal Aspects of British Efforts to Crush the African Slave Trade, 1807-1929 (Hereinafter referred to as Wilson, "British Efforts")," *AJIL*, Vol. 44 (1950), pp. 505-526; Allain, J., "The Nineteenth Century Law of the Sea and the British Abolition of the Slave Trade (Hereinafter referred to as Allain, "Nineteenth Century")," *British Yearbook of International Law*, Vol. 78 (2008), pp. 342-388; Grewe, W. G., *Epochen der Völkerrechtsgeschichte*, 2. Aufl. (1988), S. 651-672 (以下,"Grewe, *Epochen*"で引用。英訳として, Grewe, W. G. translated and revised by Byers, M., *The Epochs of International Law*, 2000, pp. 554-569. "Grewe, *Epochs*"で引用); Moore, J. B., *Digest of International Law*, Vol. II (1906), pp. 914-951; Kern, H. L., "Strategies of Legal Change: Great Britain, International Law, and the Abolition of the Transatlantic Slave Trade," *Journal of the History of International Law*, Vol. 6 (2004), pp. 233-258. 20世紀をも含む通史としては, Gidel, G., *Le Droit international public de la mer: Le Temps de Paix*, t. I (1932), esp. pp. 389-410; De Pauw, F. "L'Exercice de mesures de police en haute mer en vertu des traités ratifiés par la Belgique," *La Belgique et le droit de la mer*, 1969, pp. 124-132; Verzijl, J. H. W., *International Law in Historical Perspective*, Part V (1972), pp. 238-263, esp. 246 ff.; Sohn, L. B., "Peacetime Use of Force on the High Seas," *International Law Studies*, Vol. 64 (The Law of Naval Operations), 1990, pp. 39-59.

(3) 「乗船許可システム」ともいうべき, 多数国間条項多数国間条項の概観は, 小寺彰・岩澤雄司・森田章夫編『講義国際法【第2版】』(有斐閣, 2010年) 286-287頁 (森田章夫)。

(4) 干渉行為に関する包括的検討を行った, 近時の代表的著作として, Guilfoyle, D., *Shipping Interdiction and the Law of the Sea*, 2009; Papastavridis, E., *The Interception of Vessels on the High Seas*, 2013.

(5) 第22条
　1 条約上の権限に基づく干渉行為の場合を除き, 公海において外国商船に遭遇した軍

102

〔森 田 章 夫〕　　　　　　　　　　　　　　　　　　　　　Ⅰ　は じ め に

事由は増加しているものの，その他の内容は基本的にそのまま引き継がれ（第
110条[6]），これらの条項は，現在では，当然のものとさえ見えよう。しかし，
公海条約以前の形成過程においては，奴隷取引船舶への干渉行為をめぐって極
めて厳しい国際的な対立が存在した。そして，この対立の過程と結果から生み
出された国家実行こそが上記諸条文の重要な基盤を形成したことは，その重要
性に比しては十分に知られていない。その最も大きな原因は，公海条約の起
草に関わった国際法委員会や1958年ジュネーヴ海洋法会議において，1890年
「Bruxelles[7]一般議定書[8]（Acte général de la conférence de Bruxelles）」が言及
されることが殆どで，それ以前の国家実行の検討が不十分だったからであろ
う[9]。しかし，その十分な検討なしには，このような法典化の妥当性と限界を
正確に捉えることはできないと考えられる。
　以上のような問題意識に基づいて，本稿では，19世紀における英米関係を
中心として検討し[10]，干渉行為の法的発展を中心に，合わせて，同時に明らか

　　　艦がその商船を臨検することは，次のいずれかのことを疑うに足りる十分な根拠がな
　　　い限り，正当と認められない。
　　（a）　その船舶が海賊行為を行なつていること。
　　（b）　その船舶が奴隷取引に従事していること。
　　（c）　その船舶が外国の旗を掲げているか又はその船舶の旗を示すことを拒否したが，
　　　　実際にはその軍艦と同一の国籍を有すること。
　2　軍艦は，1(a)，(b)又は(c)に定める場合において，当該船舶がその旗を掲げる権利を
　　確認することができる。このため，軍艦は，嫌疑がある船舶に対し士官の指揮の下に
　　ボートを派遣することができる。書類を検閲した後もなお嫌疑があるときは，軍艦は，
　　その船舶内においてさらに検査を行なうことができるが，その検査は，できる限り慎
　　重に行なわなければならない。
　3　嫌疑に根拠がないことが証明され，かつ，臨検を受けた船舶が嫌疑を正当とするい
　　かなる行為をも行なつていなかつた場合には，その船舶は，被つた損失又は損害に対
　　する補償を受けるものとする。
　　英・仏文については，U. N. T. S., Vol. 450, pp. 92-95.
(6)　増加した事由は，「(c)当該外国船舶が許可を得ていない放送を行っており，かつ，当
　　該軍艦の旗国が前条の規定に基づく管轄権を有すること。(d)当該外国船舶が国籍を有し
　　ていないこと。」である。
(7)　正文はフランス語のため，この表記を用いる。
(8)　「決定書」という訳語もある。横田喜三郎『海の国際法 上巻』（有斐閣，1959年）
　　364頁。
(9)　20世紀における法典化作業の経緯と争点については，拙稿「奴隷取引船舶に対する
　　干渉行為──20世紀における法典化の展開──（以下，拙稿「奴隷取引船舶」）中野勝
　　郎編『境界線の法と政治』（法政大学出版局，2016年）73-103頁参照。

103

5 英米臨検権論争の国際法上の意義

となったその他の点に関して，国際法上の意義を示すものである[11]。

II 臨検権論争の登場

1 臨検権論争前史—— 19世紀初期における奴隷取引取締と米国の対応

本格的な奴隷取引船舶の抑止・鎮圧は19世紀冒頭に始まったが，そこで主導的役割を果たした英国は[12]，公海上の奴隷取引船舶の利用に関して極めて厳しい政策を採用した[13]。その代表的な政策は，奴隷取引を海賊行為とみなすもので，「国際法上の海賊行為（piracy *jure gentium*[14]; piracy by the law of nations[15];

---

(10) 英米関係を主たる対象としたないしは重点を置いた代表的著作として，Wheaton, H., *Enquiry into the Validity of the British Claim to a Right of Visitation and Search of American Vessels Suspected to be Engaged in the African Slave-Trade*, 1842; Lawrence, W. B., *Visitation and Search; or, An Historical Sketch of the British Claim to Exercise a Maritime Police over the Vessels of All Nations, in Peace As Well As in War with an Inquiry into the Expediency of Terminating the Eighth Article of the Ashuburn Treaty*, 1858. 簡易な鳥瞰として，Wheaton, H., *Elements of International Law*, 8th ed. (by Dana R. H., Jr., 1866), edited with notes by Wilson, G. G., 1936, p. 169, §126, n. 85; Woolsey, T. D., *Introduction to the Study of International Law: designed as an Aid in Teaching, and in Historical Studies*, 6th ed., rev. and enl. by Woolsey, T. S., 1891, §§215-219. 外交史上の古典的名作として，Soulsby, H. G., *The Right of Search and the Slave Trade in Anglo-American Relations, 1814-1862*, 1933.

(11) 英仏関係については，拙稿「奴隷取引船舶への干渉行為—— 19世紀英仏間関係を中心として」『国際法のダイナミズム』（有斐閣，近刊）参照。

(12) 関連の条約・国内法の一次資料検索に関して最も参考となるのが，*Hertslet's Commercial Treaties: A Complete Collection of the Treaties and Conventions, and Reciprocal Regulations, at Present Subsisting between Great Britain and Foreign Powers*（Hereinafter referred to as HCT）である。また，概観の把握には，Vol. 22（Index to Vols. 1-21, 1905, esp. pp. 1025-1062); Vol. 31（Index to Vols. 23-30, 1925, esp. pp. 555-556）掲載のリストが極めて有用である。また，英国から見た一次資料の簡潔な整理として，以下が有益である。McNair, A. D., *International Law Opinions*, Vol. 2, 1956, pp. 77-97.

(13) このような政策の背後には，様々な要因が複合的に存在したと考えられるが，本稿の課題を超えるため，詳細には立ち入らない。人道的要素は一貫して存在したが，それ以外の実利的要因については，歴史学上も様々な見解がある。例えば，以下を参照。Grewe, *Epochen*, S. 653（*Epochs*, p. 555）; Allain, "Nineteenth Century," pp. 346-348.

(14) この語を用いた代表的国内判例として，*In re Piracy Jure Gentium*, [1934] A. C. 589（Privy Council, July 26, 1934).

(15) 松田草案の用語による。League of Nations, Committee of Experts for the Progressive Codification of International Law, *Report to the Council of the League of Nations on the Questions Which Appear Ripe for International Regulation*, Annex to the Questionnaire

104

piraterie du droit des gens)」と対照される，「類推による海賊行為（piracy by analogy; piraterie par analogie)[16]」の典型である[17]。具体的には，まず，国内法としてSlaveTradeActを整備したことが重要である。中でも代表的なものが，An Act for the Abolition of the Slave Trade (March 25, 1807, 47°Georgii Ⅲ, Session 1, cap. XXXVI)[18]を基礎とした，その後の改正（特に重要なものとして，

No. 6. Report of the Sub-Committee, C. 196. M. 70. 1927. V., p. 118. "piracy by law of nations" とするのが，Dissenting Opinion by Mr Moore, Lotus case, *C. P. J. I. Série A, n°10*, p. 70. Moore のこの意見は，idem, *Digest of International Law*, Ⅱ, op. cit., pp. 951-952 の記述とほぼ同じである。なお，同様の用語は，既に 19 世紀初期において用いられている。この点，piracy "by the law of nations" と "by the laws of (this) country" とを対照する，Le Louis 事件判決（後述）の上告理由が重要な影響を与えたとも推測される（なお，上記 Moore の記述にも，至る所に Le Louis 事件判決の影響が見られる）。December 15, 1817, Dodson's Admiralty Reports, Vol. 2, pp. 210, 219-220; 165 English Reports 1464, 1467 (*Lushington, for the appellant*). 同様に，"piracy by the law of nations" と "piracy by statute" に言及した 19 世紀初期の例として，Mr Adams to Mr Cunning, June 24, 1823, *American State Papers: Documents, Legislative and Executive, of the Congress of the United States*, Second Series, Vol. 5 (Foreign Relations) (Hereinafter referred to as *ASPFR*, V), 1858, p. 331.

(16) 上記，松田草案。「絶対的海賊（absolute piracy）」と「相対的海賊（relative piracy）」という用語を用いるのが，松田草案に対するルーマニア回答（Reply）。*LNCE Report*, p. 202. これは，以下の分類に倣ったものかもしれない。Senly, A., *La piraterie*, (Thèse, 1902), p. 54. Senly は，"piraterie de droit des gens" と "piraterie de droit privé" という対照も用いる。Ibid., p. 79. 「疑似海賊（pseudo-piracy）」，「類推による海賊（piracy *per analogiam*）」とも呼ばれる。Verzijl, J. H. W., *International Law in Historical Perspective*, Part Ⅳ (1971), p. 255. "Quasipiraterie (Quasi-Piraterie)" とするものとして，Schlikker, G., *Die völkerrechtliche Lehre von der Piraterie und den ihr gleichgestellten Verbrechen*, 1907, S. 50; Grewe, *Epochen*, S. 651. "Piraterie im eigentlichen Sinne (echten Piraterie)" と "uneigentliche Piraterie" を対照するものとして，Schulz, A., *Seekriegsrechtliche Fragen im spanischen Bürgerkrieg*, 1938, S. 27, 135. これは，Perels, F., *Das internationale öffentliche Seerecht der Gegenwart*, 2 Aufl. (1903), S. 109-110 に倣ったものである。このような区別をモチーフとした Thèses として，Rappeneau, G., *De la Piraterie du droit des gens à la piraterie par analogie*, 1942.

(17) 海賊行為概念の形成においても，奴隷取引取締が重要な要因をなした点は，例えば，山本「条約方式の原型」において（その用語は用いていないものの，)「類推による海賊行為」の中心的位置づけが与えられていることを参照。また，19 世紀，ドイツ国際法学の到達点を示す以下の書籍においても，海賊行為と海上奴隷取引が並べて議論されている。Gareis, K., "Dreizehntes Stück: Die Interdiction des Sklavenhandels und Seeraub," *Handbuch des Völkerrechts: auf Grundlage Europäischer Staatspraxis*, herausgegeben von Franz von Holtzendorff, Bd. Ⅱ (Die völkerrechtliche Verfassung und Grundordnung der auswärtigen Staatsbeziehungen), 1887, S. 551 ff.

5 英米臨検権論争の国際法上の意義

An Act to amend and consolidate the Laws relating to the Abolition of the Slave Trade (June 24, 1824, 5° Georgii IV, cap. CXIII [19]) で[20]，そこでは，奴隷取引を海賊行為とみなす旨が規定されている。

しかし，この間には，ナポレオン戦争が終焉を迎え[21]，英国政府は，取締に「戦時」捕獲を理由とすることがもはや不可能となり，特に外国船舶に対しては，干渉行為を正当化できる国内判決が得られないという窮地に立たされることとなった[22]。この点で最も著名なのは，Le Louis 号事件英国海事高等法院（High Court of Admiralty）判決である[23]。本判決は，裁判官であった Sir William Scott（later Lord Stowell）の権威も相まって，後述のように，英国の臨検政策の批判を行う際に頻繁に引用されることとなる。

---

[18] なお，米国でも英国に先んじて同様の国内法が制定されているが，施行は英国に遅れる 1808 年であった。2 Stat. 426, enacted March 2, 1807: An act to prohibit the importation of Slaves into any port or place within the jurisdiction of the United States, from and after the first day of January, in the year of our Lord(,) one thousand eight hundred and eight. また，何よりも，対外関係への拡張面で，決定的に異なったと言えよう。

[19] An Act for the more effectual Suppression of the African Slave Trade, March 31, 1824, 5° Georgii IV, cap. XVII も参照。当初の動機としては，下記の英米条約締結のため，米国の批准を容易にするよう，同様に国内法を整備したものである。注[42]資料参照。

[20] さらに，解釈として，海賊と同様，「原状回復（restitution）」が否定される。Leading case は，Amedie case（March 17, 1817）である。The Amedie, Acton's Admiralty Reports, Vol. 1, 1810, pp. 240 ff., esp. 250-251; English Reports Vol. 12, pp. 92 ff., esp. 96-97. See also The Fortuna（March 12, 1811），Dodson's Admiralty Reports, Vol. 1, pp. 81 ff.; English Reports Vol. 12, pp. 1240 ff.

[21] ナポレオン戦争中の簡略な説明として，Kern, op. cit., pp. 234-241.

[22] 例えば，スウェーデン船舶が問題となった，The Diana 号事件（May 21, 1813, 1 Dodson 95; 165 English Reports 1245）。米国も含めて，国内判例の概観としては，Fischer, H., "The Suppression of Slavery in International Law," *International Law Quarterly*, Vol. 3 (1950), pp. 30-39; Allain, "Nineteenth Century," pp. 349-354. 邦文献として，西本健太郎「海洋管轄権の歴史的展開㈢」『国家学会雑誌』125 巻 9・10 号（2012年）428-430 頁，杉原，前掲『海洋法と通航権』211-214 頁も参照。

[23] December 15, 1817, 2 Dodson 210; 165 English Reports 1464. これは，フランス船舶が英国により拿捕されたケースであった。本判決は，いわゆる「実証主義（positivism）」の方法論を採用した判決としても有名であるが（2 Dodson 249-250; 165 English Reports 1477），本稿ではこれについては立ち入らない。本判決についての邦文献としては，西本，前掲論文，430-432 頁，杉原，前掲『海洋法と通航権』18-20, 208-211 頁，薬師寺，前掲論文，201-202 頁も参照。Wilson, "British Efforts," p. 506.

〔森田章夫〕　　　　　　　　　　　　　　　　　　Ⅱ　臨検権論争の登場

　Le Louis 号事件については，本稿の関心から，さらに以下の論旨が重要である。すなわち，「戦時」においては，外国船舶の捕獲手続として，停船，臨検・捜索という一連の手続があるが，それらに抵抗することは許されず，抵抗した場合は没収事由となる。一方，「平時」[24]では，外国船舶に対して捕獲手続は認められないため，停船命令に従う必要もなく，また，抵抗が許され，これらは没収事由とはならない，とする。

　この Le Louis 事件判決同様，奴隷取引行為の海賊行為性を否定し，原状回復を命じたものとして，米国では，1825 年 Antelope 号事件判決があるが[25]，本稿の関心から，Marianna Flora 号事件[26]について，若干の説明をここで加えておくこととする。本判例は，平時における「臨検・捜索権（right of visitation and search）」を否定した上で，近接権（接近権）を示したリーディング・ケースとして有名である。特に，被疑船舶はその場に留まって待つ必要はなく，航行を続けられる点，艦船側の（臨検・拿捕）行為の最終的な適法性は，没収事由（forfeiture）を論証（establish）できるかという，自己の危険負担（at his peril）によるとした点が注目される[27]。さらに，probable cause が存在する限りは違法ではないとしても，被疑事実に根拠がないと認められた場合，damages と costs の請求が無条件で認められるか，それとも被疑船舶側に寄与する事由が存在しないことをさらに必要とするかが，「権利」性も含めて，弁論で詳細に議論されていること[28]もまた，注目される点である。

　一方，英国は，外交交渉においても，海上奴隷取引を海賊行為とみなすよう，各国に呼びかけた。多数国間では，ウィーン会議宣言（Declaration des 8 Cours, relative à l'Abolition Universelle de la Traite des Nègres）[29]を受けて[30]，

---

[24]　本稿が対象とする問題において，「平時」には，中立は含まれないことに注意する必要がある。

[25]　23 U. S. (10 Wheaton) 66 (1825), March 18, 1825.

[26]　24 U. S. (11 Wheaton) 1 (1826), March 20, 1825. 本判決の解説として，真山全「接近権」『海洋法・海事法判例研究』第 3 号（1992 年）73-79 頁。

[27]　24 U. S. 42-46.

[28]　捕獲の際に米国船舶が破壊され，「原状回復」の範囲が問題となった，Sir W. Scott による The Acteon 事件判旨（May 11, 1815, 2 Dods. Rep. 48, esp. 51-52; 165 English Reports 1411, esp. 1413）を，後に国務長官となる Webster が引用し，弁論している。24 U. S. 28.

[29]　1815 年 2 月 8 日。後に，1815 年 6 月 9 日ウィーン会議最終議定書ⅩⅤ（Annexe ⅩⅤ à

5 英米臨検権論争の国際法上の意義

1822 年 Verona 会議に至るまで，様々な外交会議において努力を継続したが，はかばかしい成果は得られなかった[31]。

英国は，以上のような状況に鑑み[32]，それ以前からも徐々に二国間条約を締結し始めていたが[33]，相互主義に基づき干渉行為（臨検・拿捕）を認める二国間条約を積極的に締結する政策に転換し，多くの成功を収めた。このようにして締結された条約は多数あるが[34]，代表的なものとして，オランダ[35]，スウェー

l'acte du Congrès de Vienne du 9 juin 1815: Déclaration des Puissances sur l'abolitions de la traité des Nègres）に具現化される。

なお，以下での条約の引用は，紙幅の制限のため，Parry, C. ed., *The Consolidated Treaty Series* において，締結年月日により容易に検索ができるものについては年月日のみを記すものとし，再掲については，紛れの無い限り，月日を省略する。

(30) この間に，1815 年 11 月 20 日（第二）パリ平和条約追加条項（Traité définitif, No. 2 Article additionnel）でも，英国に加えて，オーストリア，プロシア，ロシア，フランスは，奴隷取引廃止の努力を新たに約束している。

(31) この間の状況については，Verzijl, op. cit., Part V, pp. 253-254. 特に 1822 年 Verona 会議及び決議における状況は，"MEMORANDUM of the Duke of Wellington"，"RESOLUTIONS relatives à l'Abolition de la Traite des Nègres, adoptées à la Conférence, du 28 Novembre 1822", British and Foreign State Papers (Hereinafter referred to as BFSP), Vol. 10 (1822-1823), pp. 95-100, 109-110. 本稿では，読者の便宜に鑑みて，主として BFSP を用いるが，重要な資料は，より公式の資料である HCPP もできるだけ並記した。なお，1830 年代末になると，英国政府は，自国民が他国裁判所により裁かれることを恐れて，海賊行為視には既に消極的であったとの，外交文書（Kames Bandinel 作成文書）に基づく指摘もある。Eltis, D., *Economic Growth and the Ending of the Transatlantic Slave Trade*, 1987, p. 85. しかし，20 世紀以降の動向も踏まえると，必ずしも一貫した政策変更とは言えないであろう。20 世紀以降に関しては，拙稿「奴隷取引船舶」参照。

(32) 条約締結の必要性を示した文書として，時代が下がるものの，例えば，Report by Jenner, King's Advocate, 18 January 1832, F. O. 83, 2346: Slave Trade, reprinted in McNair, A. D., *The Law of Treaties*, 1961, pp. 686-687.

(33) 最初期のものとして，英仏間 1814 年 5 月 30 日締結パリ平和条約（追加条項第 1 条）がある。

(34) 関連の条約に関しては，HCT の他に，以下を参照した。(Great Britain,) *Treaties, Conventions, and Engagements for the Suppression of the Slave Trade*, 1844; (Great Britain, Admiralty,) *Instructions for the Guidance of Her Majesty's Naval Officers employed in the Suppression of the Slave Trade*, 1844 (Hereinafter referred to as *Instructions 1844*). *Instructions 1844* は，英国議会にも提出され，HCPP, 1844 [577], L. 1 として公開された。ここでは，英国が締結した条約と関連国内法，各 Instructions が所収され，それぞれの要点が示されており，本稿が対象とする時期における，本問題に関する英国法制度を集大成したものとして，極めて重要である。作成の経緯に関

〔森田章夫〕 Ⅱ 臨検権論争の登場

デン[36]，ポルトガル[37]，スペイン[38]等[39]がある。

一方，米国は，奴隷取引が人道と正義の原則と調和せず，締約国はその完全な廃止に最大限の努力をするとした，Ghent 条約（1814 年 12 月 24 日締結。第 10 条）以降も，「臨検」に対しては，激しく争ったのである[40]。その後，米国

しては，Bethell, L., *The Abolition of the Brazilian Slave Trade: Britain, Brazil and the Slave Trade Question*, 1970, p. 199; Lloyd, C., *The Navy and the Slave Trade: The Suppression of the African Slave Trade in the Nineteenth Century*, 1949, p. 39. 編者は記載されていないが，Lloyd は，Joseph Denman が実質的な編集者であったと指摘する。さらに，1890 年 Bruxelles 一般議定書締結後，大幅に改訂したものとして，*Instructions for the Guidance of the Captains and Commanding Officers of Her Majesty's Ships of War employed in the Suppression of the Slave Trade*, 2 Vols, 1892 (Hereinafter referred to as *Instructions 1892*). *Instructions 1892*, Vol. 1 は，1890 年 Bruxelles 一般議定書締結の後，同第 81-85 条に基づき，各国から提出され，公開された以下の文書にも再録されている。(Belgium, Ministère des Affaires étrangères,) *Documents relatifs à la répression de la traite des esclaves: Publiés en exécution des articles LXXXI et suivants de l'Acte général de Bruxelles, 1892*, 1893, pp. 240-279.

(35) 1818 年 5 月 4 日，1822 年 12 月 31 日締結 1818 年条約「説明・追加条項」，さらに，1823 年 1 月 25 日締結「再追加条項」，1837 年 2 月 7 日締結 1818 年条約「追加条項」，1848 年 8 月 31 日締結 1818 年条約「追加条項」。

(36) 1824 年 11 月 6 日，1835 年 6 月 15 日締結 1824 年条約「追加条項」。

(37) 1815 年 1 月 22 日，1817 年 7 月 28 日締結 1815 年条約追加協定，同年 9 月 11 日「別条項」，赤道以北のみを規定していたという限界があったが，1823 年 3 月 15 日締結 1817 年 7 月 28 日条約「追加条項」。さらに重要な条約として，1842 年 7 月 3 日。

(38) 1817 年 9 月 23 日，1822 年 12 月 10 日締結 1817 年条約「説明条項」，1835 年 6 月 28 日。

(39) その他の極めて興味深い実行として，ブラジル問題もある。条約としては，1826 年 11 月 23 日締結条約のみで，それ以前に締結された，上記英葡条約の遵守を確認するものであった（第 2 条）。

また，国際法史の観点からは，英国とアジア・アフリカの native chief 間とで締結された「条約」も極めて興味深いが，内容の検討は本稿では割愛する。Martens, G. Fr. de et Stoerk, F., *Nouveau Recueil Général de traités et autres actes relatifs aux rapports de droit international*, 2è ser., t. 16 (1891), pp. 58-62; *Instructions 1844*, SECTION 7th. (Instructions for the Senior Officers of Her Majesty's Ships and Vessels on the African Stations, negotiating with Chiefs of Africa); *Instructions 1892*, Vol. I, p. 87 (Instructions as to Treaties with "Uncivilized States" on the West Coast of Africa); Wilson, "British Efforts," pp. 510-511, 514-515, 520-523. 近時の研究として，Robin Law, R., "Abolition and imperialism: International Law and the British Suppression of the Atlantic Slave Trade," Peterson, D. R. ed., *Abolitionism and Imperialism in Britain, Africa, and the Atlantic*, 2010, pp. 150-174.

(40) "a right in the officers of foreign ships of war to enter and search the vessels of the United States" に対する抵抗である。Adams to Gallatin and Rush, November. 2, 1818,

5 英米臨検権論争の国際法上の意義

も，上記国内法の制定に見られるように，国内動向の変化を受けて条約交渉に一時積極的となり(41)，奴隷取引を海賊行為とみなすことや（第10条）や臨検・拿捕条項を含む，極めて画期的な1824年英米条約を締結したものの（3月13日），発効を見なかった(42)。その後は，1831・1833年英仏条約(43)への加入を勧誘する交渉が英仏と米国間で行われ，交渉終盤では，捜索権を米国沿岸に拡張しないという英仏側からの妥協案が示されたものの，米国はなおも加入を拒否し(44)，1930年代末を迎えることとなったのである。

2 臨検権論争の法的争点── 1840年代における米国の対応

この間も，英国は，主要海洋国との間で条約を着々と締結し続けた。とりわけ注目されるのが「装備条項（Equipment Article (s); equipment clause (s)）」(45)の影響で，英国は各国との諸条約に同条項を積極的に挿入し，取締の実を挙げたのであった(46)。以上のような状況下で，英国は，条約が存在しない最後の有力

ASPFR, V, pp. 72-73. 「混合委員会（mixed commission）」の「外国性（foreign）」に対する反対として，Adams to Canning, June 24, 1823, MS. Notes to For. Leg. III, 141, reprinted in Moore, op. cit., pp. 921-922.
　　その背景には，1812年英米戦争の一因ともなった，英国海軍における「強制徴募（Impressment）」制度に対する，米国の反発があった。英国は，帰化によるアメリカ市民権を認めず，英国で出生した者をすべて「英国人」として徴募の対象としたことにより，長らく論争は続いた。Moore, op. cit., pp. 987-1001. 後述の1824年英米条約にも，この懸念に対応した条項が挿入されている（第4条）。

(41)　Moore, op. cit., pp. 922-924.

(42)　米国上院が新たにいくつかの条件を付加し，これらの修正条件のうち，(coasts) "of America" の削除を求めた部分について英国の同意が得られなかったことによる。条文と交渉経緯については，United States Congressional Serial Set (Hereinafter referred to as Serial Set) Vol. No. 108, Session Vol. No. 1, 18th Congress, 2nd Session, S. Doc. 1, pp. 15-56. Serial Set についての表記は，米国国務省の方式に倣った。また，文書の表題は，それ自体が重要な場合を除き，省略する。ASPFR, V, pp. 359-368; BFSP, Vol. 12 (1824-1825), pp. 827-858. Soulsby, op. cit., pp. 45-46 も参照。

(43)　1831年11月30日，1833年3月22日締結。これらの条約については，拙稿「奴隷取引船舶への干渉行為」，前掲，参照。

(44)　関連文書は，BFSP, Vol. 23 (1834-1835), pp. 107-110, 135-147; HCPP, 1835 [007], LI. 161, pp. 52-53, 56, 84-92.

(45)　これは，その時点で実際に奴隷を運送していないとしても，通常の船舶では存在しないような，海上奴隷取引用の「装備（equipment）」，「構造（construction）」を有する場合，奴隷取引船と「推定（*primâ facie*）」される証拠とされ，取締可能とする条項である。諸条約の説明として，Martens et al., op. cit., pp. 46-48.

110

国として米国を強く問題視することとなる[47]。さらに，国旗の変更先が米国に集中し始めたことは，このことに拍車をかけることとなった[48]。そのため，英国は，折に触れて，他国船舶が英国等の干渉行為を逃れるために米国旗を濫用しているとの問題を提起したのである[49]。

一方，1840年代に入ると，米国旗を掲げた船舶が英国によって捜索を受ける等の事件が続発し[50]（実際に，無国籍ないし虚偽の国旗の疑いで臨検した結果，米国籍の真正性が判明したこともしばしばあったと言われる[51]），臨検・捜索が濫用されているとの米国側の警戒心が強まった[52]。

さらに両国の対立が高まったのは，Palmerston（第3代 Palmerston 子爵，Henry John Temple）外務大臣（Principal Secretary of State for Foreign Affairs）による新政策の採用以降である。まず，彼の主導によるため，"Lord Palmerston's Act"とも呼ばれる法律が採択された。これは，本来はポルトガルとの関係で制定されたものであったが，抜け穴を塞ぐために「いかなる国の旗の保護も正

---

[46]　Wilson, "British Efforts," pp. 509-510, 512, 515, 526.

[47]　BFSP, Vol. 27（1838-1839），p. 209.

[48]　国旗を，フランスからスペイン，ポルトガル，最後に米国へと変更した動向について指摘したものとして，Soulsby, op. cit., p. 46.

[49]　Forsyth to Stevenson, July 8, 1840, Serial Set Vol. No. 386, Session Vol. No. 5, 26th Congress. 2nd Session, H. Doc. 115, p. 40.

[50]　アフリカ沿岸における米国船舶の拿捕・捜索問題については，例えば，上記 H. Doc. 115文書参照。標題はまさに，"Search or seizure of American vessels on coast of Africa, &c. Message from the President of the United States, transmitting a report from the Secretary of State, in relation to seizures or search of American vessels, &c. March 3, 1841. Read, and laid upon the table." である。

なお，これらの中には，現場海域の艦長間協定（Tucker-Paine Agreement）によって認められたものもある。しかし，米国はこれを越権として否定し，英国もこれに基づく干渉行為は中止した。同協定とその中止については，BFSP, Vol. 29（1840-1841），p. 624; Vol. 30（1841-1842），pp. 1149-1152, 1180. 本協定の米国側資料としては，Secretary Paulding to Lieutenant Pain, June 4, 1840 も含めて，Serial Set, Vol. No. 413, Session Vol. No. 1, 27th Congress, 3rd Session, S. Doc. 1, pp. 107-110. 以下も参照。Martinez, J. S., *The Slave Trade and the Origins of International Human Rights Law*（Hereinafter referred to as Martinez, *The Slave Trade*），2012, pp. 86-87.

[51]　Wilson, "British Efforts," p. 515. 後述の Webster 書簡にも，その懸念が窺われる一節がある。

[52]　後述の大統領教書にも，海上航行と通商の阻害に対する懸念が繰り返し表明されている。

5 英米臨検権論争の国際法上の意義

当に要求できない」船舶も同時に取締対象としていたため[53]，以降の取締の焦点は，米国への「国旗変更」船舶へと徐々に移行したのである[54]。

Palmerston 外務大臣は，さらに，1841 年に，極めて革新的な方針を示した。まず，奴隷取引に従事していたとしても，米国船舶に対しては捜索・拿捕等は行わないとしながらも[55]，米国旗等が，奴隷取引の隠蔽に用いられていることに強い不満を示したのである。その上で生み出された新政策は，二つの行為，すなわち，(1)船舶の捜索と，(2)国旗掲揚国の保護を受けうる文書を適法に備えるかの書類検査は，本質的に異なるとして，海賊行為容疑船舶のみならず奴隷取引容疑船舶も，掲げる国旗が欺罔でないかを確認するため，(2)の書類検査（「臨検 (visit)」）を行うというものであった[56]。

ここからの両国間の論争は，被疑船舶旗国と取締国間での，被疑船舶に対する干渉行為によって生じる利害得失の衡量と，それを支える権利義務の詳細な配分が問題となったと言えよう。以後の具体的な論点を先取りすれば，まず，

[53] August 24, 1839, 2°& 3°Vict., cap. 73. 本法については，Bethell, L. M., "Britain, Portugal and the Suppression of the Brazilian Slave Trade: The Origins of Lord Palmerston's Act of 1839," *English Historical Review*, Vol. 80 (1965), pp. 761 ff., esp. 777; Mathieson, W. L., *Great Britain and the Slave Trade, 1839-1865*, 1929, pp. 22-23.

　ブラジルの独立（1825 年）後，植民地との間では認められていた奴隷取引がもはや違法となっていたことに加えて，規定されていた新条約も締結しないという，ポルトガルの執拗な条約上の義務違反に対して，実力で義務を執行するという名目で，干渉行為を可能とするため成立させたものである。Wilson, "British Efforts," pp. 511-514. 英国の国際法上の解釈についての一次資料としては，Draft of a Note to be presented by Lord Howard de Walden to the Portuguese Government, Enclosure in Viscount Palmerston to Lord Howard de Walden, April 20, 1839, BFSP. Vol. 27 (1838-1839), pp. 554 ff, esp. 565-566; HCPP, 1839 [189], XLIX. 265, pp. 71 ff, esp. 78-79.

[54] Wilson, "British Efforts," p. 526; Martinez, *The Slave Trade*, p. 85.

[55] Palmerston to Stevenson, August 5, 1841, BFSP, Vol. 30 (1841-1842), p. 1150. この点は，後任の Aberdeen 外務大臣にも受け継がれ，英国が一貫して認めるところであった。Aberdeen to Stevenson, October 13, 1841, ibid., p. 1165.

[56] Palmerston to Stevenson, August 27, 1841, ibid., p. 1152; HCPP, 1842 [405], XLIV. 173, pp. 259-260. Draft は，FO 84/376, 27 January 1841, reprinted in Foreign & Commonwealth Office, *Slavery in Diplomacy: The Foreign Office and the Suppression of the Transatlantic Slave Trade*, 2013, pp. 103-104.

　非公式には，Palmerston to Fox, May 24, 1841, (Inclosure.)-Leveson to Barrow, May 18, 1841, BFSP, Vol. 30 (1841-42), p. 1144-1145; Stevenson to Webster, May 18, 1841, No. 124, State Department MS. Despatches, Great Britain, reprinted in Soulsby, op. cit., p. 59.

〔森田章夫〕　　　　　　　　　　　　　　　Ⅱ　臨検権論争の登場

国旗掲揚，停船，乗船・検査という諸行為の要求，加えて，それら行為に関して実力を行使しての強制といった，取締国側の一連の干渉行為に伴う被疑船舶側の負担が妥当なものかどうか，次に，これら諸行為を被疑船舶所属国が受忍するかどうか，さらには，これらの干渉行為によって生じた損害・損失の賠償・補償を認めるかどうかといった様々な諸問題が，法的な根拠と共に，論争の焦点となったのである。

Palmerston の採用したこの政策は，後任となった Aberdeen 外務大臣（第 4代 Aberdeen 伯爵，George Hamilton-Gordon）に引き継がれることとなった。その際，その要件は「合理的な疑いがあるという根拠」に洗練・明確化され[57]，さらには，誤認に起因する損失に対する，十分，迅速な「補償（reparation）」が提示され[58]，合わせて，米国の実行も根拠として提示された[59]。

しかし，これに対して米国は，そのような二つの行為の区別を断固として否定し，平時には，外国船舶に対する干渉行為の権利は，海賊行為以外は対象となり得ないとして，激しい反論を加えたため[60]，両国間に従来にない緊張関係が生じたのであった。

この論争に対して妥協を図ったのが，当時英米間に横たわっていた数多

----

(57)　Aberdeen to Stevenson, October 13, 1841, BFSP, Vol. 30 (1841-42), pp. 1165-1166; HCPP, 1842 [405], XLIV. 173, pp. 267-269. 米国側資料としては，Serial Set Vol. No. 401, Session Vol. No. 1, 27th Congress, 2nd Session, H. Doc. 2, pp. 32-35. なお，英米双方の資料が存在する場合，原則として，発出者を基準として，順番に記載した。

(58)　「権利」を主張していたことから，少なくとも今日的には，違法行為ではないという位置付けのため，ここでは「補償」とした。Aberdeen to Everett, December 20, 1841, BFSP, Vol. 30 (1841-42), p. 1181; HCPP, 1842 [405], XLIV. 173, p. 282; Aberdeen to Fox, January 18, 1843, BFSP, Vol. 32 (1843-44), p. 444; Webster to the President of The United States（注：Aberdeen との会談内容），February (sic), 1843, ibid., p. 577; Everett to Webster, December 28, 1841, ibid., p. 578.

(59)　Aberdeen to Everett, December 20, 1841, BFSP, Vol. 30 (1840-41), p. 1179. 詳細には，Soulsby, op. cit., p. 72, n. 78.

(60)　Stevenson to Aberdeen, September 10, 1841, Serial Set Vol. No. 401, Session Vol. No. 1, 27th Congress, 2nd Session, H. Doc. 2, pp. 28-29; BFSP, Vol. 30 (1841-42), p. 1156; HCPP, 1842 [405], XLIV. 173, p. 265.

　　ただし，強い抗議を示しながらも，以下のように，米国旗を偽装したと思われる船舶に関しての臨検については抗議しないという，妥協的な姿勢もあったようである。Stevenson to Aberdeen, October 21, 1841, Serial Set Vol. No. 401, Session Vol. No. 1, 27th Congress, 2nd Session, H. Doc. 2, p. 39; BFSP, Vol. 30, (1841-42), p. 1171; HCPP, 1842 [405], XLIV. 173, p. 272.

5 英米臨検権論争の国際法上の意義

くの懸案事項を解決するために締結された，いわゆる Ashburton-Webster (Webster-Ashburton) Treaty であった[61]。すなわち，奴隷取引抑止のため，アフリカ沿岸に十分な海軍力を配備するという，「現実的解決 (practical settlement)」策[62]を規定することで（第8条），決着が図られたのであった。ここでは，他国による臨検・捜索に関する条文が置かれていないが，英国は，下記大統領演説の前後を通して，条約は「捜索権 (right of search)」を対象としたものではなく，米国旗偽装容疑船舶に関する英国の基本的立場は変更しないことを繰り返し伝え[63]，米国側 (Webster 国務長官) も，条約が交渉主題でなかったことを認めたため[64]，この点においては両国間に合意が見られる。しかし，ここで重要なのは，むしろ残された課題の方であった。

まず，極めて注目されるのは，批准[65]後の大統領議会演説において，以下のような，言明がなされたことである[66]。すなわち，まず，海賊行為容疑船

---

[61] 1842年8月9日。英国側の名称は，A TREATY to settle and define the Boundaries between the Possessions of Her Britannick Majesty in North America, and the Territories of the United States:—for the final suppression of the African Slave Trade:—and for the giving up of Criminals, fugitive from Justice, in certain cases, である。HCPP, 1843 [424], LXI. 1. 一般的には，Caroline 号事件の解決で有名であるが，国境画定や本問題の処理も同時に行われたのである。

[62] 後述，President Tyler, Message of February 27, 1843. 米国の基本的立場に変更がない点は，1842年12月6日 (read on 7) の大統領教書も参照。Serial Set Vol. No. 417, 27th Congress, 3rd Session, p. 16.

[63] Aberdeen to Fox, January 18, 1843, BFSP, Vol. 32 (1843-44), pp. 443-444; Webster to the President of The United States, February (*sic*), 1843, ibid., p. 577.
　　関連の英国海軍 Instructions も参照。ibid., pp. 506-507; *Instructions* 1844, SECTION 6th (pp. 15-17). そこでは，米国との関係上，慎重な表現ながら，当該「権利」主張を放棄していないことが窺われる。Peel 首相英国議会答弁も参照。H. C., Deb., February 2, 1843, Hansard, 3d ser., Vol. 66, cc. 89-91, 101.

[64] Webster to Everett, March 28, 1843, BFSP, Vol. 32 (1843-44), p. 463.

[65] なお，批准書交換日等には，資料によりぶれがあるが，October 13, 1842 であろう。HCPP, 1843 [424], LXI. 1; Miller, H. (ed.), *Treaties and Other International Acts of the United States of America*, Vol. 4 (1934), p. 363.

[66] President Tyler, Message of February 27, 1843, Serial Set Vol. No. 417, 27th Congress, 3rd Session, pp. 485 ff., esp. 486-487. なお，実際の "reading" は28日である。ちなみに，本条約承認のための大統領教書は，Webster の執筆であるとされ (Fuess, C. M., *Daniel Webster*, Vol. 2: 1830-1852, 1930, p. 115)，本教書もその可能性が高いであろう。この大統領教書は，理論的には，Le Louis 号事件と Marianna Flora 号事件から着想を得ていると考えられるが，上記のように，Webster は，Marianna Flora 号事件で

114

〔森田章夫〕　　　　　　　　　　　　　　　　　　　　Ⅱ　臨検権論争の登場

舶の「引き留め（seize and detain[67]）」は，「相当な理由（probable cause）」を
もって「誠実（good faith）」になされれば，旗国からの抗議も，所有者から
の補償請求についても，正当な根拠とはならず，この権利は，「臨検（visit）」
と「引き留め」のみならず，捜索する「完全な権利（perfect right）」で，責
任も補償ももたらさないとして，唯一の例外である海賊行為との対比が強調
された。次に，英国の主張については，英国も否定している捜索権のみなら
ず，単なる「臨検（visit）」や「質問（inquiry）」の「権利」も「条件を付して
（with qualifications）」主張されており，「完全な権利」の概念と「両立しない
（inconsistent）」，として批判した。英国が，もし払われるべき注意にもかかわ
らず，英国艦による「臨検」又は「拿捕（detention）」により米国船が「損失
（loss and injury）」を被った場合，「迅速かつ十分な支払い（prompt and ample
remuneration）」を受けるとしているからである。

　これのみでは，英国が主張する "Right of Visit" の法的性質をどのように理
解しているかは必ずしも明確ではないものの，実際に米国籍であった船舶に対
する英国の干渉行為が真正の「権利」ではないという認識は，明確に見て取る
ことができるのである。

　しかし，何よりも注目されるのは，その直後に，Webster 国務長官が，英
国が「権利（*right*: italics original）」と主張する「臨検（visit）」を「権利（*right*:
italics original）」とは認めないという米国の基本的な立場を英国に強く申し入れ
たことである。法的に重要な点は，内容毎に整理すると，以下の通りである[68]。

───────────────

　弁護人の経験があり，両事件に精通していたことから，本教書も Webster の執筆の可
能性が高いと推測されるのである。
　なお，この演説は，当時，英国に正確に伝えられている。BFSP, Vol. 32 (1843-44),
pp. 573-576.
　さらに，その後，ベーリング海オットセイ事件において，英国により援用さ
れ，その意味でも重要である。*Fur Seal Arbitration: Proceedings of the Tribunal of
Arbitration, Convened at Paris, under the treaty between the United States of America
and Great Britain concluded at Washington February 29, 1892, for the determination
of Questions between the Two Governments concerning the Jurisdictional Rights of the
United States in the Waters of Bering Sea*, Vol. 13 (1893), § 1185, p. 388.

[67]　detain, detention は，本稿では，その文脈で訳し分けることとする。*Instructions
1844* においても，detain (detention), seize (seizure), capture の異同は明確ではなく，
文脈に依存すると考えられるからである。

[68]　Webster to Everett, March 28, 1843, Serial Set Vol. No. 477, Session Vol. No. 8, 29th

5 英米臨検権論争の国際法上の意義

　まず，米国政府は，海賊行為や，正規の文書を携行する米国船舶以外のいかなる者に対しても，米国旗が免除を与えるものでないことを端的に認めた。この結果，一方で，英国が，真の米国籍船舶は対象としないことを明らかにし，他方で，米国が，非米国籍船舶の免除は主張しないことで，真の米国籍船とその他の船舶をどう区別するかという，50年代まで続く問題の焦点が，まさにここで浮き彫りとなったのである。

　次に，上記大統領教書と同様，英国の主張する行為が明確に権利行使であれば「賠償」になじまず，何らかの違法行為であるとして，その権利性に疑問を呈する。

　さらに，最も重要と見られる点は，極めて複雑な論旨が展開されているが，要約すると，以下の通りである。英国は，船籍の確認である（注：狭義の）「臨検権（right of visit）」と航海の性質と目的，積荷の真の所有者の審問（inquisition）にまで及ぶ「捜索権（right of search）」を区別する政策をとっている。しかし，通常呼ばれる意味では，「臨検」と「捜索」のそのような区別は実際には存在せず，国際法上，戦時にのみ認められるものを平時にも行使しようとするものである。「臨検（visit）」とは，「国籍性（national character）」の「審問（inquire）」権のみならず，船舶を「引き留め」，「航行の進行を停止し（stop the progress of the voyage）」，「書類を検査し（examine papers）」，「その正規性と真正性を決定し（decide on their regularity and authenticity）」，「敵産（enemy's property）」と「船舶の従事する業務（business which the vessel is engaged in）」とに関して「船上で審問すること（make inquisition on board）」を意味する。言い換えれば，「戦時の（belligerent）」「（注：狭義の）臨検（visitation）」・捜索を含めた全体としての権利を意味するからである。

　その上で問題となるのは，どのような手段でこの（注：国旗の真正性の）確認が行われるべきかである。「海賊行為と他の普遍的な（public）侵害者を捕らえること」は，それぞれの政府の権限下で航行する軍艦に関する公法の一般的かつ確固とした規則で，その真正性を確認する目的で海上のいかなる船舶に対しても近接してはいけない理由はない。そのような「近接権（right of approach）」は，公正で妥当な権限行使に不可欠と見られる。近接権は，「適法

Congress, 1st Session, S. Doc. 377, pp. 132-140; BFSP, Vol. 32 (1843-44), pp. 462-471.

〔森田章夫〕　　　　　　　　　　　　　　　Ⅲ　臨検権論争の展開と終焉

な通商（lawful commerce）」を妨げるものではないが，他方で，船舶は，停止
したり，近接を待たなくても良いことは，権利であることと同様に明らかであ
る。しかし，近接される側の船舶が近接する船舶を避けたり，検査のため書
類を送るようにとの司令官命令に従わなかったり，「臨検（visit）」や「引き留
め」られることに合意しない場合にどうなるかが問題となる。すなわち，「実
力（force）」が行使され得るか，そして実力が行使された場合，その実力を適
法に撃退し得るか，これが英国の主張の根幹に関わる問題である。過誤に対し
て抵抗した米国船から，自衛の権利・特権を奪い去るかの問題であり，戦時に
は，抵抗は，捕獲確認判決の正当理由となる。平時において，臨検の主張が権
利として認められた場合，（同様に）対応する「義務（duties and obligations）」
が生じ，従わない場合には刑事制裁が生じるため，まさに戦時の捜索権となる。
　このように，米国の主張の趣旨は，「権利」を認めることによって生じる以
上のような受忍義務の発生を避ける点にあったことが，法的な説明として，こ
こで明確にされたのであった。
　このようにして，結論としては，容疑船舶にとって受忍義務のない「近接権
（right of approach）」[69]同様，それを超える干渉行為は，海賊行為を除き，米国
船舶に対しては「権利」ではないと，繰り返し，強硬に主張されたのであった。
　このような経緯を経て，この論争についての本格的な解決は，先送りとなっ
たのである。

Ⅲ　臨検権論争の展開と終焉

　以上のように，英米は条約を締結しながらも，未解決の問題を孕んだままで
あった。そして，条約の履行は当初実効的と見られたが[70]，1850 年代，特に後
半に，問題が再発した[71]。その背景には，以下のような問題があった。すなわ

---

[69]　その意味で，これについても，名称として「権利（right）」を用いることに疑問が呈
　されても不思議ではなかろう。一貫した説明を与えようとすれば，接近行為自体は「非
　友好的行為（unfriendly act）」ではないことを受忍する義務はある，と説明できよう。

[70]　15 年間，英国による "right of visit" は行われなかったという説もあるが（Soulsby,
　op. cit., p. 118），以下に見るように，1840 年代一杯と見るべきとも考えられよう。

[71]　1850 年代初期の事件と米国側の問題意識については，"Message from the President
　of the United States, relative to the searching of American vessels by British ships of
　war. August 2, 1850. Referred to the Committee on Foreign Relations, and ordered to
　be printed," Serial Set Vol. No. 562, Session Vol. No. 14, 31st Congress, 1st Session, S.

5 英米臨検権論争の国際法上の意義

ち，1940年代には，Brazilによる奴隷取引が下火となり[72]，英国にとって，残された重要な課題はアフリカからCubaへの奴隷取引となった[73]。Cubaは当時スペイン領で，スペインとの間には前記1835年条約が存在したが，以下のように，米国政府による取り締まりの意思と能力が問われかねない問題が徐々に深刻化しつつあった[74]。すなわち，(1)南北戦争まで続く，Cubaを中心とした奴隷取引への米国船舶の関与で，具体的には，米国旗を掲揚し，真正の米国船舶書類を有する船舶が奴隷取引に関与していたことと[75]，(2)英国による軍艦の派遣に対し，米国も同様に上記条約に基づいて軍艦を派遣したが，米国船舶の保護が主目的であり[76]，さらに，質・量・態様において十分ではなかったことである[77]。Malmesbury外務大臣（第3代Malmesbury伯爵，James Howard

---

Doc. 66.
　　その後，奴隷取引に従事する米国船舶が，英国軍艦に，船舶書類等の破棄を強制，勧誘されるという問題が明らかとなった。Conover to Toucey (Secretary of the Navy), Oct. 19, 1857, Serial Set Vol. No. 929, Session Vol. No. 12, 35th Congress, 1st Session, S. Doc. 49, pp. 6-11; 69-75. この点は，Cassも抗議する。Cass to Napier, April 10, 1858, ibid., pp. 52-53; BFSP, Vol. 50 (1859-1860), p. 720. 米国民に対して，米国は刑法（法定刑死刑）が適用されるのに対して，英国は，捕獲手続（捕船・積荷等の没収）しか適用されないことに起因する現象であった。

[72] いわゆる "Lord Aberdeen's Act" (August 8, 1845, 8°& 9°Vict. cap. CXXII) に基づく取締等の圧力に屈し，Brazilは，取締りを本格的に行うこととなった。本法の経緯に関しては，Jones, W. D., "The Origins and Passage of Lord Aberdeen's Act," *Hispanic American Historical Review*, Vol. 42 (1962), pp. 502, 512-20.

[73] キューバが残る唯一の奴隷取引市場であることは，米国も認識していた。Cass to Napier, April 10, 1858, Serial Set Vol. No. 929, Session Vol. No. 12, 35th Congress, 1st Session, S. Doc. 49, p. 43; BFSP, Vol. 50 (1859-1860), p. 708.

[74] 英国側の認識として，例えば，以下の資料参照。Napier to Malmesbury, May 11, 1858, BFSP, Vol. 49 (1858-1859), p. 1103; Malmesbury to Napier, December 3, 1858, ibid., p. 1111; Malmesbury to Lyons, May 6, 1859, BFSP, Vol. 50 (1859-1860), p. 969. その根拠となった，現場報告としては，Commodore Wise to the Secretary to the Admiralty, October 28, 1858, ibid., pp. 763-765.

[75] Wilson, "British Efforts," pp. 519-520. 米国部内でも，例えば，在Cuba領事（Blythe）からは，米国国旗を掲げる船舶の査察等を強化することによる濫用防止が提案され，それを察知した英国側からその実施が提案されたこともあった。Malmesbury to Dallas, June 24, 1858, BFSP, Vol. 49 (1858-1859), p. 1107; Dallas to Cass, June 26, 1858, Serial Set Vol. No. 1095, Session Vol. 4, 36th Congress, 2nd Session, H. Doc. 7, pp. 107-110.

[76] Soulsby, op. cit., pp. 128-129.

[77] Ibid., pp. 130-137.

〔森田章夫〕　　　　　　　　　　　　　　　Ⅲ　臨検権論争の展開と終焉

Harris）と Cass 国務長官の間で行われた両国間の交渉は，このような深刻な
対立の後，顕著な歩み寄りを見せることとなった。

　まず，Cass 国務長官は，米国政府従前の主張を繰り返し[78]，「臨検権（right
of visit)」と「捜索権（right of search)」の区別を否定して，いかなる国にも，
外国が「実力（force)」をもって，平時に，米国船舶に乗船する「権利」を有
しないという国際法原則を強調した[79]。しかし他方で，より一層重要であった
のは，Cass 国務長官が，非公式にではあるが，従来の議論にない以下のよう
な点を述べたことである。すなわち，虚偽の国旗掲揚によって（船舶は）保護
されるものではなく，船舶の identity 確認は，捜索を行う士官の「危険の下
(at the...hazard of)」でなされる。しかしその上で，乗船士官が，容疑について
正当な理由があり，自らの任務の遂行に際して適切に行動し，被害を与えず，
自らの過誤を確認した場合に平穏に退去するならば，いかなる政府も，そのよ
うな行為を深刻な「財産返還請求（reclamation)」の主題としないであろう[80]，
としたのである[81]。

　これに対して英国は，偽装国旗使用に相当の根拠が存在する場合，被疑船舶
の国籍を検査する限定的な権能が，実際に不可欠であることを強く主張した。
すなわち，国籍を確認し，よって，「海賊行為」に対して一般貿易を保護する
ため，両国が認めるものを正確に規定し，海軍士官指令に明確に具体化すべき
であるとして，合意を迫ったのである[82]。このような条件を背後で示しながら，

---

(78)　Cass は，上記 Webster 文書（Webster to Everett, March 28, 1843）に言及した。
　　　Cass to Dallas, February 23, 1859, Serial Set Vol. No. 1023, Session Vol. No. 1, 36th
　　　Congress, 1st Session, S. Doc. 2, pp. 65-73, esp. 66; BFSP, Vol. 49（1858-1859), p. 1120.

(79)　Cass to Napier, April 10, 1858, Serial Set Vol. No. 929, Session Vol. No. 12, 35th
　　　Congress, 1st Session, S. Doc. 49, pp. 42, 47-48; BFSP, Vol. 50（1859-1860), pp. 707 ff,
　　　esp. 713-714. ちなみに，臨検権を否定する当時の学説状況に関しては，Moore, op. cit.,
　　　p. 946. 薬師寺，前掲論文，226 頁以下も参照。

(80)　Cass は，1840 年代の議論と同様，違法性を「免責する（excuse)」ことと権利を厳然
　　　と区別する。Cass to Napier, April 10, 1858, Serial Set Vol. No. 929, Session Vol. No. 12,
　　　35th Congress, 1st Session, S. Doc. 49, p. 49; BFSP, Vol. 50（1859-1860), p. 716.

(81)　Cass to Napier, April 10, 1858, Serial Set Vol. No. 929, Session Vol. No. 12, 35th
　　　Congress, 1st Session, S. Doc. 49, p. 49; BFSP, Vol. 50（1859-1860), pp. 715-716. 同文書
　　　の該当部分を検討する英国側の状況として，Malmesbury to Napier, 11 June 1858, ibid.,
　　　p. 737, esp. 738-739.

(82)　Malmesbury to Napier, June 11, 1858, BFSP, Vol. 50（1859-1860), pp. 737, 738-740;

5 英米臨検権論争の国際法上の意義

米国が主張する上記の国際法原則が「有効な（sound）」もので，1842年条約がこの法を変更するものではないことを直截に認めたのである[83]。

このような応答を経て，米国側は，以下のように公式に対応した。まず，英国が，平時に，海上での米国商船を捜索又は臨検する（visit）という権利主張をやめ，いかなる国も，戦時を除いては，（公海上において）臨検（visitation）・捜索をなしえないという，Stowell卿が示した国際法上の原則（注：前記，Le Louis号事件判決）を認めたことにより，両国を悩ませてきた論争に終止符が打たれたとする[84]。原則として，「諸国民の法（the law of nations）」によって，

Serial Set Vol. No. 997, Session Vol. 2, 35th Congress, 2nd Session, H. Doc. 2, pp. 37-39. その数日前の，Malmesbury と Dallas との会談において既に同様の内容が示されている。Minute of Conversation between Mr. Dallas and the Earl of Malmesbury, June 8, 1858, BFSP, p. 736; Serial Set Vol. No. 997, Session Vol. 2, 35th Congress, 2nd Session, H. Doc. 2, pp. 35-36.

[83] Malmesbury to Napier, June 11, 1858, BFSP, Vol. 50（1859-1860），pp. 737, 738-739; Serial Set Vol. No. 997, Session Vol. 2, 35th Congress, 2nd Session, H. Doc. 2, p. 36, 37. その数日前に行われた，Malmesbury と Dallas との会談において既に同内容が示されているも上記と同様である。Minute of Conversation between Mr. Dallas and the Earl of Malmesbury, June 8, 1858, BFSP, Vol. 50（1859-1860），p. 736; Serial Set Vol. No. 997, Session Vol. 2, 35th Congress, 2nd Session, H. Doc. 2, pp. 35-36. 全体の経緯から見ると，米国側の譲歩に対して，この言明が発出されたと解するのが妥当であろう。Wilson, "British Efforts," p. 516; Allain, "Nineteenth Century," pp. 373-374.

　なお，従前の主張と変化があるかどうかについては，英国議会でも大きな議論となった。例えば，H. L. Deb., 26 July 1858, Hansard, 3d ser., Vol. 151, cc. 2078-90, esp. 2079（Lord Lyndhurst）。しかし，文言上も，議会答弁からも，少なくとも，"right of visit"に関する従前の「権利」性は放棄したものと見られよう。Ibid., cc. 2078-90, esp. 2084（The Earl of Malmesbury），2087（The Earl of Aberdeen）。前者では，law officers の意見に言及している点（e.g. c. 2084）が，従来注目されてきたが，以下を指すものと考えられる。F. O. 83/2358（1858-1859）: Law Officers' Reports: Slave Trade, Vol. 16, pp. 126-141（June 16th 1858），reprinted in Parry, C. ed., *Law Officer's Opinions to the Foreign Office 1793-1860*, Vol. 77（1970），pp. 100-129（16 June 1858. Sir J. Harding Q. A., Sir F. Kelly A. G., Sir H. Cairns S. G.: As to the extent of the right of visitation of flag）。特に，英国の主張が，その結果に依拠するもので，厳密な意味での権利ではなく，臨検側船舶の危険負担によるとされていること，Cass が示した，（賠償を要求されない）乗船可能な場合をどのように規定（define）するかについて，Instructions（特に1844年版）の重要性を強調していることが，極めて注目される。Ibid., pp. 112, 116 ff. 特に後者は，後述する，英国による Instructions の調整政策に強い影響を与えたものと考えられる。

[84] Cass to Dallas, June 30, 1858, Serial Set Vol. No. 997, Session Vol. 1, 35th Congress, 2nd Session, H. Doc. 2, pp. 39-41; BFSP, Vol. 50（1859-1860），pp. 747-749.

〔森田章夫〕　　　　　　　　　　　　　Ⅲ　臨検権論争の展開と終焉

海上での船舶に対する「実力による（forcible）」「臨検（visitation）」は禁止されており，外国管轄権からのこの免除は，いまや英国によっても，そして他のすべての商業大国によっても認められている。軍艦と異なる国に属する場合は，いかなる国の海軍によっても捕らえることのできる海賊行為を除き，いかなる業務に従事していたとしても，解放されなければならない。しかし，（米国旗が違法行為に濫用されているという非難は否定するが，）米国旗の下で航行しているが，極めて顕著に疑わしい状況があって，船舶を真摯に調査する中でミスが生じ，船舶が当該国旗掲揚資格を有することが判明したが，被害が生じず，かつ，乗船側の行為が非難し得ないものであれば，いかなる政府も，その性質上こうした例外的な事件を深刻な「財産返還請求（reclamation）」の主題としないであろう[85]。

　ここで最も重要な点は，英国が米国船舶に対して「臨検」を行ったとしても，違法性を「免責する（excuse）」するという形式で，従来の主張枠組を維持しながらも，賠償・補償が実際には生じない場合を例外的に特定し，認めたことである。このように，Cass が以前から示唆していた上述の妥協を公式のものとしたのである。

　さらに，もう一つの重要な問題点として，国旗掲揚要求とその強制方法に関する議論が生じたことが挙げられる。英国は，国旗濫用を防止するため，具体的な instructions について英仏間でまず調整し，その後，米国に提案し，了解を得て，三カ国で同内容の instructions（identical Code of instructions）を採択することを目指したのであった[86]。この英仏間での協議中，英国は，フランス

　　この点を従来強調し，臨検論争の終焉を語る文献も多い。この点は，米国側による対内的な宣伝で，今日でいうところの「2焦点アプローチ（bifocal approach）」の可能性もある。米国大統領の議会への説明も参照。Message from the President of the United States to the Two Houses of Congress at the Commencement of the Second Session of the Thirty-Fifth Congress, December. 6, 1858, Serial Set, No. 997, Session Vol. 2, 35th Congress, 2nd Session, H. Doc. 2, pp. 11-12. bifocal approach とは，南極領域主権をめぐる各国の立場の並存状況について語られた用語であるが，国際関係において，当事国の立場を害しない「暫定的」処理として頻出する現象である。いずれにせよ，本稿は特に，その後の経緯に着目する。

[85]　Cass to Dallas, February 23, 1859, Serial Set Vol. No. 1023, Session Vol. 1, 36th Congress, 1st Session, H. Doc. 2, p. 67; BFSP, Vol. 49 (1858-1859), p. 1121.
　　Lyons to Malmesbury, April 25, 1859 も同趣旨が含まれているようである。Soulsby, op. cit., p. 172.

5 英米臨検権論争の国際法上の意義

提案を検討する過程で，命中しないよう行った射撃後も船舶が国旗を掲揚しない場合や，掲揚された国旗が疑わしい場合に，軍艦はどうすべきかという点に沈黙しているという問題点を認識した[87]。「海軍司令長官職務執行委員（Lords Commissioners of the Admiralty）」が提起した本問題の詳細は，以下の通りである[88]。すなわち，(1)商船に国旗を掲揚させる権利を有する軍艦は，その権利を執行する権能（power）をどの程度まで有するか。英国は，これに対しては，軍艦による通常の警告手続（最初に軍艦側の国旗の掲揚と空包射撃，次に空中ないし船首方向への射撃）の後，まだ国旗の掲揚ないしは停船をしない場合には，極めて容疑が濃いため，あらゆる他の方法が尽きた後，最終手段として被追跡船舶に対して射撃するという，実力（force）の行使が正当化されると考える。(2)商船が国旗を掲揚したが，事実に合致するかが疑われる場合，軍艦は主張されている国籍をどのようにして検査すべきか。これについては，書類のみの提示ではいかなる場合も例外なく最終的とすべきではなく，例えば，某国国旗を掲揚しつつも別の国の（船舶）書類を有している場合には，「拿捕（detention）」が認められ，それ以外にも類似のケースがあると考える。

　この問題は，1859年に，英仏間で，双方のInstructionsを調整することによって，以下のように解決された[89]。すなわち，(1)国旗の掲揚拒否に対しては，

---

(86)　Malmesbury to Napier, January 14, 1859, BFSP, Vol. 50 (1859-1860), p. 750.

(87)　Malmesbury to Napier, January 14, 1859, ibid., p. 752.

(88)　Malmesbury to Cowley, October 23, 1858, ibid., p. 756.
　　これ以前の検討としては，(1)ボートが容疑船舶に派遣される際に無視ないしは認識されなかった場合，容疑船舶に対して2発の警告射撃を国旗を掲揚させるために使用し，それから，容疑船舶が停船しないかボートの併走を認めない場合には射撃ができるか，(2)船上においては，調査は書類（papers）の検査のみとなっているが，詳細な書類の検査と乗員（crew and passengers）の点検が必要である，とする。Malmesbury to Cowley, October 20, 1858, ibid., p. 754.

(89)　フランスについては，1845年英仏条約に付せられた指令の改正となる。英国側の提案として，Instructions proposed to be issued to the Commanders of French Ships of War (Inclosure 6.), Malmesbury to Napier, March 25, 1859, ibid., pp. 767 ff. 英国側の確定版として，ibid., pp. 783 ff., 上記の交渉との関係で重要な部分として，esp. paras. 4-6. フランス側の確定版として，ibid., pp. 779 ff. HCPPでは，1857-58 [2446], XXXIX. 365, op. cit., pp. 56 ff. これを引用しつつ，英，仏，(後述の米国の対応を含めたものと考えられるが，) 米間のInstructions合意に言及する比較的初期のものとして，*Halleck's International Law or Rules Regulating the Intercourse of States in Peace and War*, edited by Baker, S., Vol. 2, 2nd ed, (1878), pp. 278-279; 3rd ed, (1893), pp. 250-251; 4th

〔森田章夫〕　　　　　　　　　　　　　　　Ⅲ　臨検権論争の展開と終焉

最初に空包射撃，それでも効果がない場合には，次に船体に当たらない態様での射撃により，国旗の掲揚を要求できる。(2)旗が示す国籍に深刻な疑問が残った場合等，ボート派遣による「検査（verification）」は，信号の発出後，船籍を示す書類の検査により行われ，それ以上は要求されないとする。

　このように英仏間の調整がついた後，共通の手続方式を目指して，米国についても同一内容の instruction の作成が求められた[90]。このうち，まず，国旗掲揚問題について，Cass は以下のように妥協した。すなわち，国旗掲揚を強制する権利は認められないものの[91]，国旗を掲揚しない場合は容疑が強く根拠づけられ，乗船とその後の調査が認められるとも考えられ，調査が結果として裏付けられない場合にも，米国はそのような状況下で行われた臨検行為に対しては「救済（redress）」を要求しないであろうとした[92]。合わせて，非公式ながらも，国旗を掲揚することを頑強に拒否する船舶は，米国の保護を受けないとまで述べたが[93]，これについては後に，国旗掲揚を義務づける権限が米国大統領にないため，適当な手段で促すと正式に伝えられたのであった（実際に，「回状（Circular）」で処理)[94]。すなわち，国旗掲揚を義務づけるこ

---

ed. (1908), pp. 279-281. なお，この記述は，Halleck 自身の 1861 年版には存在せず，Baker の補訂と考えられる。他には，これを引用する，Travers, M., *Le droit pénal international et sa mise en œuvre en temps de paix et en temps de guerre*, t. 4 (1921), pp. 74-76. そこでは，"l'expression du droit commun" とされる。

[90]　Napier to Cass, March 12, 1859, BFSP, Vol. 50 (1859-1860), p. 782; Serial Set Vol. No. 1023, Session Vol. 1, 36th Congress, 1st Session, H. Doc. 2, p. 74.

[91]　Napier to Malmesbury, March 2, 1859, ibid., p. 774.
　　その後も，Napier は，軍艦が商船に国旗を掲揚させるため，必要であれば実力をもってしても強制する権利を有するという原則を認めるべきだと，迫ったのであった。Napier to Cass, March 12, 1859, BFSP, Vol. 50 (1859-1860), p. 782; Serial Set Vol. No. 1023, Session Vol. 1, 36th Congress, 1st Session, H. Doc. 2, p. 74.

[92]　Lyons to Malmesbury, April 25, 1859, ibid., p. 787.
　　なお，既にこのような妥協は，前年にも非公式には伝えられていた。Napier to Malmesbury, June 13, 1858, ibid., p. 743.
　　ちなみに，駐英米国大使は，個人的にはこのような妥協に反対だったようである。Dallas to Cass, October 27, 1858, reprinted in Soulsby, op. cit., p. 171.

[93]　Napier to Malmesbury, March 6, 1859, BFSP, Vol. 49 (1858-1859), p. 1129; Vol. 50 (1859-1860), p. 775.

[94]　Cass to Lyons, May 12, 1859, Serial Set Vol. No. 1023, Session Vol. 1, 36th Congress, 1st Session, H. Doc. 2, p. 84; BFSP, Vol. 50 (1859-1860), p. 791. 本文書に的確に着目するわずかな海洋法体系書として，Higgins, A. P. and Colombos, C. J., *The International*

5 英米臨検権論争の国際法上の意義

とはできなかったものの，国旗掲揚の要求には，協力する（受忍する）ことが示され，これによって，米国の従来の認識枠組を前提としても，国旗掲揚要求の「権利」が確立したことが注目されるのである。同時に，近接権についても，Marianna Flora 判決を援用しつつ，その範囲で公式に確認したのである[95]。さらに合わせて注目される点として，外国国旗掲揚船舶に対して軍艦の干渉行為が許される，海賊行為を除く唯一の例外として，臨検側船舶国に実際に所属するとの十分な理由が存在することが挙げられたことである[96]。

これらの懸案事項は Instruction に実際に反映され，近接権，国旗掲揚要求と共に，(i)国旗掲揚要求に従わなかった場合の軍艦による強制方法（実力の行使）が規定され，(ii)検査（verification）の程度と方法両者共，行動（course）が合理的（reasonable）なものであれば，船舶の停止・航行の阻害について，問題が当該船舶にある場合には特に，補償請求は名目的ないしはほぼ皆無となることも規定された[97]。このように，英仏と同様の形式をとることは拒否したが[98]，米国もほぼ同一の内容を Instruction で採用することにより[99]，英国の主張をほぼそのまま認めたのであった。

Law of the Sea, 1943, §273（そこでは，Snow, F., *International Law*, 2nd ed. (1898), p. 165 が引用されている。ちなみに，本記述は，Colombos, C. J., *The International Law of the Sea*, 6th rev. ed. (1967), §336 まで継承された）。実際の「回状（Circular）」は，Circular directing United States' Merchant Vessels to show their Colours, May 26, 1859, BFSP, Vol. 50 (1859-1860), p. 971.

[95] Cass to Lyons, May 12, 1859, Serial Set Vol. No. 1023, Session Vol. 1, 36th Congress, 1st Session, H. Doc. 2, pp. 84-85; BFSP, Vol. 50 (1859-1860), pp. 791-792.

[96] Cass to Lyons, May 12, 1859, Serial Set Vol. No. 1023, Session Vol. 1, 36th Congress, 1st Session, H. Doc. 2, p. 83; BFSP, Vol. 50 (1859-1860), p. 790.

[97] Toucey to Inman, July 6, 1859, Serial Set Vol. No. 1023, Session Vol. 1, 36th Congress, 1st Session, H. Doc. 2, pp. 87-89; BFSP, Vol. 50 (1859-1860), pp. 973-976.
indemnity に関するこの言明についての類似の先例を探すとすれば，上記 Sir W. Scott による The Acteon 事件判旨と，それを引用した Marianna Flora 事件における弁論部分と考えられる。

[98] Cass to Lyon, May 12, 1859, Serial Set Vol. No. 1023, Session Vol. 1, 36th Congress, 1st Session, H. Doc. 2, p. 85; BFSP, Vol. 50 (1859-1860), p. 792; Cass to de Sartiges, January 25, 1859, Serial Set Vol. No. 1023, Session Vol. 1, 36th Congress, 1st Session, H. Doc. 2, p. 62; BFSP, Vol. 50 (1859-1860), p. 795.

[99] ほぼ同一内容であるとの英国側の評価は，Lyons to J. Russell, July 11, 1859, ibid., p. 976.

〔森田章夫〕　　　　　　　　　　　　　　　Ⅲ　臨検権論争の展開と終焉

　その後間もなく，南北戦争に伴う米国国内政策の変化により，英国は，その悲願とも言える，臨検・拿捕を正面から認めた二国間条約の締結に成功した（1862 年英米条約[100]）。そこでは，地理的限定（第 1 条 4 項），装備条項（第 6 条），賠償（第 3 条），混合裁判所（第 4 条），属人主義に基づく処罰（第 9 条），濫用への対処（第 5 条）が規定された。本条約締結後，奴隷取引取締分野における英米関係は円滑に進み，1870 年に締結された追加協定では[101]，実績の無かった[102]混合裁判所を廃止し，規定された裁判所又は旗国艦船に引き渡されることとなった（第 1 - 3 条）。

　この間，大西洋奴隷取引も終焉を迎えることとなり[103]，英米臨検権論争における今日知られざる核心部分は，本条約の締結の陰に隠れ，国際法史上，注目を集めることなく埋没することとなった[104]。

---

(100)　Treaty for the Suppression of the African Slave Trade between Great Britain and the United States, April 7, 1862. 本条約起草経緯については，Taylor Milne, A., "The Lyons-Seward Treaty of 1862," *American Historical Review*, Vol. 38 (1933), pp. 511-525. 解説として，Miller, H. ed., *Treaties and Other International Acts of the United States of America*, Vol. 8 (1948), pp. 770 ff.

(101)　1870 年 6 月 3 日締結，8 月 10 日発効。

(102)　Moore, op. cit., pp. 467, 947. その原因として，奴隷取引船舶が，爾後，米国旗の使用を避けたことが大きな原因と解するものとして，Martinez, *The Slave Trade*, p. 147.

(103)　大西洋奴隷取引船舶が米州に最後に到着したのは，1866 年と言われる。Trans-Atlantic Slave Trade Database, available at http://www.slavevoyages.org/assessment /estimates (last visited on 19 Sep. 2017).

(104)　このように極めて重要な影響を残したと考えられるにもかかわらず，外交史上の文献と異なり，管見の限りでの国際法文献では，特に 1850 年代に関して，Cass の 1858 年 4 月 10 日書簡とこれに対する英国の返信以外の分析が十分になされているとは言い難い。いくつかの原因が考えられるが，一つには，本文で述べた 1862 年条約の締結が劇的であったことであろう。他方では，多くの文献が依拠する Moore の著作に関連の叙述が存在しないためと考えられるが，米国の外交的敗北の隠蔽や公海自由の保護の見地といった，意図的なものであったかどうかは不明である。わずかに，この時期の文書を正確に再現したものとして以下のものがあるが，ドイツにおける限定的な出版であったことと，資料のみで解説がないことにより，十分な影響力を持ちえなかったものと考えられる。Makarov, A. N. und Schmitz, E. (Hg.), *Fontes Juris Gentium*, Series B, Sectio 1 (*Handbuch der diplomatischen Korrespondenz der europäischen Staaten*), Tomus 1 (1856-1871), Pars 1, 1932, pp. 477-488.

IV 結　び

　上述の通り，英米臨検権論争は，今日の国際法にとって，様々な点で極めて重要な法的先例を提供することとなった。

　第一に，公海条約における，上記の一般的臨検条項結実に寄与したことである。具体的には以下の点が注目される。まず，第22条1項は，外国船舶への干渉行為の原則的禁止を定めている。まさにこの点が両国間での交渉の焦点の1つで，奴隷取引船舶に対する臨検・拿捕に対する強硬な抵抗の結果，公海上での旗国管轄権の排他性原則を強く確認することとなった。また，例外事由として，海賊行為，奴隷取引船舶以外に，自国籍船舶と疑われる場合についても，米国が認めていたことが極めて注目される。

　次に，2項は，「当該船舶がその旗を掲げる権利を確認することができる。」とし，容疑が存在する場合，それら容疑の確認ではなく，「旗を掲げる権利」の確認に限定した規定となった。「旗を掲げる権利の確認」は，本稿で見たように，英米間の臨検権論争で，権利であるか立法論ないし「主張（pretension）」であるか等が激しく争われたが，英国が生み出し，継続して強く主張してきたところであった[105]。

　さらに3項は，「疑いに根拠がないことが証明され，かつ，臨検を受けた外国船舶が疑いを正当とするいかなる行為も行っていなかった場合には，当該外国船舶は，被った損失又は損害に対する補償を受ける。」と定める。英米間での合意は，臨検を受けた外国船舶が疑いを正当とする状況下にあった場合には，

---

[105] 公海条約の上記条文草案につき，国際法委員会で合意された条文を基にした表題に関する議論は，以下の通りである。まず，委員会事務局 Secretary の Liang が，表題の「停止権（"Right of stoppage"）」は不適当で，言及されているのは，「国旗の検証権（right of verification of flag）」であろうと発言した。表題に関しては，Fitzmaurice がさらに，「臨検の権利（"Right of visit"）」がより適切であろうと発言した。YILC, 1955, Vol. I, p. 229, paras. 11, 13. これが起草（委員会）に委ねられた。Ibid., p. 229, para. 15. その後，「査察権（*Right of inspection* (italics original)）」が提示されたが，特別報告者がこの語を「臨検の権利（"Right of visit"）」に変更するよう提案した。Ibid., p. 267, para. 98. 以後の議論は議事録には見当たらないが，委員会としての最終条文案は，"Right of visit" となっている。*YILC*, 1955, Vol. II, p. 26. なお，この表題の付記は，公海条約では削除されたが，国連海洋法条約において，「復活」した。本稿で検討した歴史的経緯を見たとき，Fitzmaurice が敬愛したであろう英国外交へのオマージュとして，ふさわしいものと言えるかもしれない。

被った損失又は損害に対する賠償・補償を受けないというものであった。この点，公海条約は，臨検を受けた外国船舶の行為の不存在を加えてさらに特定した上，補償支払いの相手方を，19世紀の一般的慣行であった，当該船舶と特定する形で，法典化したものと解されるが[106]，英米臨検権論争の貢献は容易に理解できるであろう。

第二に，本臨検権論争は，今日の国際法形成に貢献し，様々な法的先例となったものと考えられる。

まず，上記の通り，公海上での旗国主義の原則が強く確認される結果となったが，奴隷取引船舶に対する臨検・拿捕への抵抗に加えて，この排他性の唯一の例外は（国際法上の）海賊行為であると，繰り返し同時に確認されたのである。海賊行為と奴隷取引行為のこのような比較から，海賊行為の法的性質に関する学説上の明確化に貢献したと言えよう。すなわち，米国が，フランスと共に[107]，むしろ奴隷取引取締こそが公海上の航行（commerce）を害するとして強く争ったことにより，奴隷取引は，海賊行為とは異なって，公海上の航行の安全を害しないという理解に繋がったのである[108]。

次に，一般国際法上認められる「近接権（right of approach）」[109]と，それを

---

(106) なお，国際法委員会での議論の整理は，薬師寺，前掲論文，238-239頁，同「国連海洋法条約における損害賠償責任条項の起草過程——国家の権限行使により外国船舶等に生じた損害の賠償責任——」『立命館法学』第215号（1991年）84-86頁。近時の研究としては，Wendel, P., *State Responsibility for Interferences with the Freedom of Navigation in Public International Law*, 2007, esp. pp. 94-97, 112-114.

(107) フランスについては，拙稿「奴隷取引船舶への干渉行為」，前掲，参照。

(108) Gidel は，その性質上，奴隷取引は海賊行為とはみなされず，それは「公海上の航行の安全（la sécurité de la navigation en haute mer）」を害しないからであると表現したのであった。Gidel, op. cit., pp. 391-410, esp. 392. De Pauw, F., "L'Exercice de mesures de police en haute mer en vertu des traités ratifiés par la Belgique," *La Belgique et le droit de la mer* (1969), pp. 125-129, esp. 125; Wilson, "British Efforts," p. 524 も参照。このような学説上の理解は，管見の限りでは，Bluntschli に遡る。Bluntschli, J. C., *Das moderne Völkerrecht der civilisirten Staten als Rechtsbuch dargestellt*, 1868, §351, S. 202. 本書は，*Le droit international codifié* としてフランス語にも訳され，強い影響力を有したと考えられる。その解説において，"La piraterie menace le commerce maritime tout entier; la traite des nègres n'entrave pas le commerce des mers." として，極めて的確な理論的整理が図られている。

(109) 近接権に関しては様々な議論が行われ，特に Scelle は繰り返し別条文の必要性を強調したが（*YILC*, 1955, Vol. I, p. 20, para. 12; p. 28, para. 36），結果として条文化され

5 英米臨検権論争の国際法上の意義

超える行為との機能分化をもたらした。すなわち，任意の国旗（国籍）確認行為と，それ以降の手続が，明確に区別されたのである。しかし，それに劣らず重要な点として，後者も，英仏米が合意した，一定の「実力（force）」をもって強制される国旗掲揚要請権[110]と，それ以上の書類検査，捜索その他の行為に，さらに機能分化していることが看取された。公海条約では，これらの点に関しては不明確なまま残されていたが，これに重要な視角を提供するものとなっている。

また，国際法の基本的な手法や構造にも重要な影響を与えたことを，付言できよう。まず，英仏米で，正式の条約を締結せず，同様のinstructionsを設定するという手法は，今日の「ソフト・ロー」と同一の機能を有するものとして，注目される。最後に，最も注目されるのが，国際法の権利義務構造への影響である。今日では，国際法の権利義務構造は，権利・義務といずれにも属しない「自由」の領域により構成されると理解されているが[111]，これと異なるよ

なかった。Ibid., p. 33, para. 25. そのため，臨検以前の，一般慣習国際法上認められる「近接権（right of approach）」の要件は不明確なままであった。ただし，特別報告者Françoisは，海上での具体的手続について，一般的に認められているものとして，軍艦が海上での商船に対して要請に応じて（所属）旗を示すことを要求する権利があること，当該商船が旗を示すことを拒否したり，曖昧な回答を行えば，軍艦が「身元（identity）」を調査する権利があることや，一般法上認められた唯一の警察措置は，船舶の身元と国籍を確認する権利である「近接権（right of approach）」であると繰り返し説明していた点が極めて興味深い。Ibid., p. 26, para. 12; p. 28, para. 32.

(110) 臨検権論争を明らかに意識した記述として，Higgins and Colombos, op. cit., 1943, §273（Colombos, op. cit. 6th rev. ed. (1967), §336まで継承）。空包射撃と艦体を狙わない第二射撃という，その後の米国による類似の国家実行については，Moore, op. cit., p. 914. なお，戦時捕獲における同様の手続については，以下のARTICLE 53(1)とその解説参照。"Draft Convention on Rights and Duties of Neutral States in Naval and Aerial War, with Comment," *AJIL*, Vol. 33, Supplement (1939), pp. 535-547. ただし，戦時の場合は，船舶に停船義務が生じ，停船しない場合は，「実力による（by force）」停船が認められるとされる。Ibid. ちなみに，平時にも準用された，戦前日本における臨検過程の停船命令手続は，海戦法規第141条に規定されている。解説として，海軍大臣官房『戦時国際法規綱要』（1937年）192頁以下，397頁以下参照。

(111) 国際法における「権利」，「義務」，「自由（事実）」に関しては，拙稿「国家管轄権と国際紛争解決——紛争要因と対応方法の分類に基づく解決方式の機能分化——」『山本草二先生古稀記念 国家管轄権——国際法と国内法——』（勁草書房，1998年）516-517頁，簡略には，中谷和弘・植木俊哉・河野真理子・森田章夫・山本良『国際法【第3版】』（有斐閣，2016年）80-82頁。特に，国連海洋法条約におけるこのような権利義務の分配に関しては，拙稿「領域主権の法的地位——国連海洋法条約からの実証」『書斎の窓』

うにも見える常設国際司法裁判所 1927 年 Lotus 号事件判決判旨以前の歴史的
経緯は，これまであまり明かではなかった[112]。この点を明確に示し，端緒と
なったのが，この臨検権論争であったということができよう。すなわち，厳密
な意味での権利は受忍を義務付けるものであると理解することにより，違法性
阻却と権利は異なることが明らかにされたのである。

2011 年 9 月号（No. 607）46-51 頁。国際法の欠缺問題に関しては，小寺彰『パラダイ
ム国際法』（有斐閣，2004 年）第 2 章，特に 13-19 頁，『国際法キーワード【第 2 版】』
（有斐閣，2007 年）54-57 頁（小寺彰）も参照。

[112] 学説としては，管見の限りでは，Oppenheim 初版に体系化の萌芽を見いだすこと
ができる。そこでは，「（受忍）義務（duty to admit, suffer, and endure...）」が存在す
る「権利（*right*: italics as original）」と「免責事由（an excuse）」が明確に区別されて
いる。後者の該当例とされる「自己保存（self-preservation）」による侵害は，例外的な
場合には，禁止されていないものの（not prohibited），被害を被る国は受忍する必要は
なく，「反撃しうる（can repulse; can...be repulsed）」とするのである。Oppenheim, L.,
International Law: A Treatise, Vol. I (1905), pp. 177-178. 本稿では，それ以前の 19 世
紀国家実行と学説の分析の一端を示すことができたが，より一層の研究が今後の課題
である。なお，本稿で紹介した米国大統領教書に影響を受けた，フランスの議会答弁や
Ortolan の記述については，拙稿「奴隷取引船舶への干渉行為」，前掲，参照。

6 人権条約機関の活動における
国内人権機関の役割

山崎 公士

I　はじめに
II　人権条約機関の改革論議
III　国際的人権保障における国内
　人権機関の役割
IV　条約機関と国内人権機関の関

係に関する検討状況
V　条約機関の活動における国内
　人権機関の関与
VI　結びにかえて

I　はじめに

　国連人権条約機関（以下，「条約機関」）と国内人権機関[1]の連携が近年深まっている。国内人権機関は主権国家内での国際人権基準の実施を監視する役割も果たすので，両機関の連携は国際的および国内的人権保障の進展という観点から望ましい傾向である。

　国際的な人権保障の枠組み，特に国連人権システムの中で，パリ原則[2]に準拠する国内人権機関の位置づけと役割は重視されつつある。国内人権機関は自国政府に人権条約の締結を促し，締結した条約の国内実施状況を監視し，その一環として条約の国内法化につき政府に助言するなど，国際的人権保障と国内での人権保障制度を架橋する重要な役割を持つ。

　これまで条約機関は，個別に，または条約機関議長年次会合[3]を通じて，条

---

(1)　国内人権機関については，III章1を見よ。
(2)　パリ原則については，III章1を見よ。
(3)　自由権規約委員会（CCPR），社会権規約委員会（CESCR），人種差別撤廃委員会（CERD），女性差別撤廃委員会（CEDAW），拷問禁止委員会（CAT），子どもの権利委員会（CRC），移住労働者委員会（CMW），障害者権利委員会（CRPD）および強制失踪委員会（CED）の9条約機関ならびに拷問禁止小委員会（SPT）の議長が毎年集まり，それぞれの活動について議論し，条約機関制度全体の実効性を向上させる方策を検討す

『変転する国際社会と国際法の機能』内田久司先生追悼論文集〔信山社，2018年3月〕　*131*

6 人権条約機関の活動における国内人権機関の役割

約機関の活動への国内人権機関の参加・貢献を歓迎し，奨励してきた。また条約機関は，条約の締約国に一般的意見・勧告等を通じて，国内人権機関の設置や強化を勧告してきた。これをうけて世界各地域の国内人権機関は条約機関の活動への関与度を高めつつあり，条約機関制度への国内人権機関の実効的参加や貢献体制を少しづつ整えてきた。条約機関はこれに呼応して，条約機関への国内人権機関の関与に関する規則，活動様式，慣行を発展させつつある。

本稿では，両機関の実質的連携強化の過程と現状を確認し，その連携強化の意義を国際組織法と国際人権法の観点から考察する。

II 人権条約機関の改革論議

人権条約の増加に伴い，それぞれの締約国数が増えた結果，条約機関での国家報告審査が滞り，また国家報告書を期日通りに提出せず，あるいはまったく提出しない締約国が目立つようになった。そこで1990年代から条約機関の強化や改革の議論[4]が始まり，1997年に国連事務総長が任命した独立専門家・オルストンによる報告書[5]が人権委員会（当時）に提出された。この報告書では，①各条約機関に提出する国家報告の一本化，②条約機関自体の一本化等の検討のほか，③電子データベースの活用，④国家報告作成にかかる締約国への技術協力等が提言された。

2006年には，アルブール人権高等弁務官（当時）が，条約機関の一本化に関

る会議体。国家報告手続の全般的改善と効率化，条約機関の活動手法の調整等が検討される（UNHCHR, Annual Meeting of Chairpersons of Human Rights Treaty Bodies, available at <http://www.ohchr.org/EN/HRBodies/AnnualMeeting/Pages/Meeting Chairpersons.aspx>（last visited Oct. 31, 2017〔以下，同日〕）。

(4) 条約機関の改革論議については，金澤康平「国連人権条約機関制度の改革について ──国家報告制度を中心に──」『慶応義塾大学大学院法学研究科論文集』55号（2015年）および Office of the High Commisioner for Human Rights, Strengthening the United Nations human rights treaty body system, A report by the United Nations High Commissioner for Human Rights (Navanethem Pillay；'Pillay Report'), 2012, available at <http://www2.ohchr.org/english/bodies/HRTD/docs/HCReportTBStrengthening. pdf> 参照。

(5) Effective Functioning of Bodies Established Pursuant to United Nations Human Rights Instruments, U. N. Doc. E/CN. 4/1997/74 (1997), available at <https:// documents-dds-ny.un.org/doc/UNDOC/GEN/G97/114/45/PDF/G9711445.pdf?Open Element>.

〔山崎公士〕　　　　　　　　　　　　　　　　Ⅱ　人権条約機関の改革論議

するコンセプト・ペーパー[6]を公表した。この文書では，報告書の提出や審査の遅延を解消し，人権条約制度を可視化する目的で，統合された常設の条約機関（a unified standing treaty body）を設置（条約機関を一本化）する構想が示された。

　2009年以降，条約機関制度の強化のための検討プロセスが始まった。このプロセスは，当時のピレイ国連人権高等弁務官の主導による国内人権機関を含む多様なステークホルダーとの一連の協議（いわゆるダブリン・プロセス）とこれを引き継いだ政府間交渉（政府間プロセス）の二本立てであった[7]。2012年6月，ピレイはダブリン・プロセスの成果として，「国連人権条約機関制度の強化」という報告書[8]を公表した。この報告書は2009年から2012年の間に行われた約20の協議会における国内人権機関を含む多様なステークホルダーによる提言を踏まえ，①人権条約機関制度の将来ビジョン，②問題の背景および事実，③それまでの到達点，④人権高等弁務官の提案・勧告に関する約100頁に及ぶ詳細なものであった。

　上記の両プロセスは，2014年4月の国連総会決議68/268「人権条約機関制度の効果的な機能の強化および向上」[9]によって完結した。この決議は41項目からなるが，特に重要な内容は次の通りである。まず条約機関の活動に関し，①簡易報告手続の採用と質問事項の制限，および②簡素な最終所見の採択を奨励し，③条約機関の活動に貢献する個人・集団への脅迫・報復を強く非難した。締約国に対しては，条約機関の専門家の選挙において，偏りのないジェンダーの代表性および障害を持った専門家の参加に然るべき考慮を払うことを奨励した。また事務総長や人権高等弁務官事務所に対し，①各条約機関に提出された国家報告の数に応じた会期の会合時間と2週間の追加会期を認め，それに対応する財源と人的資源を提供すること，②条約機関の公開の会議をウェブ上で

---

(6)　Concept Paper on the High Commissioner's Proposal for a Unitfied Standing Treaty Body, Report by the Secretariat, U. N. Doc. HRI/MC/2006/2（2006）, available at <http://tbinternet.ohchr.org/_layouts/treatybodyexternal/Download.aspx?symbolno=HRI/MC/2006/2&Lang=en>.

(7)　金澤・前掲注(4), 68-81頁。

(8)　Pillay Report, *supra* note 4.

(9)　General Assembly Resolution 68/268, Strengthening and enhancing the effective functioning of the human rights treaty body system, U. N. Doc. A/RES/68/268（2014）.

6 人権条約機関の活動における国内人権機関の役割

公開すること，③ジュネーヴ等での審査に参加しにくい締約国の求めに応じて，ビデオ会議参加の機会を提供することを要請した。この決議によって，条約機関の構造的な改革を議論する段階が終わり，既存の制度上の具体的な機能を強化していくことが中心的な課題となった，と評されている[10]。

Ⅲ 国際的人権保障における国内人権機関の役割

1 国内人権機関の意義とパリ原則

国内人権機関（National Human Rights Institutions, NHRIs）[11]とは，①人権保障のため機能する既存の国家機関とは別個の公的機関で，②憲法または法律を設置根拠とし，③人権保障に関する法定された独自の権限をもち，④いかなる外部勢力からも干渉されない独立性をもつ機関をいう。国内人権機関は，立法・行政・司法機関と並ぶ，しかもこれら三権から独立した国内人権システムの実施主体である[12][13]。人権委員会のように複数の個人で構成される型（委員会型）やオンブズパーソンのように単独の個人で活動する型（オンブズパーソン型）等がある[14]。オーストラリア人権委員会やスウェーデンの平等権オンブズマンなど，今日では世界の 100 か国以上で設置されている（2017 年 10 月末時点）[15]。

国内人権機関の役割と機能については，1992 年に旧国連人権委員会が採択[16]し，1993 年に国連総会決議としても採択[17]された「国家機関（国内人権機関）

---

[10] 金澤・前掲注(4)，80 頁。

[11] 障害者権利条約第 33 条 2 項の日本語正文では，「人権の保護及び促進のための国内機構」（国内人権機構）と称されるが，一般には「国内人権機関」と呼ばれる。

[12] 山崎公士『国内人権機関の意義と役割──人権をまもるシステム構築に向けて』（三省堂，2012 年）3 頁。

[13] 「国内人権機関」の定義は国連でも確立していない。本稿では，パリ原則に準拠し，原則としてこの四要素を備えた機関を「国内人権機関」ということにする。ただし，手引き書，後掲注(19)では，②と③の要素をもつ機関を「国内人権機関」と呼んでいる（第39 項）。

[14] 山崎・前掲注(12)，18-23 頁を見よ。

[15] GANHRI, A brief history of the GANHRI, available at <https://nhri.ohchr.org/EN/AboutUs/Pages/History.aspx>. GANHRI については，本文Ⅲ 2 を見よ。

[16] Commission on Human Rights resolution 1992/54 of 3 March 1992, annex (Official Records of the Economic and Social Council, 1992, Supplement No. 2 (U. N. Doc. E/1992/22), chap. II, sect. A).

〔山崎 公士〕　　　　　　　　Ⅲ　国際的人権保障における国内人権機関の役割

の地位に関する原則」（パリ原則）が基準を示している。パリ原則は，①国内人権機関の機能と責任，②構成と独立性・多元性の保障，③活動方法，④準司法的権限，の４項目について国内人権機関のあるべき姿を示している[18]。

　なお，1995年に当時の国連人権センター（現国連人権高等弁務官事務所）が刊行した『国内人権機関─国内人権機関の設置と強化に関する手引き書』[19]によれば，国内人権機関には，①人権教育，②政府に対する助言と政府の支援，および③人権侵害の申立ての調査の三つの主要な任務がある。また，これらの任務を実効的に遂行するため，国内人権機関には，①独立性，②明確な管轄権と適切な権能，③アクセスの容易さ，④NGO，国内諸機関，政府間組織との協力，⑤活動上の効率，ならびに⑥説明責任（アカウンタビリティ）が必要とされる。これらの要件は，いずれもパリ原則を踏まえたものである。

2　国内人権機関世界連合（GANHRI）と国内人権機関の認証制度

　各国の国内人権機関は，国内人権機関世界連合（Global Alliance of National Human Rights Institutions, 以下，「GANHRI」）を組織し，独自のGANHRI規程[20]を定め，①国内人権機関の役割を世界的に広報し，②国内人権機関間の交流と意見交換の場を提供し，③国内人権機関の国際組織との関わりを手助けする活動を展開している[21]。GANHRIの前身は1993年に活動を始めた人権の促進および保護のための国内人権機関国際調整委員会（International Coordinating Committee of national institutions for the promotion and protection of human rights, ICC）で2016年3月，GANHRIに名称変更した。

---

(17)　General Assembly Resolution 48/134 of 20 December 1993, annex. 翻訳は，山崎公士訳「国家機関（国内人権機関）の地位に関する原則（パリ原則）」山崎・前掲注(12), 183-184頁。

(18)　国内人権機関の機能については，山崎・前掲注(12), 51-64頁を見よ。

(19)　Centre for Human Rights, National Human Rights Institutions, A Handbook on the Establishment and Strengthning of National Human Rights Institutions for the Promotion and Protection of Human Rights, U. N. Doc. HR/P/PT/4 (1995). 翻訳は，マイノリティー研究会訳（山崎公士監修）『国内人権機関 ──人権の伸長と保護のための国内機関づくりの手引き書』（『手引き書』，解放出版社，1997年）。

(20)　Statute of the GANHRI, Preamble, available at <https://nhri.ohchr.org/EN/About Us/Governance/Statute/GANHRI_Statute_07.03.2017_EN.pdf>.

(21)　*Id.*

6 人権条約機関の活動における国内人権機関の役割

　GANHRI の組織構成と活動内容は GANHRI 規程で定められている。
GANHRI の組織は総会（General Meeting）[22]，GANHRI 事務局，地域調整委員
会[23]，議長[24]および GANHRI ジュネーヴ代表[25]からなる。GANHRI はスイス
法に基づく非営利法人（NPO）である[26]。組織形態は国内法上の一民間団体に
すぎないが，GANHRI は本稿で取り上げる条約機関や人権理事会との連携の
他，主要な人権課題[27]への取り組みも試みている。さらに，GANHRI は国内
人権機関の認証制度を運用し（後述），国内人権機関の質確保に貢献している。
　国家機関の国際的な連合体という点で，GANHRI は列国議会同盟（Inter-
Parliamentary Union, IPU）に位置づけと機能が類似している。IPU は主権国
家の議会議員の交流組織として 1889 年に創設された。2017 年 10 月末時点で，
各国の 178 議会が正会員として加盟[28]しており，民主主義，平等，人権，発展
および平和の促進等を活動目標としている[29]。IPU は活動目標を共有する国際
連合や FAO，ILO，UNHCR 等の専門機関や国連機関，OAS や AU 等の地域
的国際組織にオブザーバー資格を与え，連携している。ちなみに，国連総会は
2002 年から IPU にオブザーバー資格を付与している[30]。
　IPU の活動は国際性を帯び，国連等の政府間国際組織とも提携関係にある

---

[22]　GANHRI の最上級の審議機関で組織活動全般を管理する。総会や認証小委員会（SCA）
　等は国連人権高等弁務官事務所の支援と協力の下に開催される。

[23]　国際地域で国内人権機関を代表し，またこれを支援する。

[24]　GANHRI の日常的活動に責任を負う。

[25]　国連の人権活動（条約外メカニズム）や条約メカニズムへの実効的な関与方法に関し
　諸国の国内人権機関を支援し，専門的助言を行う。

[26]　Statute of the GANHRI, *supra* note 20, Preamble.

[27]　ビジネスと人権，先住民族，障害者，拷問禁止，子どもの権利，女性の権利，強制失
　踪，人種差別，ポルトガル語諸国，高齢者，LGBT，紛争・紛争後およびウィーン +20
　会議の計 13 課題。

[28]　アラブ議会，ヨーロッパ議会等 12 の国際地域連合体が準会員として参加している
　（Homepage of the IPU, available at <https://www.ipu.org/>）。

[29]　IPU の 2017-2021 戦略によれば，①強力で民主的な議会づくり，②ジェンダー平等
　と女性の権利尊重，③人権の保護・促進，④平和構築，紛争予防と安全への貢献，⑤議
　会間の対話・協力の促進等 8 項目が戦略目標とされている（IPU, Strategy 2017-2021,
　available at <http://archive.ipu.org/pdf/publications/strategy1721-e.pdf>）。

[30]　General Assembly Resolution 57/32, U. N. Doc. A/57/574 (2003). このオブザーバー
　資格には，総会で IPU の公式文書を配布する権利が含まれる（Claudia Kissling, The
　Legal and Political Status of International Parliamentary Institutions (Committee for a
　Democratic U. N., 2011), at 24.）。

136

〔山崎公士〕　　　　　　　　Ⅲ　国際的人権保障における国内人権機関の役割

が，主権国家の立法府の連合体であり，政府間国際組織とはいえない[31]。もっとも，かつては議会議員団の連合体であったIPUは，2001年に議会自体の連合体となり，諸国から独自の国際人格として承認される一つの手がかりとされた[32]。IPUはスイスと本部協定を結び，ニューヨークに外交代表団を設置する権利を持つ[33]。なお，ILO行政裁判所でIPUとIPU職員が争った事案につきブラウンリー等が提出した意見書において，IPUは「国際的法人格を有する独自の（*sui generis*）議会的，政治的および代議的な国際組織」であるとの見解が示されている[34]。

　ところで，国際組織が果たす機能として，次の六種が指摘されている[35]。①フォーラムとしての機能（各国の代表が共通の関心事項を討議する場の提供），②情報機能（加盟国の共通関心事項に関わる情報の収集，分析，交換，頒布），③規範的機能（法的拘束力のない勧告や宣言などによって国家の行為規範の形成をめざす），④規範創設機能（法的拘束力ある条約の起草・採択などをめざす），⑤規範監視機能（規範の遵守確保をめざす），⑥オペレーショナル機能（国際組織による自ら有する資金的・技術的・人的な資源の使用）である。GANHRIはこのうち④以外の機能を果たしており，活動領域，活動方法や機能の面で，政府間国際組織に匹敵する国際的活動を展開しているといえよう。

　次に，GANHRIは各国の国内人権機関がパリ原則に準拠しているかを認証する制度を運用している。認証作業はGANHRI規程[36]に基づき，GANHRIの認証小委員会（Sub-Committee on Accreditation, SCA）が行う[37]。認証結果として，A資格（パリ原則に完全に準拠する，GANHRIにおける投票権のあるメンバー），

---

(31)　Kissling, *supra* note 30, at 20.

(32)　IPUの組織的性格について，かつては諸国と協働する非国家的国際組織とする見解ともはや非政府間国際組織の域を超えているとの見解が対立していた（*Id.*, at 22-23.）。

(33)　*Id.*, 23.

(34)　Joint Opinion of Ian Brownlie and Guy S. Goodwin-Gill on the International Legal Personality of the IPU, its Status as an International Organization in International Law, and the Legal Implications of Such Status for IPU's Relations with Governments and Other International Organizations, Reform of the Interparliamentary Union, IPU-Doc. EX/229/9-Inf. 1 of 5 October 1999, available at <http://archive.ipu.org/finance-e/opinion.pdf>, Statement 1.

(35)　佐藤哲夫『国際組織法』（有斐閣，2005年）365頁。

(36)　Statute of the GANHRI, *supra* note 20.

(37)　*Id.*, Arts. 10-12.

6 人権条約機関の活動における国内人権機関の役割

B 資格（パリ原則に完全に準拠していないか文書を十分に提出していない，オブザーバー・メンバー）または C 資格（パリ原則に準拠していない，非メンバー）のいずれかが認定される[38]。2017 年 5 月 26 日時点で，A 資格 78 機関，B 資格 33 機関，C 資格 10 機関となっている[39]。

　国内人権機関は，政府から独立した立場で，自国内の人権状況を冷静に把握・分析し，国内の人権法や人権政策を国際人権基準に沿ったものとする目的で設置される。認証制度は国内人権機関がその本来の趣旨に合致した組織構造を持ち，活動を展開しているかをパリ原則を基準として判断するもので，国内人権機関の質保障手段でもある。

3　国連人権理事会における国内人権機関の役割

　国内人権機関は主権国家内で人権相談・救済，人権教育の調整，人権政策提言を行う国家機関であり，国際人権法の国内実施の役割も担っている。この点で各国の国内人権機関は国際的な人権保障制度と深い連携関係にあり，独自の地位を築きつつある。本稿では，条約メカニズムにおける国際人権基準の主要な実施主体である条約機関の活動に焦点を当てるので，ここでは条約外メカニズムである国連人権理事会の活動における国内人権機関の役割に触れたい。

　人権理事会の前身である国連人権委員会においては，ICC の認証小委員会によって認証された国内人権機関は，①旧国連人権委員会のすべての議事日程で発言を許され，②同委員会で指定席を与えられ，③同委員会で国連ドキュメント記号付きで文書を配布でき，④ ICC の会合や国内人権機関の国際的・地域的会合は事務総長からの支援を受けるものとされていた[40]。2006 年の人権理事会発足以降も，同理事会は，「政府，地域的国際組織，国内人権機関および市民社会と人権分野で緊密に協力して活動」[41]し，「非加盟国，専門機関，他の政府間国際組織および国内人権機関，ならびに非政府間国際組織の参加およびこ

---

[38]　GANHRI, GANHRI Sub-Committee on Accreditation（SCA）, available at <https://nhri.ohchr.org/EN/AboutUs/GANHRIAccreditation/Pages/default.aspx>.

[39]　GANHRI, Accreditation status as of 26 May 2017, available at <https://nhri.ohchr.org/EN/Documents/Status%20Accreditation%20Chart%20%2826%20May%202017.pdf>.

[40]　Commission on Human Rights Resolution, 2005/74, paras. 11 (a), (b) and 20.

[41]　General Assembly Resolution 60/251, para. 5 (h) (2006).

れらとの協議は，経済社会理事会決議1996/31等の取り決めおよび人権委員会の慣行に基づく」[42]との立場を維持した。

その後2007年の人権理事会決議5/1「国連人権理事会の制度構築」[43]で，普遍的定期審査（Universal Periodic Review, 以下「UPR」）においては，NGOおよび国内人権機関を含むすべての関連するステークホルダーの参加が，総会決議60/251および経済社会理事会決議1996/31等に従い確保される[44]こととされた。UPRでは，①審査を受ける国家による20頁以内の国家報告，②条約機関や特別手続（Special Procedures）の報告についての記載事項等に関する10頁以内の追加情報とともに，③国内人権機関を含む関連するステークホルダーが提供する信用・信頼できる10頁以内の追加的情報にもとづき審査が実施される[45]。

国内人権機関は自国の人権状況について，自国政府とは別個に，最新の信頼できる情報を提供することで，UPRにおいて重要な貢献ができる。国内人権機関はオブザーバーとしてUPR審査に出席できるにすぎないが，自国に関し取り上げるべき論点を提案し，審査の結果自国に示される勧告について示唆することがある。このように，国内人権機関はUPRにおいて，自国政府とは異なる視点から自国の人権状況について情報提供し，自国の人権状況の改善に寄与している。なお，UPRに基づき人権理事会が提示する勧告の国内での実現を見守り，監視することも国内人権機関の重要な役割である。

特別手続制度の運用においても，国内人権機関は人権理事会から主要な提携相手と認知されてきた[46]。国内人権機関は特別手続（国別およびテーマ別）に対

---

[42] *Id.*, para. 11.

[43] Human Rights Council Resolution 5/1 (2007). 人権理事会で新設された普遍的定期審査（UPR），旧人権委員会から引き継がれた特別手続，同理事会諮問委員会および苦情申立て手続を定める。翻訳は，戸塚悦朗「国連人権理事会の制度構築決議―2007年6月18日付国連人権理事会決議5/1「国連人権理事会の制度構築」【全訳】」,『龍谷法学』40巻3号（2007.12）。

[44] *Id*, para. 3 (m).

[45] Human Rights Council Resolution 5/1, *supra* note 43, paras. 15 (a), (b) and (c).

[46] The International Co-ordinating Committee of National Human Rights Institutions (ICC), ICC Position Papers, National Human Rights Institutions and the UN Human Rights Council, Volume IV: Engagement of National Human Rights Institutions with the Special Procedures (2007), para. 23.

6 人権条約機関の活動における国内人権機関の役割

し，その委任事項（mandate）に応じて関連情報を提供し，公式訪問した受任者（mandate holders）と面会してきた[47]。国別またはテーマ別手続において勧告を採択するさいに，勧告内容の実施に関連して国内人権機関の役割が配慮され，勧告対象国に国内人権機関が設置されていない場合には，パリ原則に十分に準拠した国内人権機関の設置が勧告される[48]。

国連人権高等弁務官事務所は特別手続受任者に対し，国内人権機関の活動について定期的に情報提供している。その結果，特別手続にもとづく勧告の国内実施に関し，特別手続受任者は国内人権機関に徐々に期待を寄せつつある[49]。

IV 条約機関と国内人権機関の関係に関する検討状況

条約機関は条約機関議長年次会合および GANHRI を通じて，条約機関の活動への国内人権機関の参画と貢献を奨励してきた。

2006 年 11 月，条約機関，国内人権機関および市民社会は「国内人権機関と条約機関の役割に関する国際ラウンドテーブル」をベルリンで開催し，「条約機関プロセスへの国内人権機関の関与に関する統一アプローチ案」を採択した[50]。

2010 年 6 月，条約機関と国内人権機関は国連人権高等弁務官事務所の協力を得てモロッコのマラケシュで会合し，条約機関の将来について議論した。この会合では，国内人権機関との関係における条約機関の役割について，次の諸点を確認した。すなわち，①条約機関は国連人権システムの中心柱として，人権の促進・保護における基本的な役割を持つこと，②諸国には中核的な国際人権条約を履行し，尊重する責任があること，③条約機関の勧告は履行されるべきこと，ならびに④条約機関の勧告は，人権を促進・保護する政府間行動の

---

[47] *Id.*

[48] *Id*, para. 24.

[49] National institutions for the promotion and protection of human rights, Report of the Secretary-General, U. N. Doc. A/HRC/13/44（2010），para. 83.

[50] Draft Harmonized Approach to National Human Rights Institutions（NHRIs）Engagement with Treaty Body Process, Annex of the Conclusions of the International Roundtable on the Role of National Human Rights Institutions and Treaty Bodies（Berlin, 23 and 24 November 2006），U. N. Doc. HRI/MC/2007/3, available at <http://tbinternet.ohchr.org/_layouts/treatybodyexternal/Download.aspx?symbolno=HRI%2fMC%2f2007%2f3&Lang=en>.

〔山崎公士〕　　　　　　　　Ｖ　条約機関の活動における国内人権機関の関与

優れた信頼できる基盤をなすことである。このような基本認識を踏まえ，マラ
ケシュ会合では，a）条約機関強化プロセスにおける国内人権機関の視点，b）
国連加盟国への勧告，c）国内人権機関と条約機関との協力に向けた勧告，d）
条約機関システムの強化プロセスへの国内人権機関の関与，ならびに e）国連
人権高等弁務官事務所への要請，からなる 32 項目のマラケシュ声明[51]が採択
された。この声明は 2011 年 5 月の ICC 一般会合で承認された。なお 2011 年，
国連人権高等弁務官事務所は条約機関活動への国内人権機関の参画機会のいく
つかを示す情報覚書（Information Note[52]）を公表した。

　ところで，2017 年 6 月にニューヨークで開催された第 29 回条約機関議長会
合[53]では，「条約機関の国内人権機関への関与に関する共通アプローチ」とい
う議事日程の下で，条約機関の国内人権機関への関与方法の簡易化，調和化お
よび最適化が検討された。その際，国連人権高等弁務官事務所事務局が作成し
た「国内人権機関への関与に関する共通アプローチ」[54]という文書が検討の素
材とされた。

Ｖ　条約機関の活動における国内人権機関の関与

1　概　　説

本章では，条約機関による国家報告制度，個人通報制度，調査手続等におけ
る国内人権機関の関与について，具体的に検討する[55]。

---

[51]　Marrakech Statement on strengthening the relationship between NHRIs and the human rights treaty bodies system, 10 June 2010, available at <http://www2.ohchr. org/english/bodies/HRTD/docs/MarrakeshStatement_en.pdf>.

[52]　Office of the United Nations High Commissioner for Human Rights National Institutions and Regional Mechanisms Section, Information Note, National Human Rights Institutions (NHRIs) interaction with the UN Treaty Body System, available at <http://nhri.ohchr.org/EN/IHRS/TreatyBodies/Page%20Documents/NIRMS%20-%20NHRIs%20and%20the%20Treaty%20Bodies%20Infonote%202011.pdf>.

[53]　Report of the Chairs of the human rights treaty bodies on their 29th meeting, U.N. Doc. A/72/177 (2017), available at <http://undocs.org/A/72/177>.

[54]　Common approach to engagement with national human rights institutions, Note by the Secretariat, U. N. Doc. HRI/MC/2017/3 (2017).

[55]　ここでは，以下の文献・国連文書を参照した。Amrei Müller and Frauke Seidensticker, The Role of National Human Rights Institutions in the United Nations Treaty Body Process (German Institute for Human Rights, 2007), available at <http://www.

6 人権条約機関の活動における国内人権機関の役割

パリ原則に準拠する独立機関としての国内人権機関は，公正な立場から，人権条約締約国内の人権状況をさまざまな形で条約機関に伝え，締約国と条約機関とを架橋し，両者の建設的対話を実質化する重要な役割を発揮できる。なぜなら，国内人権機関は国内人権問題の専門機関として，国際人権基準の国内適用に向けて活動しており，条約機関に現場の人権状況につき情報提供する信頼できる正統なパートナーとなりうるからである[56]。

なおパリ原則は，「国際連合の機関および委員会ならびに地域的国際組織に対し，条約上の義務にもとづき国家が提出を求められる報告につき貢献し，必要な場合には，自らの独立性を十分に考慮し，報告に関し意見を表明すること。」（権限および責任 3.(d)）を国内人権機関の責任としている。

国内人権機関の役割に関する条約機関等の一般的意見・一般的勧告

子どもの権利委員会（以下，「CRC」）[57]，社会権規約委員会（以下，「CESCR」）[58]

---

institut-fuer-menschenrechte.de/uploads/tx_commerce/handbook_the_role_of_nationa l_human_rights_institutions_in_the_un_treaty_body_process.pdf>；GANHRI, National Human Rights Institutions and United Nations Treaty Bodies, GANHRI Background Paper, May 2016, available at <https://nhri.ohchr.org/EN/IHRS/TreatyBodies/ Pages/default.aspx>；Information Note *supra* note 52；Report of the Chairs, *supra* note 53; Common approach, *supra* note 54; Human Rights Committee, Paper on the relationship of the Human Rights Committee with national human rights institutions, U. N. Doc. CCPR/C/106/3 (2012); Other activities of the human rights treaty bodies and participation of stakeholders in the human rights treaty body process, Note by the Secretariat, U. N. Doc. HRI/MC/2013/3 (2013), available at <http://tbinternet. ohchr.org/_layouts/treatybodyexternal/Download.aspx?symbolno=HRI%2FMC%2F2 013%2F3&Lang=en> and Engagement of NHRIs with the UN Human Rights Treaty Bodies: An Overview of Procedures and Practices, Informal background paper by the Secretariat, May 2016, available at <http://www.ohchr.org/Documents/HRBodies/ TB/AnnualMeeting/28Meeting/12-TBs_engagement_with_NHRIs.doc>.

[56] Gauthier de Beco and Rachel Murray, A Commentary on the Paris Principles on National Human Rights Institutions (Cambridge University Press, 2015), at 57 も同趣旨の評価をしている。

[57] General Comment No. 2 (2002), The role of independent national human rights institutions in the promotion and protection of the rights of the child, available at <http://tbinternet.ohchr.org/_layouts/treatybodyexternal/Download.aspx?symbolno =CRC%2FGC%2F2002%2F2&Lang=en>；一般的意見第 2 号（2002 年）子どもの権利の保護および促進における独立した国内人権機関の役割，available at <https://www. nichibenren.or.jp/library/ja/kokusai/humanrights_library/treaty/data/child_gc_ja_02.

〔山崎 公士〕　　　　　　　　　　　　Ⅴ　条約機関の活動における国内人権機関の関与

および人種差別撤廃委員会（以下，「CERD」）[59]は国内人権機関に関する一般的意見または一般的勧告を採択している。このうちCRCの一般的意見2（2002年）は，第20項において，「国内人権機関は，会期前作業部会[60]において子どもの権利委員会と対話することおよび他の関連する条約機関と対話することを含め，この条約その他関連する国際文書にもとづく報告手続に独立して貢献し，かつ条約機関に対する国家報告書が子どもの権利に関して完全性を保っているかを監視すべきである。」との見解を示している。

なお，GANHRIのSCAによる一般的見解（General Observation）G.O.1.4（国際人権システムとの相互関係）[61]によれば，国内人権機関には，①UPR，特別手続のメカニズムおよび条約機関への並行報告書の提出，②条約機関や人権理事会における討議中の発言，③条約機関等による国家訪問の支援，促進，これへの参加，④人権システムによる勧告履行の監視・促進といった活動が想定されている。

国内人権機関の参画に関する手続規則・公式招請状

拷問禁止委員会（CAT），移住労働者委員会（CMW），CERD，障害者権利委員会（CRPD）および強制失踪委員会（CED）は，それぞれの手続規則で国内人権機関の参画を認めている。CAT，CRPDおよびCEDは，条約機関の報告手続のさまざまな段階における国内人権機関の参画（文書情報，資料，文書声明，口頭声明の提出など）に言及している[62]。CMWは国内人権機関に文書提

---

　　　pdf>.

[58]　General Comment No. 10 (1998), The role of national human rights institutions in the protection of economic, social and cultural rights, available at <http://tbinternet. ohchr.org/_layouts/treatybodyexternal/Download.aspx?symbolno=E%2fC.12%2f1998% 2f25&Lang=en>.

[59]　General Recommendation XVII on the establishment of national institutions to facilitate the implementation of the Convention, available at <http://tbinternet.ohchr. org/_layouts/treatybodyexternal/Download.aspx?symbolno=CRC%2FGC%2F2002%2F 2&Lang=en>.

[60]　後述。

[61]　G.O.1.4 Interaction with the international human rights system, General Observations of the Sub-Committee on Accreditation, 2017, available at <https://nhri. ohchr.org/EN/AboutUs/GANHRIAccreditation/General%20Observations%201/ GeneralObservations_adopted%2006.03.2017_EN.pdf> .

[62]　たとえば，CAT Rules of procedure, U.N. Doc. CAT/C3/Rev.6, Rule 63; CRPD Rules

6 人権条約機関の活動における国内人権機関の役割

出のみを認めている[63]。CERD の手続規則は，締約国の同意を条件とする，公式会合における国内人権機関の正式意見表明の可能性に言及している[64]。

2008 年以降，女性差別撤廃委員会（CEDAW）[65]，自由権規約委員会（CCPR）[66]および CED[67]は，国内人権機関の関与に関する公式な協力文書または声明を策定した。

なお，CCPR，CESCR，CED，CERD および CEDAW は，国家報告の審査が予定されている締約国の国内人権機関に，その認証資格に関わりなく，公式な招請状を送付している。招請状は国内人権機関に国家報告手続への貢献を促し，国内人権機関の関与機会，文書の提出期限や連絡先等の実務的な情報を提供する。ただし，招請状は並行報告書の提出等の国家報告の審査前段階での国内人権機関の関与を前提とするもので，総括所見のフォローアップや国家報告が未提出の場合の審査手続における国内人権機関の関与は想定していない。

条約機関の活動への関与に関する情報覚書

条約機関の活動に国内人権機関が関与しやすくするため，条約機関の公式会期に先立ち，CAT，CCPR，CEDAW および CED[68]は，それぞれの web 上に，国内人権機関の条約機関プロセスへの関与方法に関する実践的指針を情報覚書（information notes）として掲載している。会期ごとに公表される情報覚書

---

of procedure, U.N. Doc. CRPD/C/1, Rules 30 and 51; CED Rules of procedure, U.N. Doc. CED/C/1, Rules 44 and 52.

[63] CMW Rules of procedure, U. N. Doc. CMW/C/L. 1 with amendments adopted by the Committee at its second （April 2005） session （U. N. Doc. HRI/GEN/3/Rev. 3）, Rule 29.

[64] CERD Rules of procedure, U. N. Doc. CERD/C/35/Rev. 3, Rule 40.

[65] CEDAW, Statement by the Committee on the Elimination of Discrimination against Women on its relationship with national human rights institutions, U. N. Doc. E/CN. 6/2008/CRP. 1., available at <http://www.ohchr.org/Documents/HRBodies/CEDAW/Statements/StatementOnNHRIs.pdf>.

[66] Paper on the relationship of the HRC with NHRIs, *supra* note 55.

[67] The relationship of the Committee on Enforced Disappearances with national human rights institutions, U. N. Doc. CED/C/6 （2014）, available at <http://tbinternet. ohchr.org/Treaties/CED/Shared%20Documents/1_Global/CED_C_6_7527_E.pdf>.

[68] たとえば，CED, NHRI Information Note, 12th session （6-17 March 2017）, available at <http://tbinternet.ohchr.org/Treaties/CED/Shared%20Documents/1_Global/INT_CED_INF_12_25353_E.pdf>.

〔山崎公士〕　　　　　　　　V　条約機関の活動における国内人権機関の関与

には，条約機関の委員，会期の開催場所，審査される締約国名，質問票を採択予定の締約国名，当該会期に関係する文書（国家報告，仮議事日程等）が掲載されるweb情報，採択予定の総括所見等，国内人権機関の条約機関への報告書の提出方法，非公式会合や昼食時ブリーフィングへの国内人権機関の参加方法等がわかりやすく記載されている。条約機関の活動への関与を望む国内人権機関にとって，こうした情報覚書は便利なツールとなる。ただし，国内人権機関とNGOを区別せず，条約機関への関与方法に関し両者向けに情報提供する条約機関もある。もっとも，CATのように，NGO，国内人権機関および国内防止機関（National Preventive Mechanism）[69]のCATへの関与方法を一括して扱うが，NGOと国内人権機関については別個に説明する例も見られる[70]。

2　国家報告制度における国内人権機関の関与

(1)　条約機関の公式会期に先立つ国内人権機関の関与

人権条約の批准促進・留保撤回の奨励

国内人権機関は国内の人権状況を熟知する立場から，人権条約を批准していない自国政府に対し人権条約の批准を促し，あるいは留保付きで人権条約を締約した自国政府に，その留保の撤回を求めることができる。

国家報告書の提出促進

条約機関の公式会期で締約国内の人権状況が検討される前に，当該締約国の国内人権機関は条約機関の活動を側面から支援できる。

条約機関への国家報告を期日通りに提出しない締約国は少なくない。この問題は条約機関改革論議においても常に検討課題とされてきた。政府から独立した国内人権機関は，締約国政府に人権条約の履行と国家報告書の提出を促す立場にある。ウガンダは1995年までにCERD，CESCR，CAT，CEDAW，CRCおよびCCPRを批准していたが，1985年以降国家報告の提出を怠り，

---

[69]　拷問等禁止条約選択議定書の締約国は，第3条に基づき，拷問及び他の残虐な，非人道的な又は品位を傷つける取扱い又は刑罰の防止のための一以上の訪問団体（国内防止機関）を国内で設置し，設定し又は保持しなければならない。

[70]　CAT, Information for Civil Society Organisations and National Human Rights Institutions (NHRIs), available at <http://www.ohchr.org/EN/HRBodies/CAT/Pages/NGOsNHRIs.aspx>.

6　人権条約機関の活動における国内人権機関の役割

2000年時点で18の国家報告書が未提出状況にあった。しかし，1995年に国内人権機関であるウガンダ人権委員会が設置され，その働きかけで2003年以降ほとんどの国家報告書が提出されるに至った[71]。

　国内人権機関は国家報告の準備段階で政府を支援する場合がある。CRCの一般的意見2やCERDの一般的意見17は，国家報告の準備段階で国内人権機関と協議することを締約国に奨励している。

文書情報の提出

　国内人権機関は政府から独立した立場から，政府提出の国家報告とはまったく別個の報告書を条約機関に提出することがある。

　国内人権機関は，自国政府が人権条約を遵守しているかを評価できる立場にある。条約機関は，国家報告を審査する際の信頼できる情報を得るため，国内人権機関による文書提出を歓迎する。これに呼応し，多くの国内人権機関は人権法や人権政策の影響調査結果のような情報を文書で条約機関に提出してきた。条約機関は最終所見でこうした文書にしばしば言及している。なお，条約機関メンバーは多忙であるため，こうした文書の提出にあたり，国内人権機関はNGOと協力し[72]，緊急を要する事柄や専門性の高い問題点に絞る必要があると指摘されている[73]。ちなみに，CEDAWは国内人権機関に対し，提出文書は3,300字以内とし，優先関心事項に焦点を絞り，締約国向けの勧告を提示することを求めている[74]。

質問表の作成支援

　国内人権機関は，条約機関の国別報告者等と協力し，締約国が提出した国家報告の審査に先立ち，条約機関が作成する「質問表」（list of issues）[75]策定作業

---

[71]　A. Müller and F. Seidensticker, *supra* note 55, at 37.

[72]　NGOとの協力に関し，国内人権機関は政府からもNGOからも独立した機関であることに留意する必要がある。

[73]　A. Müller and F. Seidensticker, *supra* note 55, at 40.

[74]　CEDAW, Participation by National Human Rights Institutions（NHRIs）, 67th session（3-21 July 2017）and Pre-sessional Working Group for the 69th session（24-28 July 2017）, available at <http://tbinternet.ohchr.org/_layouts/treatybodyexternal/Download.aspx?symbolno=INT%2fCEDAW%2fINF%2f67%2f25924&Lang=en>.

[75]　公式な国家報告の審査に先立ち条約機関が作成する国家報告提出国への質問リストで，条約機関と締約国との建設的対話の枠組みを示す。審査前に報告書提出国に回付される

に貢献できる。当該国内の人権状況を熟知し，人権相談・救済，人権教育，人権政策提言に関わってきた経験や情報が，この際大いに役立つ。CMWの手続規則[76]28は，締約国における条約履行に関する文書情報の提出を国内人権機関に要請している。また，国内人権機関は質問表に関する意見を文書または口頭で条約機関に伝達できる。

条約機関の会期前作業部会への参加

　いくつかの条約機関は，国家報告の審査に関する締約国との対話を準備するため，会期前作業部会（Pre-sessional Working Group, PSWG）を組織し，国内人権機関との交流のためこの場を活用している。PSWGを組織する条約機関は国内人権機関と非公開の形で意見交換する。場合によっては，この会合にNGOが参加することもある。たとえば，CESCRとCRCは，条約機関との交流をNGOと共に非公開で行うか，NGOとは別個の非公開会合で行うかを国内人権機関に選択させている。CRPDは質問表を採択予定の締約国の国内人権機関その他の独立監視機関に，NGOとは別個に，ブリーフィングに参加する機会を提供する。CEDAWはPSWG期間中に，二会期後に国家報告が審査される締約国の国内人権機関に，同国の状況に関する発言を要請する。CRCは国内人権機関に対し，PSWGの3〜4週間前に文書を提出し，希望する場合には，条約機関との会合を求めるよう招請状を送付する[77]。

⑵　国家報告の審査中における国内人権機関の関与

条約機関との非公式会合

　国内人権機関は条約機関メンバーとの非公式会合に参加することがある。CESCR，CEDAWおよびCRCでは，国内人権機関は条約機関メンバーと

　　(Human Rights Treaty Bodies, Glossary of technical terms related to the treaty bodies, available at <http://www.ohchr.org/EN/HRBodies/Pages/TBGlossary. aspx#loi>.)。締約国は質問表に関する意見を文書で条約機関に提出できる。

[76]　Provisional Rules of Procedure of the CMW, U. N. Doc. HRI/GEN/3/Rev. 1/Add. 1 (2004), available at <http://tbinternet.ohchr.org/_layouts/treatybodyexternal/ Download.aspx?symbolno=HRI/GEN/3/Rev.1/Add.1&Lang=en>.

[77]　Engagement of NHRIs with the UN Human Rights Treaty Bodies, *supra* note 55, paras. 12-14.

6 人権条約機関の活動における国内人権機関の役割

NGO との非公式会合に参加するか，あるいは同メンバーと個別に非公式会合を持っている。たとえば，CEDAW は当該会期で国家報告の審査対象となっている締約国の国内人権機関に，その国の国内状況を口頭で情報提供する機会を非公式会合で認めている[78]。CERD は人種差別撤廃条約の履行に関する重要な問題点について，認証された国内人権機関と非公式に会合することがある。この場合，締約国は出席を招請される[79]。

条約機関の公式会期への参加

上記のように招請状を得た国内人権機関は，自国の国家報告が審査される条約機関の会期に出席できる。国内人権機関には，条約機関メンバーの質問への回答や，関係人権条約の国内実施に向けた努力に関する追加情報の提供が期待される。条約機関による国家報告の審査は，締約国による人権条約の実効的な履行を支援するための建設的対話の機会である。したがって，国内人権機関がこの場に参加するにせよ，審査は敵対的なものとはならず，条約機関が締約国を批判することもない[80]。

CERD と CRPD は，国内人権機関を国家報告の審査を行う公式会期に参加させている。2007 年以来，CERD は人権理事会の審議への参加を認められた国内人権機関[81]に，条約機関と締約国との対話に関連する問題点に関し，当該国の同意を得て，国家報告審査の二日目に発言を認めている。CRPD は独立資格の国内人権機関に，①会期の冒頭発言（5 分以内），②条約機関の専門家による質問への回答，③会期の閉会時発言（2 分以内）のいずれかの関与方式を認めている[82]。

---

[78] CEDAW, Participation by National Human Rights Institutions（NHRIs），*supra* note 74.

[79] CERD, Working Method, available at <http://www.ohchr.org/EN/HRBodies/CERD/Pages/WorkingMethods.aspx>.

[80] Information Note, *supra* note 52.

[81] A 資格の国内人権機関，GANHRI および国内人権機関の地域調整機関は，人権理事会のすべての実質的議事日程の下で発言できる（Information note for National Human Rights Institutions, 36th session of the Human Rights Council, available at <http://www.ohchr.org/EN/HRBodies/HRC/Pages/NHRIParticipation.aspx>）。

[82] CERD Informative note on the participation of stakeholders in the eighteenth session and eighth Pre-sessional Working Group, 2017, available at <tbinternet.ohchr.org/Treaties/.../INT_CRPD_INF_8_26011_E.doc>.

〔山崎公士〕　　　　　　　　　　　Ⅴ　条約機関の活動における国内人権機関の関与

CCPR[83]と CED は，国内人権機関に公式の非公開会合で通訳を交えて意見表明することを認めている。CEDAW は，国家報告が審査される週の月曜日に，一般に公開の形で当該国の国内人権機関と会合する。ただし，この機会は各国内人権機関につき 10 分以内とされている[84]。CESCR も同様の対応をしている[85]。CCPR と CED は，毎会期の最初の午前の会合時間を，国内人権機関，NGO，および国連代表との会合にあてている[86]。CAT は，締約国代表との対話の前日を国内人権機関・国内防止機関および NGO の会期内ブリーフィングに割いている[87]。

アド・ホック会合および昼食時ブリーフィング

条約機関メンバーは公式会合時間における交流に加え，昼食時のような会合時間外に国内人権機関と会合する。この会合は，対面であるいはテレビ会議システム，スカイプ，電話を通じてなされる。国内人権機関は昼食休憩時に，関心を持つ条約機関メンバーとの非公開（非公式）ブリーフィングを組織できる。CRPD の場合，国内人権機関はテーマ別ブリーフィングも組織できる。これらに加え，条約機関議長年次会合は，国内人権機関との会合（通常，NGO と共に）を年 1 回開催する[88]。

なお，条約機関の活動への国内人権機関の関与の実態については，次の表を参照されたい。

---

[83]　Paper on the relationship of the HRC with NHRIs, *supra* note 55.,

[84]　CEDAW, Participation by National Human Rights Institutions (NHRIs), 67th session and Pre-sessional Working Group for the 69th session (2017), available at <http://tbinternet.ohchr.org/_layouts/treatybodyexternal/Download.aspx?symbolno=INT%2fCEDAW%2fINF%2f63%2f24348&Lang=en>.

[85]　Engagement of NHRIs with the UN Human Rights Treaty Bodies, *supra* note 55, para. 18.

[86]　*Id.*

[87]　*Id.*

[88]　*Id.*, para. 20.

6 人権条約機関の活動における国内人権機関の役割

表　条約機関の活動への国内人権機関の関与（2014 年 8 月－ 2015 年 9 月）

条約機関	審査された国数	国内人権機関のある国数	情報提出	ブリーフィング	出席
CAT	16	15	9	5	5
CERD	11	11	7	3	3
CESCR	8	8	8	4	2
CCPR	19	12	6	－	－
CEDAW	26	15	6	6	5
CMC	9	7	1	0	0
CRC	26	17	8	5	4
CED	5	4	3	2	1
CRPD	12	8	8	8	8
合計	132	97	55	34	28

出所：National institutions for the promotion and protection of human rights, Report of the Secretary-General, U. N. Doc. A/70/347 (2015), available at <https://nhri. ohchr.org/EN/News/Documents/A-70-347%20en.pdf>, at 20.

⑶　最終所見の履行奨励における国内人権機関の関与

CCPR などは，最終所見のフォローアップの支援に関する国内人権機関の重要な役割を公式に認めている[89]。

CAT，CCPR，CED および CEDAW は，条約機関の最終所見のフォローアップ手続に関する国内人権機関の文書情報を歓迎する。また CCPR は，最終所見の履行のため締約国がとった措置に関する国内人権機関の文書情報も歓迎する。締約国のフォローアップ報告が予定されているか，公表された場合，国内人権機関はこれらの文書情報を条約機関に提出すべきものとされている[90]。

3　個人通報制度における国内人権機関の関与

現時点で，個人通報制度をめぐる条約機関と国内人権機関の協力についての

[89]　*Id.,* para. 17.
[90]　*Id.,* para. 21.

〔山崎公士〕　　　　　　　　　Ⅴ　条約機関の活動における国内人権機関の関与

標準的な手続は存在しない。一般に，国内人権機関は個人通報手続の知名度を高め，個別事案に関する条約機関による勧告のフォローアップを監視する役割を果たすよう奨励されている。国内人権機関は個人通報を希望する個人を支援できる[91]。

個人通報制度に関し，国内人権機関は条約機関と直接の関係は持たない。しかし，通報当事者は，条約機関における自己の立場を立証するため，当該締約国の国内人権機関による関連する事実認定に言及できる。条約機関が第三者の関与を認める場合，国内人権機関は amicus brief（法廷の友文書）を提示できる。CRPD の場合，国内人権機関を含む監視枠組みは，手続規則 72 第 3 項に基づき第三者として関与し，または第三者として関与する関係者に助言することができる[92]。

CCPR と CED は，選択議定書に基づく個人通報手続に関し，国内人権機関は重要な役割を持つことを明言している[93]。CED においては，国内人権機関が通報する場合も含め個人通報者に，条約機関による見解や仮措置の履行に関するフォローアップ情報の提出を強く奨励している[94]。また，個人通報に関する条約機関の見解が公表された後，締約国への立法・行政改革提言によって，見解が実際に履行されているかを確認し，通報者によるこの確認を支援することは，国内人権機関の重要な役割とされている[95]。

4　調査手続における国内人権機関の関与

CAT，CEDAW，CRPD，CED および CESCR は，締約国における重大な，大規模または組織的な条約違反に関する十分に根拠のある申立てを含む信頼できる情報を受理した場合，調査を開始できるものとしている[96]。

締約国が調査手続に関する条約機関の権限を認める場合にのみ，この手続は

---

[91]　*Id.*, para. 23.

[92]　*Id.*, para. 24.

[93]　Paper on the relationship of the HRC with NHRIs, *supra* note 55, para. 20.

[94]　The relationship of the Committee on Enforced Disappearances with national human rights institutions, U. N. Doc. CED/C/6 (2014), para. 30.

[95]　*Id.*, para. 31.

[96]　拷問等禁止条約第 20 条，女性差別撤廃条約選択議定書第 8 条，障害者権利条約選択議定書第 6 条，強制失踪条約第 33 条および社会権規約選択議定書第 11 条に基づく。

6 人権条約機関の活動における国内人権機関の役割

実施される。国内人権機関は，自国がこの制度に関する条約機関の権限を認めないときは自国にこれを認めるよう奨励し，また調査手続が開始されるときは，情報を提供することが期待される[97]。

CED は調査手続における信頼できる情報源としての国内人権機関の重要な役割を認める。こうした情報は，強制失踪条約第 33 条に基づく条約機関による締約国訪問の契機となる。また CED は，締約国訪問に関連する条約機関による勧告の履行状況に関する情報，ならびに訪問後にみられる発展に関する信頼できる情報の伝達を国内人権機関に強く招請する[98]。CRPD の手続規則 83（情報の提出および検討）第 3 項(d)によれば，条約機関は国内人権機関からの追加情報の取得を決定できるものとされている[99]。

VI　結びにかえて

本稿では条約機関と国内人権機関の有機的な連携関係を双方の立場から考察した。両機関の連携は，双方とも当初は想定していなかったと思われる。しかし，条約機関活動の効率化や実質化を追求する改革論議の中で，国内人権機関は有益な示唆をなしうる存在と認識されるようになった。主として 1980 年代後半から世界各国に国内人権機関が設置されはじめ，1993 年には国内人権機関の組織と活動に関する指針を示すパリ原則が国連総会で採択された。また同年，国内人権機関国際調整委員会（ICC）が組織され，諸国の国内人権機関間の意見・情報交換を促すフォーラム機能や国内人権機関の認証作業を担うようになった。2016 年に ICC から名称変更された GANHRI は，組織形態的には国内法上の非営利法人にすぎないが，その活動は国際的人権保障制度の観点から見ると，政府間国際組織に比肩しうる内実を備えつつある。

他方，人権条約の実施確保機関である条約機関は，国連の条約メカニズムの主要な実施主体である。国家報告制度，個人通報制度および調査制度の運用を通じて，条約機関は人権条約の国際的および国内的実施に大きな力を発揮し，また各条約の一般的意見または一般的勧告によって権威のある条約解釈を示し，

---

[97]　Information Note, *supra* note 52, at 9-10.

[98]　*Id.*, paras. 33 and 34.

[99]　CRPD, Rules of procedure, U. N. Doc. CRPD/C/1/Rev. 1 (2016), available at <http://www.un.org/en/ga/search/view_doc.asp?symbol=CRPD/C/1/Rev.1>.

152

〔山崎公士〕　　　　　　　　　　　　　　　　　Ⅵ　結びにかえて

国際人権法の発展に貢献してきた。

　条約機関制度の実効性は，国家報告に対する最終所見や一般的意見・勧告の締約国内での履行状況によって評価される。条約機関にとって国内人権機関は一つのステークホルダーに過ぎないが，政府からの独立性が確保された国内人権機関には，条約機関の活動のあらゆる局面で，条約機関制度の実効性を高める実質的貢献が期待できる。国内人権機関がこの期待に応えやすくするため，条約機関は国内人権機関と柔軟に意思疎通し，条約機関活動全体の透明性を高める必要がある。

　本稿で分析したように，政府間国際組織とはいえない GANHRI が諸国の国内人権機関を束ねる形で条約機関や人権理事会の諸活動に積極的に参画しつつある現状は，条約設置機関と公的な色彩を帯びた国家機関の国際的連合体との協働という国際社会で活動する機関間の新たな連携関係である。

　条約機関の活動への国内人権機関の関与方法には，GANHRI が国内人権機関の連合体として関わる方法と各国の国内人権機関が個別に関わる方法が見られる。条約機関はそれぞれの関与方法を指定しているが，いずれについても国内人権機関の積極的関与を歓迎し，奨励している。条約メカニズムをいっそう省力化・効率化し，人権条約が設定した国際人権基準を締約国内で実効的に実施するため，国内人権機関の関与はますます重要となるであろう。国連人権高等弁務官事務所事務局が作成した「（条約機関の〔筆者注釈〕）国内人権機関への関与に関する共通アプローチ」は，条約機関と国内人権機関の協働をいっそう促す契機となろう。

　日本には未だ国内人権機関が存在しない。国内人権機関がいずれ設置されれば，その存在と関与によって，条約機関への国家報告の作成段階，審査段階および最終所見の履行段階を通じて，人権条約の国内実施をめぐる建設的対話の環境が国内でも醸成されるであろう。

　　（2017 年 10 月 31 日。本稿は，科学研究費補助金・2016－2018 年度基盤研究(C)「障害者権利条約の国内実施における国内人権機関の役割」〔課題番号 16K03331 研究代表者 山崎公士〕の研究成果の一部である。）

7 自主的持続可能性基準（VSS）の
普及に向けた公私協働の模索

中 川 淳 司

I はじめに
II VSS の展開と公私協働
III 新興国における VSS の普及
に向けた政府の関与と公私協働
IV おわりに── VSS の普及と定
着に向けた公私協働の模索

I は じ め に

1990 年代以降の世界経済において生産工程のグローバルな分散ないし供給
網のグローバル化が急速に進んだ[1]。それに伴い，供給網全体で持続可能な資
源利用と環境保全，労働基準や人権の保障を確保するため私企業や NGO が策
定する基準（自主的持続可能性基準（voluntary sustainability standards, VSS）[2]，
以下「VSS」）が急増している。VSS の登場に主導的な役割を演じたのは欧米
の私企業や NGO であったが，最近は中国やブラジルなど新興国で策定される
VSS が増えている。図 1 に VSS の総数と非 OECD 加盟国起源の VSS の内数

⑴　供給網のグローバル化の意義と背景につき，参照，Richard Baldwin, "Global Supply
Chains: Why They Emerged, Why They Matter, and Where They Are Going", Fung
Global Institute, *Working Paper FGI-2012-1*, 2012.

⑵　自主的持続可能性基準（VSS）は，基準の定立主体が NGO，私企業などの私的
な主体であることに着目して，private standards と呼ばれることもある。例えば参
照，Axel Marx et al. eds., *Private Standards and Global Governance: Economic, Legal
and Political Perspectives*, Edward Elgar, 2012. 国境を超えて展開するグローバル供給
網における私的な主体による社会的規制の手段という機能に着目して，transnational
private regulation（TPR），あるいは private social regime と呼ばれることもあ
る。例えば参照，OECD, *International Regulatory Co-operation: Case Studies, Vol. 3
Transnational Private Regulation and Water Management*, OECD, 2013；山田高敬「第
6 章　市民社会──プライベート・ソーシャル・レジームにおける NGO と企業の協働」
大矢根聡編『コンストラクティビズムの国際関係論』（有斐閣，2013 年）147-172 頁。

『変転する国際社会と国際法の機能』内田久司先生追悼論文集〔信山社, 2018年 3 月〕　*155*

7 自主的持続可能性基準（VSS）の普及に向けた公私協働の模索

の推移を示した。VSS は 1990 年代の揺籃期, 2000 年代の成長期を経て普及期に入った。

図1 VSS の推移（VSS の総数及び非 OECD 加盟国起源の VSS の数）

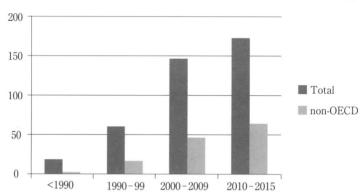

(Source: International Trade Centre, Standards Map に基づいて筆者作成。)

　普及期に入った VSS は，グローバルな供給網の全体で持続可能性を確保し，持続可能な開発の達成に貢献することが期待されているが，この目標を達成するために克服すべき課題は多い。第一に，VSS の普及を一層進め，定着段階にまで到達させることである。第二に，同一の対象（物品, サービス, イシュー）について内容が完全に合致しない複数の VSS が策定されており，その結果 VSS の競合が生じている。VSS の競合はそれ自体として不都合とは言えないにしても，VSS の断片化（fragmentation）や遵守費用の高騰につながる恐れがある場合は何らかの調整ないし調和を図る必要がある。第三に，詳細は本稿の 3 で後述するが，新興国や途上国の零細な生産者・サービス提供者にとって VSS の実施費用や認証費用がグローバルな供給網への参入を妨げる障壁となっている。VSS の実施費用や認証費用の引下げあるいは零細な生産者・サービス提供者への資金援助などを通じて参入障壁の引下げを図る必要がある。第四に，VSS がグローバルな供給網と関連付けられて利用されていることが多いため，グローバルな供給網に参加していない生産者・サービス提供者にとって VSS を遵守する動機ないし機会が乏しい。現在はグローバルな供給網に参加していない生産者・サービス提供者にも VSS を普及させない限り，

156

〔中川淳司〕　　　　　　　　　　　　　　　　　　　　　　　Ⅰ　はじめに

グローバルな供給網に参加できる生産者・サービス提供者と参加できない生産者・サービス提供者の分断が固定される恐れがある。

　VSS の普及と定着をめぐる以上の課題に取り組む上で，VSS に関わるステークホルダーである VSS の策定者（私企業・NGO），利用者（生産者・サービス提供者・消費者）と各国政府，国際機関の間の公私協働（public-private partnership, PPP）を強化することが重要である。今日では VSS の策定者，利用者，各国政府，国際機関などすべてのステークホルダーを包含する多中心的（polycentric）ガバナンス[3]が形成されている。2013 年に国連持続可能性基準フォーラム（UN Forum on Sustainability Standards, UNFSS）が発足し，VSS 関連の国連諸機関の活動を調整し，他のステークホルダーと連携しながら新興国・途上国への VSS の普及に向けた活動を支援するようになっている[4]。VSS については国際関係論（構成主義，グローバル・ガバナンス論），国際経済法学，農業経済学や環境経済学，開発経済学を中心に国内外で相当数の研究が蓄積されており[5]，VSS の普及における各ステークホルダーの役割などについても理論的洞察と実証分析の蓄積が見られる。特に先行研究では，VSS の登場と普及における規範企業家（norm entrepreneur）としての NGO の役割及び NGO と私企業の協働[6]，多数の VSS やアクターが錯綜する多中心的ガバナンスを調整するオーケストレーターとしての国際機関の役割[7]に光が当てられてきた。その反面で，VSS の普及と定着における各国政府の役割に焦点を当てた研究は少ない。これは，グローバルな供給網を展開する企業に供給網全体で持続可能性や人権保障などを確保させるための制度的空白（institutional void）が生じ

⑶　問題領域，関与主体，方法のいずれについても複合性が進展した結果，権威の所在が多元化したガバナンスの態様を多中心的ガバナンスと呼ぶ。参照，西谷真規子「序章　国際規範とグローバル・ガバナンスの複合的発展過程」西谷編『国際規範はどう実現されるか──複合化するグローバル・ガバナンスの動態──』（ミネルヴァ書房，2017 年）3 頁。

⑷　参照，UN Forum on Sustainability Standards ウェブサイト。<https://unfss.org/>

⑸　VSS に関する先行研究の批判的紹介として，参照，David Vogel, "Private Global Business Regulation", *Annual Review of Political Science*, Vol. 11, 2008, pp. 261-282.

⑹　例えば参照，Alan Bloomfield and Shirley V. Scott eds., *Norm Entrepreneurs and the Politics of Resistance to Global Normative Change*, Routledge, 2016.

⑺　例えば参照，Kenneth W. Abbott and Duncan Snidal, "International Regulation without International Government: Improving IO Performance through Orchestration", *The Review of International Organizations*, Vol. 5, Issue 3, 2010, pp. 315-344.

7 自主的持続可能性基準（VSS）の普及に向けた公私協働の模索

ており，これを埋める手段として VSS が導入されたとの見方が支配的であり，規制などを通じた各国政府の関与が行き届かないことが制度的空白の一因であるとみなされてきたためであろう[8]。

　しかしながら，この説明は揺籃期における VSS 導入の経緯についての説明としては成り立つとしても，VSS が揺籃期から成長期を経て普及期に至る今日までの各国政府の関与に関する説明としては正確さを欠いている。本稿Ⅱで後述するように，欧米先進国政府は VSS の揺籃期に VSS の一部を国の公的な基準に取り込むなどの支援策を講じた。また，欧米先進国政府は UNFSS に代表される国連諸機関などの VSS 普及活動を資金面で支えてきた。最近では自由貿易協定（FTA）の規制協力（regulatory co-operation）の一環として VSS の普及を規定する例もある[9]。VSS が普及期から定着段階に移行するためには，グローバルな供給網の一角を占めるに至った新興国の政府が自国の VSS 策定者や利用者に適切な支援を与えること，さらに現在はグローバルな供給網に参加していない多数の途上国の政府が VSS の策定と利用を促す方策を講じることが必要である。以上の問題意識に基づき，本稿は，VSS の普及と定着に向けた新興国及び途上国政府の役割に焦点を当て，新興国及び途上国における VSS の策定と利用を促すための公私協働の現状と課題を考察する。まず，Ⅱで VSS の揺籃期から現在までの展開を辿り，VSS の展開における欧米先進国政府の関与と公私協働を振り返る。Ⅲで新興国における VSS の普及とそこにおける新興国政府の関与と公私協働の現状と課題を見る。Ⅳでは分析のまとめとして，VSS の普及と定着に向けた新興国及び途上国政府の役割と公私協働

---

(8)　例えば，山田高敬は，企業の人権に関する社会的責任を原則化した 2011 年の「国連企業と人権に関する指導原則」の企業による受容を可能にした要因として，この意味での制度的空白が生まれたことを指摘する。参照，山田高敬「第1章 『企業と人権』をめぐる多中心的なガバナンスの試み」西谷編・前掲注(3)，43-45 頁。

(9)　例えば，カナダと EU との包括的経済貿易協定（Comprehensive Economic and Trade Agreement, CETA）は第 22 章「貿易と持続可能な開発」の第 22.3 条で「エコラベリングやフェアトレードスキームなどの持続可能な物品・サービスの生産に関わる自主的なスキームの発展と利用を促進すること」で締約国が協力することをうたった（同条 2 項(a)）。なお，FTA や二国間投資条約（BIT）における VSS への言及につき，参照，Rafael Peels et al., "Corporate Social Responsibility in International Trade and Investment Agreements: Implications for States, Business and Workers", *ILO Research Paper No. 13*, 2016.

〔中川淳司〕

の強化の方策を提言する。

　分析に移る前に，本稿で分析枠組として用いる公私協働（public private partnership）の概念の意義について説明する。公私協働は狭義には政府と私企業が連携して公共財・サービスを提供する事業形態を指す[10]。本稿はこれより広く，公共政策の立案と実施に当たって公的主体（国際機関，政府機関，公企業など）と私的主体（私企業，NGO など）が協調・協力する連携一般を指す概念として公私協働を定義する[11]。広義の公私協働は地域コミュニティや地方自治体などのサブナショナルなレベルでも見られるが，グローバル化が進む世界経済において環境保全，持続可能な資源利用，人権保障などの公共政策目標を追求するため，国際機関や各国政府などの公的主体と私的主体との公私協働が重要な役割を果たしている。本論文は，VSS に関する従来の研究では十分に焦点が当てられなかった各国政府と他のアクター（規範策定者，利用者）の関係に焦点を当て，VSS の普及と定着に向けて新興国及び途上国の政府が果たす役割を明らかにすることを目指す。

Ⅱ　VSS の展開と公私協働

1　VSS の揺籃期における公私協働

　VSS の起源は英国の農業者グループ Soil Association（1946 年発足）が 1967 年に策定した有機農業の基準に求められる[12]。1972 年には欧州各地と米国，南アフリカの有機農業を推進する団体を糾合し，有機農業の基準の統合を目指す IFOAM（International Federation of Organic Agriculture Movements）が設立された[13]。同様に，欧州の国内で発足した VSS がグローバルな VSS に発展

---

[10]　例えば参照，特定非営利活動法人日本 PFI・PPP 協会「『PPP』とは」。<http://www.pfikyokai.or.jp/about/>

[11]　同様の考え方として，紙野健二は，現実に（公私）協働といわれるものをそのまま受け入れ，広くこれをとらえるという立場から，（公私）協働を①主体の複数性，②公共目的の共有，③相互協力，の 3 要素から成る現象と定義する。参照，紙野健二「協働の観念と定義の公法学的検討」『法制論集』225 号，2008 年，1-28 頁，11 頁。

[12]　参照，Soil Association, Our history. <https://www.soilassociation.org/about-us/our-history/>

[13]　参照，David Ovando Jeria and Miguel Araque Vera, "Evolution of VSS: From Niche to Mainstream", in Carsten Smitz-Hoffmann, *et al.* eds., *Voluntary Standard Systems: A Contribution to Sustainable Development*, Springer, 2014, pp. 49-57, p. 51.

159

7 自主的持続可能性基準（VSS）の普及に向けた公私協働の模索

した例として，Fair Trade 認証が挙げられる。その起源は 1988 年にオランダの開発援助 NGO である Solidaridad が発足させた Max Havelaar 認証である[14]。同種の認証が欧米諸国で策定され，1997 年にこれらを統合する Fairtrade Labeling Organizations International（FLO）が発足した[15]。これらは特定の国で発足した VSS がきっかけとなって他の国でも同種の VSS が策定され，それらを統合するグローバルな団体が組織されて VSS がグローバル化するという経緯を辿った。

これらを第一世代の VSS と名づけるとすれば，1990 年代には第二世代の VSS として，当初からグローバルな基準・認証制度として VSS を構想し策定する NGO が登場した。その嚆矢となったのは 1993 年に発足した森林資源の管理に関する FSC（Forest Stewardship Council, 森林管理協議会）である。その後，漁業に関する MSC（Marine Stewardship Council, 1997 年発足），農業に関する RA-SAN（Rainforest Alliance's Sustainable Agriculture Network, 1997 年発足），労働に関する SAI（Social Accountability International, 1997 年発足）などが相次いで発足した。

これら第二世代の VSS に共通するのは，専ら NGO や企業が策定のイニシアティブをとっており，国家が策定過程には関与していないことである。その背景には，供給網のグローバル化が進む一方で，グローバル供給網全体の持続可能性や人権保障などの課題に取り組むための公的な制度が未発達であり，制度的な空白が生じていたという事情がある。グローバルな供給網を展開する製造業者や大規模小売店などの私企業の本国である先進国は環境保全，持続可能な資源利用，人権保障などに関する高水準の国内法や規制を整備してきたが，これらの法規制はグローバルな供給網全体には及ばない。他方で，グローバルな供給網に含まれる新興国や途上国では環境保全，持続可能な資源利用，労働基準，人権などに関する高水準の国内用や規制が整備されていないか，整備されていてもその執行が不十分であった。また，これらのグローバルな持続可能性や社会的な政策課題に対処するための条約締結などの公式の国際的な取組みは目立った進展を見せなかった。そこで，VSS がこの規制の空白を埋め

---

(14)　参照，Solidaridad Network, About. <https://www.solidaridadnetwork.org/about>

(15)　参照，Fairtrade International, History of Fairtrade. <https://www.fairtrade.net/about-fairtrade/history-of-fairtrade.html>

るべく策定された。例えば，FSC は，熱帯雨林の保全に関する NGO のキャンペーンや NGO が欧米の先進国政府とともに取り組んだ熱帯雨林保全のための国際条約策定の取組みが奏効しなかったことを受けて，NGO の WWF（World Wide Fund for Nature, 世界自然保護基金）が林業，製紙，家具，流通・小売業などの企業との協働により発足させたという経緯がある[16]。同様に，MSC は WWF と多国籍食品企業である Unilever 社との協働であったし，SAI は企業，労働組合と NGO の協働であった[17]。

　とはいえ，VSS の揺籃期においても政府の関与と公私協働が見られなかったわけではない。そもそも最初期の VSS である Blue Angel プログラムは 1978 年に西ドイツ政府が発足させたものである。1979 年には米国カリフォルニア州が有機食品法（Organic Food Act）を制定し，同州の有機農業者団体 California Certified Organic Farmers（CCOF）の策定した基準を有機農業の基準として同法に取り込んだ[18]。第二世代の VSS は国家の関与なしに策定されたが，その普及に当たっては欧米先進国の政府が重要な役割を果たした。例えば，オーストリア政府は，1992 年に導入した違法伐採された木材の輸入禁止措置に対して，木材輸出国から GATT に違反する輸入制限であるとの抗議を受けてこれを廃止したが，その翌年，廃止した規制の実施に割り当てられていた予算を FSC への補助金として支出した[19]。このオーストリアのケースは，GATT 違反の可能性がある熱帯木材の輸入制限という公式の規制措置に代えて，輸入国政府が VSS である FSC の導入を支援した事例として注目に値する。労働基準の分野では，米国のクリントン政権が 1996 年に繊維産業の労働分野の VSS 策定組織である Apparel Industry Partnership（AIP）の設立を支援し，さらに 1999 年には AIP から派生した Fair Labor Association（FLA）と 1997

---

(16)　参照，Steering Committee of the State-of-Knowledge Assessment of Standards and Certification, *Toward Sustainability: The Roles and Limitations of Certification*, RESOLVE, 2012, pp. 6-7.

(17)　参照，*ibid.*, p.7.

(18)　参照，California Certified Organic Farmers, Our History. <https://www.ccof.org/ccof/history>

(19)　スイスとオランダも同様に FSC に対して補助金を支出した。参照，Tim Bartley, "Institutional Emergence in an Era of Globalization: The Rise of Transnational Private Regulation of Labor and Environmental Conditions", *American Journal of Sociology*, Vol. 113, No. 2, 2007, pp. 297-351, p. 321.

7 自主的持続可能性基準（VSS）の普及に向けた公私協働の模索

年に発足したSAIに財政支援を行った[20]。

2　VSSの成長期における公私協働

　2000年代以降のVSSの成長期にはVSSの数が着実に増加した（前掲図1を参照）。それと同時に第三世代のVSSとして，特定の物品ごとに企業，NGOと政府の関係者が参加する合議体（roundtable）が策定するVSSが登場する。2004年に設立されたパーム油に関する合議体RSPO（Roundtable for Sustainable Palm Oil）がその嚆矢であり[21]，その後，大豆のRTRS（Roundtable on Responsible Soy，2006年設立)[22]，バイオ燃料のRSB（Roundtable for Sustainable Biofuel，2006年設立，その後Roundtable for Sustainable Biomaterialsと改称)[23]，砂糖キビのBonsucro（2008年設立）[24]，牛肉のGRSB（Global Roundtable for Sustainable Beef，2010年設立)[25]が設立されている。

　VSSの成長期に新たに生じたもう一つの動きはVSS策定団体の連携強化の動きである。1990年代末以来，FSC，IFOAMとMSCの3組織の間で連携強化の協議が進められていたが，これにさらに4組織[26]が加わり，2002年にISEAL Alliance（International Social and Environmental Accreditation and Labelling Alliance）が発足した[27]。VSSの質や基準の向上を保証し，VSSの信頼性と正統性を高めることがその重要な目的である。

　揺籃期に続いて，VSSの成長期にもVSSの普及に向けた公私協働が見られた。それは大別すると，① VSSの普及に向けた法的枠組の提供，②規制・政

---

(20)　参照，*ibid.*, pp. 329-330.

(21)　参照，Roundtable for Sustainable Palm Oil, About Us. <http://www.rspo.org/about>

(22)　参照，Round Table on Responsible Soy, History. <http://www.responsiblesoy.org/about-rtrs/history/?lang=en>

(23)　参照，Roundtable for Sustainable Biomaterials. Who we are. <http://rsb.org/about/who-we-are/>

(24)　参照，Bonsucro, About Bonsucro. <http://www.bonsucro.com/en/what-is-bonsucro/>

(25)　参照，Global Roundtable for Sustainable Beef, Who we are. <http://grsbeef.org/WhoWeAre>

(26)　有機認証のIOAS（International Organic Accreditation Service），海洋水族館のMAC（Marine Aquarium Council），RA-SANとSAIの4組織。

(27)　参照，ISEAL Alliance, About us. <https://www.isealalliance.org/about-us>

〔中川淳司〕　　　　　　　　　　　　　　　　　Ⅱ　VSS の展開と公私協働

策を通じた VSS の普及，③政府調達を通じた VSS の普及，④ VSS への資金
提供の 4 形態をとった。

　各国政府は VSS の普及に向けた法的枠組を提供した。第一に資源管理の法
的枠組である。例えば，MSC の持続可能な漁業基準は，中核的な 3 原則の第
3 として，「漁業は，地方の法，国家法及び国際法と基準を尊重し，責任ある
持続可能な資源利用を義務付ける制度と運用の枠組を組み入れた，実効的な
管理システムに従う」という原則を掲げる[28]。その意味で，MSC の持続可能
な漁業基準の実効性は各国政府が運用する漁業資源管理制度の実効性に依存し
ている。MSC の持続可能な漁業基準認証を受けた漁獲が欧米の先進国で最も
高い比重を占めているのはそのためであろう[29]。第二に，土地所有権を初めと
する私的所有権や入会権などの法制度である。これらの法制度が整っていな
い，あるいはその執行が不十分である国では VSS が有効に機能することは難
しい。インドネシアで FSC の認証件数が少ない原因としてこの点を指摘する
研究がある[30]。第三に，違法に伐採・漁獲された物品の輸入規制である。米国
は 2008 年に Lacey Act を改正し，従来は違法に捕獲された動物に限られてい
た輸入禁止の対象に違法に伐採された木材を追加した[31]。EU は 2003 年に導入
した Forest Law Enforcement Governance and Trade（FLEGT）行動計画[32]に
基づいて，2010 年に木材規則[33]を策定し，違法伐採された木材の輸入を禁止

---

[28]　参照，Marine Stewardship Council, MSC Fisheries Standard and Guidance v2. 0, 1
October 2014, p. 6, Principle 3: Effective Management. Available at <https://www.msc.
org/documents/scheme-documents/fisheries-certification-scheme-documents>

[29]　参照，Steering Committee of the State-of-Knowledge Assessment of Standards and
Certification, *supra* n. 16, Appendix E, p. A-74.

[30]　参照，Dwi Rahmad Muhtaman and Ferdinandus Agung Prasetyo, "Forest
Certification in Indonesia", in Benjamin Cashore *et al.*, eds., *Confronting Sustainability:
Forest Certification in Developing and Transitioning Countries*, Yale Publishing
Services Center, 2006, pp. 33-68, pp. 52-56.

[31]　参照，Jeffrey P. Prestemon, "The Impacts of the Lacey Act Amendment of 2008
on U. S. Hardwood Lumber and Hardwood Plywood Imports", *Forest Policy and
Economics*, Vol. 50, 2015, pp. 31-44.

[32]　参照，European Commission, Forest Law Enforcement, Governance and Trade
(FLEGT), Proposal for an EU Action Plan, Communication from the Commission to
the Council and the European Parliament, 21 May 2003. Available at <http://eur-lex.
europa.eu/legal-content/EN/TXT/?uri=CELEX:52003DC0251>

[33]　EU Timber Regulation, No. 995/2010, 20 October 2010. Available at <http://eur-lex.

163

7 自主的持続可能性基準（VSS）の普及に向けた公私協働の模索

した[34]。これらの国内法は木材・木材製品の輸入者に対して輸入する木材・木材製品が違法伐採されたものでないことを確保するよう求めている。この要件を満たすため，伐採地から消費者に届くまでの各段階において認証された森林からの木材・木材製品を他と区別する体制になっていることの認証（Chain of Custody 認証，CoC 認証）に関する VSS が策定されることになった[35]。

VSS の成長期における VSS の普及に向けた公私協働の第二の形態は，政府の規制・政策を通じた VSS の普及である。第一に，政府が VSS を自国の規制・政策に取り込む場合がある。例えば，米国の多くの州政府や地方自治体は，建物の省エネルギーや環境配慮に関する VSS である LEED（Leadership in Energy and Environmental Design）規格をその建築規制に取り込んでいる。取込みの態様は，新規の建物に LEED 認証の取得を義務付ける，LEED 規格に適合する建物に税の減免を与えるなど様々である[36]。第二に，政府が規制・政策の策定に当たって既存の VSS を参考にする場合がある。例えば，インドネシアは，1998 年に森林認証制度（Yayasan Lembaga Ekolabel Indonesia, LEI）を策定するに当たって FSC の認証制度を参照した[37]。第三に，政府の規制と VSS の間で相互承認の取決めを締結する場合がある。例えば，2000 年には前述のインドネシアの LEI と FSC による共同認証プログラムが発足し，LEI と FSC の両規格を満たす場合に共同認証を与えることとした[38]。同様に，マレーシアは 2001 年以来運用している森林認証制度（Malyasian Timber Certification Schemes, MTCS）について，2009 年に VSS である PEFC（Programme for the Endorsement of Forest Certification Schemes）との間で相互承認を行っている[39]。

---

europa.eu/legal-content/EN/TXT/?uri=CELEX:32010R0995>

[34] 参照，EUFLEGT Facility, What is FLEGT? <http://www.euflegt.efi.int/what-is-flegt>

[35] 参照，Benjamin Cashore & Michael W. Stone, "Can Legality Verification Rescue Global Forest Governance? Analyzing the Potential of Public and Private Policy Intersection to Ameliorate Forest Challenges in Southeast Asia", *Forest Policy and Economics*, Vol. 18, 2012, pp. 13-22, p. 18.

[36] Steering Committee of the State-of-Knowledge Assessment of Standards and Certification, *supra* n. 16, pp. 75-76.

[37] 参照，Muhtaman and Prasetyo, *supra* n. 30, p. 44.

[38] 参照，*ibid.,* p. 47.

[39] 参照，内藤大輔「先住民族の生活と森林認証──マレーシアの認証林の事例から」大元鈴子・佐藤哲・内藤大輔編『国際資源管理認証──エコラベルがつなぐグローバルとローカル』（東京大学出版会，2016 年）167-182 頁，169 頁。

〔中川淳司〕　　　　　　　　　　　　　　　　　　Ⅱ　VSS の展開と公私協働

　VSS の成長期における VSS の普及に向けた公私協働の第三の形態は，政府調達を通じた VSS の普及である。例えば，日本は 2000 年にグリーン購入法（国などによる環境物品などの調達の推進などに関する法律）[40]を制定して，国，都道府県その他の地方公共団体，独立行政法人などの調達に当たって環境物品（環境への負荷の低減に資する原材料・部品，製品及びサービス[41]）の調達を推進することを決めた。林野庁が策定した同法に基づいて調達される木材・木材製品の合法性，持続可能性の証明のためのガイドラインは，証明方法の一つとして FSC などの森林認証及び CoC 認証を挙げている[42]。同様に政府調達の条件として VSS 準拠を掲げる国や地方自治体は多数に上る[43]。

　VSS の成長期における VSS の普及に向けた公私協働の第四の形態は，政府から VSS への資金提供である。前述の通り[44]，VSS の揺籃期にも FSC への財政支援を行ったオーストリア，スイス，オランダ政府の例や，Apparel Industry Partnership（AIP）の設立を支援した米国クリントン政権の例があった。1993 年の建物の省エネルギーや環境配慮に関する VSS である LEED の設立に対しては米国連邦政府（連邦エネルギー庁及び国立標準技術研究所）が助成を行った[45]。最近では，養殖分野の VSS 策定機関である Aquaculture Stewardship Council が 2010 年に設立されるに当たって資金援助を行ったオランダ政府系の IDH（Sustainable Trade Initiative）の例がある[46]。以上は VSS を策定する NGO などへの財政支援であるが，その他に VSS の認証に必要な費用の助成という財政支援を行った例がある。例えば，イタリアのトスカーナ州政府は 2002 年に，州内の中小企業が前述の労働に関する NGO である SAI

---

[40]　平成 12 年法律第 100 号。

[41]　環境物品の定義につき参照，グリーン購入法（前掲注[40]）第 2 条第 1 項 1 号～ 3 号。

[42]　林野庁「木材・木材製品の合法性，持続可能性の証明のためのガイドライン」2001 年 2 月，2 頁及び参考 1 。以下よりアクセス。<http://www.rinya.maff.go.jp/j/boutai/ihoubatu/cyoutatu.html>

[43]　参照，OECD, *Going Green: Best Practices for Sustainable Procurement*, OECD, 2015.

[44]　前掲注[19]，[20]及びそれらに対応する本文を参照。

[45]　参照，Timothy M. Smith and Miriam Fischlein, "Rival Private Governance Networks: Competing to Define the Rules of Sustainability Performance", *Global Environmental Change*, Vol. 20, 2010, pp. 511-522, p. 517.

[46]　参照，Aquaculture Stewardship Council, History. <https://www.asc-aqua.org/about-us/history/ >

7 自主的持続可能性基準（VSS）の普及に向けた公私協働の模索

が策定した SA8000 の認証を取得する費用を助成する Fabrica Ethica プログラムを導入した。その結果，2008 年 4 月までにトスカーナ州の 242 の企業が SA8000 の認証を取得したという[47]。

3 公私協働の動機

　VSS の成長期における VSS の普及に向けた公私協働の諸形態を概観した。それでは，先進国政府が VSS の普及に向けた公私協働に踏み切ったのはなぜだろうか。これには大別すると 3 種の動機があったと整理できる。第一に，VSS の普及に向けた公私協働が政府にとって公共政策の追求手段として有効であるという戦略的動機である。先進国政府は自国企業が展開するグローバルな供給網の全体で持続可能な資源利用と環境保全，労働基準や人権の保障を確保する政策手段を持たない。先進国政府にとって VSS はこの不備を補完する効果を持つ。しかも，VSS を通じて持続可能な資源利用などの公共政策目的を追求することは，政府が規制対象の産業や企業と癒着し，私企業の利害の奉仕者となっている（capture）という批判をかわすこともできる。法的拘束力を持つ公式の規制を策定したり補助金を支出したりするといった政府の他の公共政策追求手段に比べて政治的なコストや実施費用の節約にもなる。公式の規制に比べると VSS には柔軟性もある。先進国政府は VSS に以上のメリットを認めてその普及に向けた公私協働を展開した[48]。

　第二に，以上の功利的な動機に加えて，VSS が標榜し追求する持続可能な資源利用，環境保全，労働基準や人権の保障などの社会的な価値に対する政府のコミットメントも先進国政府が VSS の普及に向けた公私協働を展開する動機となった。先進国の政府機関の中でも特に環境保護，公衆衛生，持続可能性，途上国の経済開発などの業務を担当する政府機関は，当該機関のミッションと VSS の追及する価値との親和性が高い。また，これらの機関はそのミッショ

---

[47]　参照，Christine Carey, *E055 Governmental Use of Voluntary Standards Case Study 10: Tuscany Region (Italy) and the SA8000 Standard for Social Accountability*, ISEAL Alliance, 2008, pp. 7-10.

[48]　Carey と Buttenstein はこの点をとらえて，政府がそのミッションを追及する手段として VSS を利用する（mission drivers）と主張する。参照，Christine Carey and Elizabeth Buttenstein, *Governmental Use of Voluntary Standards: Innovation in Sustainability Governance*, ISEAL Alliance, 2008, p. 17.

〔中 川 淳 司〕　　Ⅲ　新興国における VSS の普及に向けた政府の関与と公私協働

ンを独自に追及するよりも国際的に知名度の高い VSS との連携を通じた方が
より効果的にそのミッションを追求できると判断する場合がある。

　第三に，規範的な動機である。VSS が追求する持続可能な資源利用，環境
保全，労働基準や人権の保障などはグローバルに共有された社会的な規範と
なっており，先進国政府は VSS の普及に向けて関与することでこれらの社会
的な規範をその政策に取り込むことができる。ただし，ここでいう「グロー
バルに共有された社会的な規範」は無条件で存在するものではない。VSS は
普及の途上にある。その意味で，VSS が追求する目標はグローバルに共有さ
れた社会的な規範として確立する過程にあると解するのが妥当であろう。VSS
の多くは国連や ILO（国際労働規範）が策定した条約などの文書を援用する。
それにより，VSS の追及する目標がグローバルに共有された社会的な規範と
して正当性を持つことを補強するのがねらいである。この点は特に VSS が先
進の消費者が自分たちの価値を途上国に押し付ける手段になっているとの批
判をかわすために重要である[50]。

Ⅲ　新興国における VSS の普及に向けた政府の関与と公私協働

　本稿Ⅰで見た通り，VSS は 1990 年代の揺籃期，2000 年代の成長期を経て
2010 年代は普及期に入った。VSS 普及の鍵を握るのはグローバル供給網にお
けるプレゼンスを高めている新興国において VSS が普及し定着することであ
る。この点については，楽観的な見方と悲観的な見方が交錯している。一方で，
カナダに本拠を置くメディア・リサーチ・金融情報コンサルタント企業である
Corporate Knights が発表した 2010 年の「世界で最も持続可能な会社ベスト
100（Global 100）」には，新興国の企業が 12 社ランク入りしており[51]，2005 年

⑷　Carey と Buttenstein はこの点をとらえて，政府が VSS のガバナンス価値を認めて
　　VSS を利用する（governance drivers）と主張する。参照，*ibid.*, p. 14.

⑸　参照，Steering Committee of the State-of-Knowledge Assessment of Standards and
　　Certification, *supra* n. 16, pp. 36-37.

⑸　ブラジルの Banco Bradesco SA（94 位），Petroleo Brasileiro SA（96 位），Natura
　　Cosmeticos SA（99 位），香港の MTR Corp.（72 位），インドの Tata Steal Ltd.（90 位），
　　Housing Development Finance Corporation（92 位），南アフリカの Anglo African
　　Platinum Ltd（82 位），韓国の Samsung Electronics Ltd（91 位），POSCO（93 位），シ
　　ンガポールの Sembcorp Industries Limited（78 位），City Developments Ltd（81 位），
　　台湾の Taiwan Semiconductor Manufacturing Company（98 位）である。

167

7 自主的持続可能性基準 (VSS) の普及に向けた公私協働の模索

には1社もランク入りしていなかったことから見れば，新興国企業の持続可能
性などの社会的目標達成への関心と注力は確実に高まっているといえる[52]。他
方で，新興国企業が VSS 準拠の費用負担を嫌って VSS の導入に消極的な姿勢
をとることを示す事例研究もある[53]。新興国における VSS の普及がどの程度
進んでいるかを示すデータが完備されていない中で，楽観的な見方と悲観的な
見方が同時に提示されている。

そこで，本節では，新興国5ヶ国（ブラジル，中国，インド，インドネシア，
南アフリカ）における VSS の普及に関する最近の実証研究の成果[54]に拠りなが
ら，新興国における VSS の普及を促進する要因と阻害する要因，VSS の普及
における政府の役割と公私協働の可能性について考察することにする。

1 新興国における VSS の普及：促進要因と阻害要因

本節で依拠した研究は，ドイツの政府系シンクタンクであるドイツ開発政策
研究所（Deutsches Institut für Entwicklungspolitik, DIE）が新興国5カ国のシン
クタンクの研究者に委託したこれらの国における VSS の普及に関する実証研
究の成果を総合したものである。研究の直接の背景となったのは 2016 年の以
下の一連の動きである。5月の G7 伊勢志摩サミット首脳宣言が「グローバル
供給網における国際的に承認された労働，社会及び環境基準のより良い適用
に向けて努力する」ことをうたい，7月の G20 ハンブルグサミット首脳宣言
が「グローバル化の便益の共有」という標題の下に持続可能なグローバル供給
網と基準に一節を充てた。G20 はこの年の議長国であるドイツの提唱により

　<http://www.corporateknights.com/reports/2005-2011-archives/2010-global-100-results-12641729/>

[52]　参照, Simon Zadek, "Emerging Nations are Embracing Sustainability", *The Guardian Professional Network blog*, posted 11 February 2011. <https://www.theguardian.com/sustainable-business/blog/emerging-nations-business-embracing-sustainability>

[53]　例えば参照, Center for Responsible Business, Responsible Business Practices in the Indian Palm Oil Sector, Center for Responsible Business, 2014.（パーム油の世界最大の輸入国であるインドにおいてパーム油の VSS に準拠する割合が極めて低いことを指摘する。）

[54]　参照, Christoph Sommer, "Drivers and Constraints for Adopting Sustainability Standards in Small and Medium-sized Enterprises (SMEs)", *German Development Institute Discussion Paper 21/2017*, 2017.

〔中川淳司〕　　　Ⅲ　新興国における VSS の普及に向けた政府の関与と公私協働

雇用作業部会（G20 Employment Working Group, EWG）で持続可能な供給網の促進をその重点目標の１つに掲げ，世界銀行グループが主導した金融包摂のためのグローバル・パートナーシップ（Global Partnership for Financial Inclusion, GPFI）の中小企業金融部会でも VSS の促進における金融の役割が検討された[55]。つまり，2016 年に主要国及び新興国で構成される G7 や G20 などの会議体で VSS の普及が重要な政策課題としてうたわれ，特に新興国における VSS の普及と定着に向けた方策に関心が寄せられた。以上の背景の下で，本研究は新興国における VSS の普及のカギを握る中小企業による VSS の採用の促進促進要因（drivers）と阻害要因（constraints）を検討した。

選ばれた５ヶ国は，VSS の普及の制度的前提である基準認証制度インフラ（quality infrastructure, QI）が比較的整備されている点で共通していることから，中小企業による VSS の採用の促進要因と阻害要因の分析に適していると判断された[56]。分析の焦点は VSS であるが，新興国における持続可能性基準の全体像を把握するため，政府などが策定した公的な強制規格（規制など），公的な自主的基準（ILO の多国籍企業行動指針など），私的な強制規格（国の規制がVSS を取り込んだ場合など）の状況も併せて検討された[57]。分析は中小企業関係者からの聞き取り調査と文献調査（一次資料及び二次文献）を通じた質的分析として実施された[58]。分析結果を表１にまとめた[59]。

表中で，＋は促進要因，－は阻害要因を指す。促進要因あるいは阻害要因としてやや弱いものは（＋），（－）と表示されている。対象国により，促進要因として妥当するものが一致する場合とそうでない場合があり，同様に阻害要因も対象国により完全には一致しない。

分析結果をかいつまんで紹介すると，促進要因として最も重要なのは需要（demand）に関わる要因であり，中でも VSS を採用した物品やサービスに対する需要があることである。それは主として VSS を採用すればグローバル供給網への編入を通じて先進国の輸出市場にアクセスできる場合を指すが[60]，ブ

---

(55)　参照，*ibid.,* p. 6.

(56)　参照，*ibid.,* pp. 7-8.

(57)　参照，*ibid.,* p. 10.

(58)　参照，*ibid.,* p. 8.

(59)　出典，*ibid.,* p. 49, Table 4。ただし，同文献の分析内容と照合して表に若干の修正を加えた。

7 自主的持続可能性基準（VSS）の普及に向けた公私協働の模索

表1　新興5ヶ国における中小企業のVSS採用の促進要因と阻害要因

			ブラジル	中国	インド	インドネシア	南アフリカ
促進要因	需　　要	GVC及び輸出市場アクセス	＋	＋	＋	（＋）	（＋）
		国内市場開拓	（＋）	（＋）			（＋）
		政府調達市場アクセス	＋				（＋）
	政策環境	規制とその執行	＋	（＋）	＋	＋	
		財政支援・技術支援	＋		＋	＋	（＋）
	企業及びビジネス環境	経済効率	（＋）		（＋）		
		企業経営者のVSS認知	＋		（＋）		
		融資へのアクセス				（＋）	（＋）
阻害要因	企業及びビジネス環境	実施費用・認証費用	－	－	－	－	－
		企業のVSS認知	（－）	－	－	－	－
		情報・技術ギャップ	－	－	－	－	－
		企業規模	－				
		融資へのアクセス					
		基準認証制度インフラ		（－）			（－）
	政策環境	規制とその執行	－	（－）	－	－	
		基準の現地化				（－）	
	需　　要	消費者の認知		－	－		－

ラジル，中国，南アフリカの調査では国内市場でもVSSに対する需要が次第に増加しており，こうした国内市場需要がVSSを採用する促進要因となることが指摘される。これに対して，インドとインドネシアではVSSに対する国内の消費者の認知度が低いこと，またVSS適合商品に価格プレミアムを支払うことができる中間層の規模が小さいことから，国内市場のVSS適合商品に

⒂　南アフリカの場合，中小企業による輸出市場の91％をサブサハラアフリカ諸国が占めており，こうした輸出市場ではVSSへの需要に乏しいため，輸出市場アクセスがVSSの促進要因としては妥当しない。参照，*ibid.*, p. 43.

170

〔中川淳司〕　　　Ⅲ　新興国における VSS の普及に向けた政府の関与と公私協働

対する需要は小さい。そして，VSS を選好しない国内市場の規模が大きいことが，これらの国で VSS が普及しない阻害要因となっている[61]。VSS に対する需要としては政府調達も重要である。新興国中小企業の大半にとって，リード企業との契約を通じてグローバル供給網に参加し，先進国の輸出市場アクセスを獲得する機会を得ることは難しく，したがって主たる市場は国内市場ということになる。政府や政府系機関が VSS の採用を調達の条件として設定すれば（グリーン調達），VSS の普及にとって追い風となる。ブラジルでは法令により特定の政府調達に当たっては環境配慮や社会的配慮を行った物品やサービスの調達が義務付けられており，そのことが中小企業にとって VSS 採用の促進要因となっている。2012 年には連邦政府による持続可能な調達の 57 ％が中小企業からのものであったという。ただし，政府調達全体の中でグリーン調達の占める割合はあまり大きくない[62]。

新興国の中小企業による VSS 採用の促進要因の第二のカテゴリーは政策環境に関わる。これには政府が中小企業の VSS 採用に向けて技術支援や助言を行う場合（ブラジル，インドネシア，南アフリカ），政府が中小企業の VSS 採用に補助金を支出する場合（インド，南アフリカ），政府が規制の策定及びその執行，独自の持続可能性基準の策定及びその強制ないし奨励を通じて VSS の採用を後押しする場合が含まれる。技術支援，助言，補助金は直接的な支援であるが，その規模はいずれも大きくない。例えば，南アフリカ度量衡基準局（South African Bureau of Standards, SABS）は最近，グローバル供給網を形成する鉱山企業とともにサプライヤーである中小企業の VSS 遵守費用を支援するプログラムを開始した。このプログラムでは遵守費用の 80 ％を鉱山企業，15 ％を SABS が負担し，中小企業は 5 ％を負担するだけで良い。今後はこのプログラムを他分野に拡大することが課題である[63]。

政府が環境や労働などの社会的目標を規制として策定し，その履行を強制することは中小企業がこの種の規制の遵守を通じて VSS の採用に必要な投資を

----

(61)　インドにつき参照，*ibid.*, p. 34. インドネシアにつき，参照，*ibid.*, p. 50.

(62)　2012 年のブラジル連邦政府の全調達額約 400 億米ドルのうち，グリーン調達の総額は 2,200 万ドルに留まる。本文の数字はそのうちの内数である。ただし，グリーン調達の額は伸びる傾向にあるという。参照，*ibid.*, p. 22, n. 8.

(63)　参照，*ibid.*, p. 44.

7 自主的持続可能性基準（VSS）の普及に向けた公私協働の模索

行い，スキルを獲得することにつながる。また，中国とインドネシアは国際的なVSSとは別に独自の公的な持続可能性基準を策定してその遵守を義務付けたり奨励したりするようになっている。これも中小企業によるVSSの採用に必要な投資の実施とスキルの獲得につながる[64]。ただし，政府の規制や独自の持続可能性基準はVSSの普及にとって両刃の剣であることに注意が必要である。政府が規制を策定してその遵守を強制すれば，中小企業はその遵守費用を負担しなければならない。規制の内容がVSSと整合的であればよいが，そうでなければVSSの遵守のために中小企業はさらに追加的な費用を負担しなければならなくなる。新興国が独自の持続可能性基準を策定することには，その国に固有の自然条件や社会的条件を勘案し，先進国で策定されたVSSを修正する意義が認められるかもしれない。他方で，これらの国の企業は，グローバル供給網への参入などを通じて先進国市場に輸出しようとすれば，独自の持続可能性基準の遵守費用に加えて，グローバルなVSSの遵守のために追加的費用を負担しなければならなくなる。以上が示すように，政府が規制や独自の持続可能性基準を設けることはそれ自体がVSSの普及にとっての阻害要因となる可能性がある[65]。

　新興国の中小企業によるVSS採用の促進要因の第三のカテゴリーは企業とビジネス環境に関わる。VSSの採用が製造工程でのエネルギー消費の節減などを通じて事業の効率化につながれば，それは中小企業がVSSを採用する動機になる。また，金融機関や投資家がVSSの採用を融資条件として勘案するようになれば，それも中小企業がVSSを採用する動機になる。こうした事例が紹介されているが，いずれも萌芽的なものにとどまっており，普及にはつながっていない。注目すべき事例として，ブラジルでは若い世代の中小企業の経営者の間でVSSの認知度が上昇してきていることが報告されている[66]。

　新興国の中小企業によるVSSの採用を阻害する要因の多くは企業とビジネス環境に関わる。最大の阻害要因はVSSの実施費用と認証のための費用の負担である。これらの費用の多くは固定費であるため，中小企業にとっての負担は過大となる。費用が負担できずVSSを取得できないと，VSSの遵守が条件

---

[64]　参照，*ibid.*, p. 51.

[65]　参照，*ibid.*, pp. 54–55.

[66]　参照，*ibid.*, p. 52.

〔中川淳司〕　　　Ⅲ　新興国における VSS の普及に向けた政府の関与と公私協働

となるグローバル供給網には参入できない状況が固定化される。他方で，VSS
の認知度が低く，VSS に適合する商品に価格プレミアムが認められない国内
市場の規模が大きければ，中小企業が VSS を採用しようとする動機が生じな
い。輸出市場の VSS 認知度が低い場合も同様である[67]。

　同じく企業に関わる阻害要因として，VSS に対する認知度の低さも調査対
象 5 ヶ国に共通して指摘されている。新興国中小企業の経営者は総じてグロー
バルな VSS を知らないため，そもそも VSS を経営戦略に取り込もうとしない。
これと表裏をなす阻害要因として，中小企業が VSS に関する情報や VSS を実
施するための専門知識やスキルを欠いていることも調査対象国の多くで指摘さ
れている。新興国中小企業の経営者が VSS を認知したとしても，複数の VSS
のうちどれを採用すればよいか，VSS の実施や認証に要する費用はいくらか，
VSS を採用すればどのような便益が得られるのか等々，多くの疑問が解消さ
れなければ VSS の採用に踏み切ることはできない。

　企業に関わる阻害要因として，企業の規模が小さいことがブラジルと南アフ
リカの調査で指摘されたが，その含意は異なっている。ブラジルの調査では企
業規模の小ささが VSS の採用に必要な設備投資の阻害要因になっていること
が指摘された。南アフリカの調査では，グローバル供給網のリード企業に比べ
て中小企業の規模が小さいため，VSS の採用に当たって有利な契約条件（例え
ば，VSS の実施費用や認証費用の一部をリード企業が負担するといった）を得られ
ないことが阻害要因になっていると指摘された[68]。

　ビジネス環境に関わる阻害要因として，VSS の実施や認証に要する費用の
融資が得られないことはブラジル，中国，インドの調査で指摘された。インド
ネシアと南アフリカの調査では VSS の実施や認証に要する費用の融資プログ
ラムの例が紹介されているが，いずれも萌芽的なものである。基準認証制度イ
ンフラが十分に整備されていないことは，阻害要因としての重大性の程度に差
はあるがインドネシア，南アフリカ，中国で指摘されている。

　政策環境に関わる阻害要因として，規制とその執行の不備（中国を除く全調
査対象国），政府が独自の持続可能性基準を設定していること（中国とインドネ

---

[67]　南アフリカの例について前掲注 60 を参照。インドネシアの中小企業の輸出市場であ
　　る中東・アフリカについても同様の指摘がある。参照，*ibid.,* p. 38.

[68]　参照，*ibid.,* pp. 53-54.

173

7 自主的持続可能性基準（VSS）の普及に向けた公私協働の模索

シア）の2つが挙げられている。VSSが対象とする持続可能な資源利用や環境，労働基準や人権などの社会的公共政策目標に関する国内の規制が十分に整備されていない，あるいは規制が整備されていてもその執行に不備がある場合，中小企業がVSSを採用しようとしても，これを採用しない他の企業に比べて規制の遵守費用プラスVSSの実施・認証費用を余分に負担しなければならず，国内市場において競争上きわめて不利な立場に置かれることになる。これを裏返せば，政府がVSSと整合的な規制を整備すること，そして規制を確実に執行することがVSSの普及を促進する要因となる。これと関連して，ブラジルの調査では，グローバル供給網を運営するリード企業が供給網を構成する一部のサプライヤーのVSS不遵守を見逃していることが他のサプライヤーのVSS遵守を阻害しているとの指摘がある[69]。

政府が独自の持続可能性基準を策定していること（localization of VSS）は，それ自体として直ちにVSSの阻害要因となるわけではない。カギとなるのは独自の持続可能性基準とグローバルなVSSとの整合性が図られているかどうかである。整合的でない場合，グローバルな供給網に参加して輸出市場を獲得しようとする中小企業は独自の持続可能性基準に加えてグローバルなVSSの実施と認証に費用を負担しなければならなくなる。インドネシアのケースがこれに該当すると指摘されている[70]。

最後に，需要に関わる阻害要因として，国内の消費者のVSS認知度の低さが多くの調査対象国で指摘された。これらの新興国だけでなく総じて途上国では国内の消費者のVSS認知度が低く，多くの家計はもっぱら価格に基づいて物品・サービスの購入を決める。そのため，VSSに適合する物品・サービスに価格プレミアムが認められず，国内市場でVSSが普及しない。

2 新興国におけるVSSの普及に向けた公私協働の現状と課題

前項で紹介した新興5ヶ国におけるVSS普及の促進要因と阻害要因の分析を踏まえて，これらの調査対象国においてVSSの普及に向けてどのような公私協働が行われているかを整理してみよう。先にⅡ2で見たVSS成長期の先進国におけるVSS普及に向けた公私協働の4形態，すなわち①VSSの普及に

---

[69] 参照, *ibid.*, p. 55.

[70] 参照, *ibid.*, p. 55.

〔中川淳司〕　　　　　Ⅲ　新興国における VSS の普及に向けた政府の関与と公私協働

向けた法的枠組の提供，②規制・政策を通じた VSS の普及，③政府調達を通
じた VSS の普及，④ VSS への資金提供に即して，調査対象国における VSS
の普及に向けた公私協働の現状を表 2 にまとめた。

表 2　新興 5 ヶ国における VSS の普及に向けた公私協働の現状

	ブラジル	中国	インド	インドネシア	南アフリカ
法的枠組みの提供	－	（＋）	－	－	－
規制・政策を通じた VSS の普及	－	（＋）	－	－	－
政府調達を通じた VSS の普及	（＋）	－	－	－	－
VSS への資金提供	－	－	－	（＋）	（＋）

（出典：筆者作成）

　表で政府が積極的な公私協働を行っている場合を＋，行っていない場合を
－で示した。公私協働が小規模に留まる場合は（＋）で示した。Ⅱ 2 で見た
VSS 成長期の先進国政府による公私協働の場合と比べると，VSS 普及期の新
興国政府による公私協働は部分的で弱い。まず，法的枠組みの提供に関しては，
中国が 2000 年代に入ってから持続可能な資源利用，環境，労働に関して比較
的まとまった法整備を進めていることが特筆される[71]。国家標準化管理委員会
(Standardization Administration of China, SAC) が管理する持続可能性に関わる
国家基準には自主的基準と強制規格が含まれるが，その比率はほぼ同数であ
る[72]。2006 年に施行された会社法には企業の社会的責任（CSR）の概念が盛り
込まれた。2008 年には国有企業を管理統括する国務院の国有資産監督統括委
員会 (State-owned Assets Supervision and Administration Commission, SASAC)
が「中央政府直属の国有企業の CSR 履行に関する指針」を発出した。中小
企業に関しても，中国中小企業協会 (China Association of Small and Medium
Enterprises, CASME) が「中小企業の CSF に関する指針」を取りまとめている。
その他に種々の業界団体が CSR に関する指針を公表しているという[73]。少な

[71]　参照，*ibid.*, pp. 26-27.
[72]　923 が自主的基準，892 が強制規格であるとされる。参照，*ibid.*, p. 26.
[73]　参照，*ibid.*, p.27.

7 自主的持続可能性基準（VSS）の普及に向けた公私協働の模索

くとも中央政府レベルで見る限り，持続可能な資源利用，環境，労働に関する
中国の法整備は進んでいる。これが浸透すれば中国企業による VSS の採用に
とって追い風となるだろう[74]。

　規制・政策を通じた VSS の普及に関しても，中国が独自の VSS を国家基準
として策定している点が特筆される。中国政府の説明はグローバルな VSS が
中国に固有の環境条件や政治的，社会経済的及びビジネス条件を反映していな
いから独自の VSS を設けたというものであるが[75]，実際には中国独自の VSS
は対応するグローバルな VSS よりも緩やかな要件を課しており，グローバル
供給網に参画して先進国の輸出市場にアクセスしようとする中国企業は独自の
VSS に加えてグローバルな VSS を実施し認証を受ける費用を負担しなければ
ならないという[76]。

　生産工程で持続可能な資源利用や環境，労働，人権などの社会的公共政策目
的に配慮した物品やサービスを政府調達の条件とする，いわゆるグリーン調達
は，VSS を採用した物品やサービスの国内需要を創出する有効な手段であり，
Ⅱ 2 で見たように先進諸国では広がりを見ている。しかし，本稿で依拠した調
査の対象となった新興 5 ヶ国の中ではブラジルの連邦政府レベルでグリーン調
達が小規模ながら導入されているのが唯一の例であった。

　最後に，新興 5 ヶ国における VSS の普及に向けた公私連携としての資金提
供に関しては，インドネシアと南アフリカで VSS の実施や認証に要する費用
の融資プログラムの例が紹介されているが，いずれも萌芽的なものである。

　新興 5 ヶ国における VSS の普及に向けた公私連携の現状を踏まえて，今後
の課題を検討することにしよう。本稿 I で指摘したように，VSS に関わるス
テークホルダーである VSS の策定者（私企業・NGO），利用者（生産者・サービ
ス提供者・消費者）と各国政府，国際機関を包含する多中心的なガバナンスが
形成されていることを勘案し，かつ，本項 1 で VSS の普及に向けた促進要因
と阻害要因が多岐にわたることを踏まえて，以下では新興国における VSS の
普及に向けた方策を各ステークホルダーについて整理し（表 3），その上で新
興国政府の関与が特に求められる課題を明らかにすることにする。

---

(74)　同旨，*ibid.*, p.28.

(75)　参照，*ibid.*, p.27.

(76)　参照，*ibid.*, p.27.

〔中川淳司〕　　　Ⅲ　新興国における VSS の普及に向けた政府の関与と公私協働

表3　新興国における VSS の普及に向けたステークホルダー別の方策

	目　標	基準作成者	リード企業	国内消費者	国際機関・援助国	新興国政府
阻害要因の克服	認知度の向上	＋	（＋）	（＋）	＋	＋
	実施・認証費用の削減	＋	＋		（＋）	（＋）
	規制・執行の強化				＋	＋
	基準インフラ整備				＋	＋
	規模の限界克服	＋	＋		（＋）	＋
	技術支援・訓練	＋	＋		＋	＋
需要創出	グローバル供給網参入		＋		＋	（＋）
	国内市場における価格優位の形成			＋		（＋）
	政府調達				（＋）	＋

（出典：筆者作成）

　表で＋は当該ステークホルダーの関与が特に求められる目標を指す。（＋）は副次的ないしマイナーな関与が求められる目標を指す。以下，目標ごとに各ステークホルダーにいかなる方策が求められるかを説明する。表3では新興国における VSS の普及に向けた方策を，普及を阻害する要因の克服に関わる方策と普及促進要因としての需要の創出に関わる方策の2群に分類して整理した。まず，阻害要因の克服に関わる方策の第一は VSS の認知度の向上に関わる方策である。この点については何よりも基準を策定する NGO やリード企業が新興国の中小企業や消費者に対して十分な情報提供を行うことが重要であるが，それと同時に国際機関による情報提供が重要である。特に，国際貿易センター（International Trade Centre, ITC）が多くの規制策定機関の協力を得て作成し運営している Sustainability Map[77]は，新興国企業が自社の物品・サービスを海外市場に輸出しようとする場合にどのような VSS が適用されるか，各 VSS

――――――――――
(77)　参照，International Trade Centre, Sustainability Map. <http://sustainabilitymap.org/home>

7 自主的持続可能性基準（VSS）の普及に向けた公私協働の模索

の申請手続や取得費用，認証費用，自社が当該 VSS を取得するためにいかなる投資が必要かの自己診断ツールをオンライン上で提供しており，VSS の認知度向上に資する点が大きい。この他にも，ドイツ政府の支援を得て ISEAL Alliance が開発した Sustainability Standards Comparison Tool[78]など，VSS の認知度向上につながる情報手段が存在する。VSS の認知度向上に関して新興国政府に求められる役割は，当該国の企業が利用できる VSS（グローバルな VSS と当該国独自の VSS）について基準策定者，リード企業，中小企業などのステークホルダーが情報交換するプラットフォームを構築することであろう。UNFSS の支援を得て，ブラジル，中国，インドで VSS の国別プラットフォームが最近発足した[79]。

阻害要因の克服に関わる方策の第二は，新興国における VSS 普及の最大の阻害要因である VSS の実施費用と認証費用の削減につながる方策である。この点では，リード企業が費用の多くを負担することがまずは求められる。それと同時に，基準策定機関には新興国の中小企業，さらには途上国の零細なサプライヤーの費用負担能力を勘案した費用のディスカウントが求められよう。南アフリカの例を紹介したリード企業とサプライヤーと新興国政府の三者が費用を分担するスキームの導入は，新興国政府が検討すべき公私協働の方策であろう。リード企業が優越的な地位を利用して新興国のサプライヤーに VSS の実施費用や認証費用の負担に関して不利な契約条件を受け入れさせている場合には，新興国政府は自国の競争法を適用してリード企業に契約条件の見直しを求めるべきである。費用負担に関しては，新興国の中小企業が協同組合などの集団を形成して共同で VSS を取得するという方策も考えられる。新興国政府はこうした集団化・共同化を法制や政策を通じて奨励することができるだろう。

阻害要因の克服に関わる方策の第三は規制とその執行の強化，そして基準認証制度インフラの整備であり，これらについては新興国政府がその主たる役割を担わなければならない。世界銀行や地域開発銀行などの国際開発金融機関，UNFSS を初めとする国連機関や主要援助国は新興国によるこれらの方策の実施を資金面で支え，また技術支援や助言などのソフトな支援を提供することが

---

[78] 参照，ISEAL Alliance, Comparing Standards. <https://www.isealalliance.org/our-work/increasing-uptake/comparing-standards>

[79] 参照，UNFSS, VSS National Platforms. <https://unfss.org/vss-national-platforms/>

〔中川淳司〕　　　　Ⅲ　新興国におけるVSSの普及に向けた政府の関与と公私協働

できる[80]。

　阻害要因の克服に関わる方策の第四はVSSの導入に向けた技術支援や訓練の提供である。多くの基準策定機関がこうした技術支援・訓練を提供しているが[81]，リード企業も新興国のサプライヤーに対してこうした技術支援・訓練を提供する責任がある，あるいは少なくとも基準策定機関などが提供する技術支援・訓練の費用の一部ないし全額を負担する責任があるだろう。国際機関や主要援助国と並んで新興国政府もこうした技術支援・訓練を提供することを検討すべきである。本稿で参照した新興5ヶ国には中小企業の振興を担当する政府機関が存在する。それらの政府機関の業務としてこうした技術支援・訓練や助言を導入することが検討されてよい[82]。

　普及促進要因としての需要の創出に関わる方策の第一は，新興国企業がグローバル供給網への参入などを通じて先進国市場への輸出機会を獲得するのを支援することである。この方策を中心的に担うのは言うまでもなくリード企業である。リード企業が新興国や途上国の中小・零細企業にグローバル供給網への参加機会を提供する調達・購買方針を採用し，その実現を促す方策（技術支援・訓練プログラムの提供，VSS実施費用・認証費用の負担など）を講じることはこれらの企業にとって重要なCSRの方策である。リード企業の本国である先進国政府は自国企業のCSRの一環としてこうした方策を奨励すべきであろう。新興国政府がこの面で直接に貢献できることは限られているが，例えば先に阻害要因の克服に関わる方策として挙げた規制とその執行の強化や基準認証インフラの整備は，自国の中小企業にVSSの採用に向けた投資を促し，VSSの実施に向けたスキルや知識を獲得するよう促すという意味で，これらの企業がグローバル供給網に参加することを間接的に支援する効果を持つ。

　普及促進要因としての需要の創出に関わる方策の第二は，新興国の国内市場における消費者のVSS認知度を高め，VSS適合物品・サービスの価格優位を産み出すことである。新興国の消費者がVSSへの認知度を高める主役であるが，新興国政府は持続可能な資源利用，環境，労働や人権に関わる規制・制

---

[80]　本稿で参照したドイツ開発研究所の研究報告はソフトな支援の好例である。

[81]　一例として参照，GLOBAL G. A. P., GLOBAL G. A. P. Academy. <http://www.globalgap.org/uk_en/what-we-do/the-gg-system/gg-academy/>

[82]　同旨の主張として参照，Sommer, *supra* n. 54, p. 61.

度の整備やその執行の強化，さらには広報活動の強化を通じて自国消費者の
VSS 認知度の向上を間接的に促すことができるだろう。

　普及促進要因としての需要の創出に関わる方策の第三はいわゆるグリーン調
達の採用である。新興国政府がこの方策実施の役割を担う主体であることは言
うまでもない。本稿Ⅱ2で見た通り，グリーン調達に関してはVSSの成長期
に先進国政府が採用した例が多数存在する。新興国政府がグリーン調達を導入
するに当たっていかなる点が克服すべき課題か，先進国政府や国際機関が適切
な助言を提供することも検討されてよいだろう。

Ⅳ　おわりに── VSS の普及と定着に向けた公私協働の模索

　本稿は，VSS が普及期に入ったとの認識に基づいて，VSS の普及と定着に
向けて新興国及び途上国の政府が果たす役割を公私協働に焦点を当てて明らか
にすることを目指した。そのために，VSS の揺籃期から成長期にかけて先進
国政府が VSS の形成と普及に向けて展開した公私協働の多様な形態を辿り（本
稿Ⅱ），次いで VSS の普及期における新興国5ヶ国の VSS 普及に向けた公私
協働の実証研究に拠りながら，これらの国の VSS 普及に向けた公私協働の現
状を分析し，今後の課題を明らかにした（本稿Ⅲ）。VSS をめぐっては VSS の
策定者（私企業・NGO），利用者（生産者・サービス提供者・消費者）と各国政府，
国際機関を包含する多中心的なガバナンスが形成されており，VSS の普及に
向けた新興国政府の公私協働の課題を考えるためには，VSS をめぐる多中心
的なガバナンスを構成する多様なステークホルダーに即して，VSS の普及を
阻害する要因の克服，VSS の普及を促進する要因としての需要の創出という2
群に分類される多くの方策を整理することが必要であると同時に有効でもある。
分析結果をまとめた表3から，VSS の普及に向けた新興国政府の公私協働の
課題が明らかになった。

　最後に，本研究から導かれる実践的な含意として，二点を指摘しておきた
い。第一に，VSS の普及に向けた新興国政府の公私協働の課題として提示し
た事項は，VSS の定着に向けて新興国以外の途上国の政府が今後取り組むべ
き課題としても基本的に妥当するだろう。新興国と途上国の政府を分かつも
のがあるとすれば，規制や制度の整備と執行に関わる制度能力の違いであろ
う。この点を克服するためには国際機関や主要援助国，さらには基準策定機関

〔中川淳司〕　　　　　　　　　　　　　　　　　　　　Ⅳ　おわりに

やリード企業を含めたマルチステークホルダーの制度構築支援が必要と思われ
る。その局面では新興国政府もまた「先輩」として支援者に加わることができ
るのではないだろうか。第二に，VSS の普及に向けた新興国政府の公私協働
の課題として提示した項目は，各々別個に取り組まれるべき課題ではあるが，
それらを全体として整合的に展開することが重要である（coherent approach）。
公私協働の課題として提示した項目相互間の整合性を図ること，それに加え
て，各項目について他のステークホルダーが取り組むべき課題との整合性を図
ることが重要である。UNFSS の支援を得て最近ブラジル，中国，インドで発
足した VSS に関する国別プラットフォームは，以上の意味における coherent
approach を実践するフォーラムとして重要な意義を有する。

8 食料農業植物遺伝資源条約における 制度改革と法的課題

磯 崎 博 司

Ⅰ　は じ め に　　　　　　　　　Ⅳ　SMTA の改正案の概略
Ⅱ　植物遺伝資源条約　　　　　　　Ⅴ　お わ り に
Ⅲ　法律専門家会合による検討

Ⅰ　は じ め に

　各種資源の利用から生じる利益の公正かつ衡平な配分という主題は，現代世界の重要課題とされている。その資源のうちでも遺伝資源に関しては先進国と開発途上国との間で対立点も多い。その中心に位置する生物多様性条約の下では，名古屋議定書の採択（第1段階），日本を含む各国の批准と議定書の発効（第2段階），国内法令の整備（第3段階）を経て，現在は，議定書および国内法令の効果的な実施（第4段階）に至っている[1]。

　他方で，FAO（食糧農業機関）の下の PGRFA（食料および農業用の植物遺伝資源）については，公正かつ衡平な利益配分に向けて大きな制度改革が求められており，第1段階が始まったばかりである。そのため，本稿では，PGRFAの利益配分に関連して国際交渉の対象とされている制度改革案の法的課題について，最新動向を踏まえて検討する。

---

[1]　生物多様性条約および名古屋議定書については，以下を参照。バイオインダストリー協会生物資源総合研究所（監修）磯崎・炭田・渡辺・田上・安藤（編）『生物遺伝資源へのアクセスと利益配分——生物多様性条約の課題』（信山社，2011 年），磯崎博司「条約の実施確保に向けて：国内措置の整備義務」『地球環境学』10 号（上智大学，2015 年）1-26 頁，http://digital-archives.sophia.ac.jp/repository/view/repository/ 00000035278, および，磯崎博司「名古屋議定書に対応する国内法令」『地球環境学』11 号（上智大学，2016 年）113-128 頁，http://digital-archives.sophia.ac.jp/repository/view/repository/ 20161208019。磯崎博司「名古屋議定書の締結と国内措置のための指針」『環境と公害』47 巻 3 号（2018 年）2-8 頁。

II 植物遺伝資源条約

PGRFA については，ITPGR（食料農業植物遺伝資源条約）およびその下の SMTA（定型素材移転契約）が基本的事項を定めており[2]，特に，SMTA の改正が求められている。

1 ITPGR の概略

ITPGR は，すべての PGRFA を対象として，持続可能な農業および食糧安全保障のため，生物多様性条約と調和する方法による PGRFA の保全および持続可能な利用，ならびに，その利用から生じる利益の公正かつ衡平な配分を目的としている（1条1項）[3]。それは，2001 年に採択され，2004 年に発効した。

その目的に向けて，PGRFA の利用の促進を図るための MLS（多国間制度）が構築されている（10条2項）。図1に示すように，MLS の対象は，附属書 I に掲載されている植物種であり（11条1項），そこには，35 作物（アスパラガス，ビート，キャベツ類，ニンジン，イチゴ，カンキツ類，リンゴ，バナナ，イネ，ムギ，ヒエ，インゲンマメ，エンドウ，ササゲ類，カンショ，バレイショ，ナス，トウモロコシなど）および 29 属の飼料作物（マメ科やイネ科の牧草など）が含まれている。それらの種子および栄養体，また，それらの DNA（デオキシリボ核酸）なども対象とされる。なお，附属書 I の PGRFA のうち提供の対象となるものは，締約国の管理・監督下，かつ，公共領域にある（知的財産権の下にない）もの（①）である（11条2項前段）。それに該当せず企業などが独自に保有している附属書 I の PGRFA の提供は任意である。ただし，締約国は，企業その他の保

---

(2) ITPGR および SMTA については，いずれも，大川雅央・新野孝男・白田和人・長峰司（共著）による以下の論文を参照。「食料農業植物遺伝資源条約への加入を可能とする条文解釈の提案」『熱帯農業研究』3巻2号（2010 年）47-56 頁，「食料農業植物遺伝資源条約の標準移転契約における金銭的利益配分に関する考察」『熱帯農業研究』3巻2号（2010 年）70-78 頁，「食料農業植物遺伝資源条約の遵守と標準移転契約における紛争解決に関する考察」『熱帯農業研究』5巻1号（2012 年）25-32 頁，「植物遺伝資源を巡る新たな国際状況における品種保護制度の課題とわが国の今後の対応方向に関する考察」『熱帯農業研究』5巻2号（2012 年）104-110 頁。

(3) その条文およびその下の SMTA の条文は，以下より入手可能である。ITPGR（http://www.fao.org/3/a-i0510e.pdf），その和文（http://www.mofa.go.jp/mofaj/files/000003621.pdf），SMTA（http://www.fao.org/3/a-bc083e.pdf）

〔磯崎博司〕　　　　　　　　　　　　　　　　　　　Ⅱ　植物遺伝資源条約

図1　MLS の対象 PGRFA

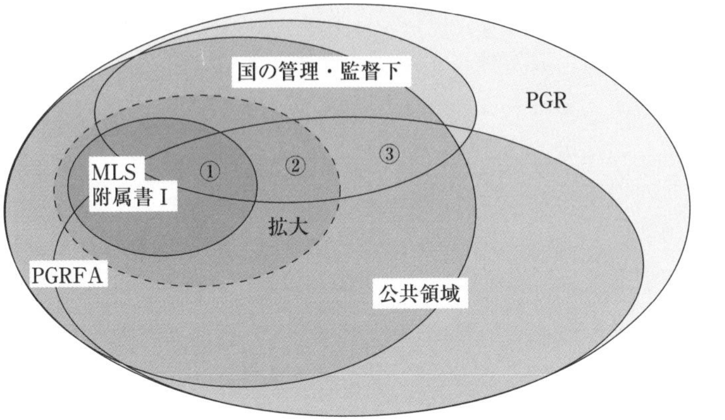

有者に対して，提供対象とするよう要請するとともに（11条2項後段），奨励措置をとらなければならない（11条3項）。また，任意提供の普及が進まない場合には，それに応じない企業などに対して MLS からの取得に特別な制限を課すかどうか検討することも定められている（11条4項）。なお，図1の点線円は附属書Ⅰの掲載作物が拡大される場合を表しており，その場合の提供対象 PGRFA には，②が追加されることになる。

　そのほか，いわゆる「農業者の権利」が確認されており（9条），世界の農業者が PGRFA の保全と開発のために大きな貢献をしてきていることに留意し，締約国に対して，国内法令に従って，農業者の以下の権利を保護し，促進するよう求めている。それは，PGRFA に関連する伝統的知識の保護に関する権利，PGRFA の利用から生ずる利益の配分に衡平に参加する権利，および，PGRFA の保全と持続可能な利用に関連する事項についての国内における意思決定に参加する権利である。

2　SMTA の概略

　MLS の下では，PGRFA は，世界共通の SMTA（定型素材移転契約）に基づいて提供される（ITPGR 12条4項）。SMTA は，その提供者に対し，無償または最小限の費用で迅速に提供することを定めている（SMTA 5条）。他方，その受領者に対しては，食料および農業のための研究，育種および研修の目的に

8 食料農業植物遺伝資源条約における制度改革と法的課題

限定して利用すること，第三者に提供する場合には新たなSMTAを用いること（6条），当該PGRFAを利用して成果物（新品種）を開発し商業化した場合には，その売上高から30％を控除した額の1.1％（売上高の0.77％相当）をITPGRの利益配分基金に支払うこと（6.7条，附属書2）を定めている。

ただし，その支払い義務は，他者が上記の成果物（新品種）を，更なる研究と育種のために制限なく利用することができない場合に限られている（6.7条）。つまり，図2の下段に示すように，支払い義務がある（⑩）のは，当該成果物（新品種）に対して知的財産権などの排他的権利が設定された場合（④）のうち，他者が上記の成果物（新品種）を更なる研究と育種のために制限なく利用できない場合（⑧を含む⑥）だけである。それに該当しない場合，つまり，排他的

図2 特許権と育成者権，および，SMTAの支払い制度

特許権		育成者権・UPOV原則	
排他的権利である			
他人が，商業目的で利用する場合	他人が，研究開発の目的で利用・実施する場合	他人が，商業目的で利用する場合	他人が，研究育種の目的で利用する場合
利用は制限される		左記は，いずれも該当しない	
権利者に，個別に許諾申請しなければならない			
権利者から許諾を受けなければならない			
権利者に，定められた利用料を支払わなければならない			

⑭ 包括利用登録制度に基づく支払いの提案　検討中				
⑬ MLSから受領したPGRFAの作物分類に基づく一括支払い（SMTA 6.11）				
⑩ 商業利益の支払義務あり（SMTA 6.7）		⑫ 任意支払いの奨励（SMTA 6.8）	⑤ 知財権を設定しない場合	② MLSの外のPGRFA
		⑪ 商業利益の支払義務なし（SMTA 6.7）		
⑧ 他人の利用は，育種目的も制限		⑨ 他人の利用は，育種目的は可能		
⑥ 特許権の場合		⑦ 育成者権の場合		
④ MLSから受領したPGRFAを組み入れた成果物に知財権を設定する場合				
③ MLSから受領したPGRFA				
① MLS・SMTA				
ITPGR				

186

〔磯崎博司〕　　　　　　　　　　　　　　　　　Ⅱ　植物遺伝資源条約

権利が設定されない場合（⑤），または，排他的権利が設定されても（④），更
なる研究と育種のために他者が制限なく利用できる場合（⑨を含む⑦）は，支
払い義務はない（⑪）。なお，その支払い義務がない場合（⑪）については，
任意の支払いを行うことが奨励されている（6.8条，⑫）。

　なお，上記成果物の売上に限らず，また，上記制限の有無に関わらず，受
領したPGRFAが属する作物の全売上高の0.5％の支払いを選ぶこともできる
（6.11条，附属書3，図2⑬）。ちなみに，後述の改正SMTAの中心である包括
利用登録制度は，この選択肢の拡充強化版であり，⑭に該当する。

　以上の支払いは利益配分基金に納入され，その資金は開発途上国における遺
伝資源の保全および利用のために使われる。

　ここで，特許権（⑥）と育成者権（⑦）は，図2の上段に示すように，権利
の性格として類似点が多い一方で，他者による研究・開発（育種）目的の利用
（研究・開発およびその成果物の商業利用）が制限されるか否かについては大きな
相違点がある。通常，排他的な知的財産権はそれらの利用を制限するが，育成
者権はそれらの利用を制限しない（UPOV 15条1項(i)から(iii)）。実は，そのこと
は，UPOV（植物新品種保護条約）の基本原則であり，農業分野および種苗業
界の慣行でもある。研究・育種のためにPGRFAを自由に利用できることは世
界の農業分野にとって利益であり，そのような利用を許容する育成者権はすで
に利益を配分している[4]との認識に基づいている。

　実際，農業分野の種苗業界は育成者権・UPOV原則に基づいて活動してい
るため，MLSから受領したPGRFAを利用して開発した成果物を商業化しても，
支払い義務が生じた事例はなかった。そのため，利益配分基金の原資は，任意
拠出金や寄付金に限られており，計画額に比べて大幅に不足している。

3　SMTAの改正の要求

　開発途上国は，2000年代半ばからITPGRの管理理事会（締約国会議に相当）
またはその他の会合において，利益配分の支払いが行われていない状況を批
判し，SMTAの改正を求めていた。また，PGRFAの保全と持続可能な利用
に関する議題や農民の権利に関する議題の下でも，金銭的利益配分の確保に関

---

(4)　前掲，注(2)文献「食料農業植物遺伝資源条約の標準移転契約における金銭的利益配分
　　に関する考察」73頁。

8 食料農業植物遺伝資源条約における制度改革と法的課題

連させた主張を行った。そのため，2013年の第5回管理理事会において，利益配分の拡充に向けて，MLSの機能改善に関する作業部会（以下，作業部会という）が設置された[5]。そこにおいて，開発途上国は，活用されていない6.11条を強化した包括利用登録制度[6]の導入，すべての利用に対する利益配分の支払いの義務化などを主張してきている[7]。他方で，先進国・種苗業界は，MLSの対象PGRFA（附属書I）の拡大を求めている。

作業部会において準備されてきている改正案の概略は，以下のようである。すなわち，6.7条を改正して，すべての利用者に対して支払いを義務づける。その際，受領したPGRFAから開発された成果物の利用が制限されるか否かに応じて，異なる支払い料率を定める。6.8条は削除する。6.11条を改正して，包括利用登録制度を選択できるようにする。その下では，3分類にした作物ごとに定められた支払い料率に基づく支払いを義務づける。

ただし，改正案[8]および第2次改正案[9]では，6.7条改正との関係については，成果物の利用に対する制限の有無に応じた具体的な支払い料率などは明記されていなかった。また，6.11条改正との関係では，登録制度への移行の期限，および，3分類に属する具体的な作物名やそれぞれの具体的な支払い料率は，明記されていなかった。

前述のように，ITPGRは，農業分野の研究・育種を促進するために，遺伝資源の自由な利用を確保する方向を向いている。それに対して，生物多様

---

(5) Prt IV: Terms of Reference for the Ad Hoc Open-ended Working Group to Enhance the Functioning of the Multilateral System of Access and Benefit-sharing, Resolution 2/2013, IT/GB-5/13/Report.

(6) 原文ではSubscription Systemと呼ばれており，会員制度という訳語が用いられることもある。しかし，SGLEの報告書も指摘しているように，会員制度には年会費の支払いが必要であると受け取られると，12条3項(b)が禁止している取得料金の徴収と混同される懸念がある。そのため，本稿では，その制度内容に即して，包括利用登録制度という訳語を用いる。

(7) 作業部会の場で求められた6.11条の改正は，以下の文書でも述べられていた。Carlos M. Correa, *ITPGRFA: Options to Promote the Wider Application of Article 6.11 of the SMTA and to Enhance Benefit-Sharing-Legal Opinion,* (http://www.utviklingsfondet. no/files/uf/documents/ITPGRFA_Legal_opinion_2013.pdf)

(8) IT/OWG-EFMLS-4/15/3, *Draft Standard Material Transfer Agreement.*

(9) IT/OWG-EFMLS-5/16/3, *Second Draft Revised Standard Material Transfer Agreement.*

188

性条約は，遺伝資源の取得規制を通じて，その利用に伴う金銭的な利益配分を確保する方向を向いている。開発途上国は，ITPGR の向きを変え，生物多様性条約・名古屋議定書と同じ方向を向かせようとしている。その背景には，ITPGR では利益配分の支払いが行われていないことに加えて，名古屋議定書に過剰な期待が寄せられていたものの，最近になって，実際はそれほどの大きな資金移動にはなりそうもないと分かってきたことがある。そのため，同議定書の適用が除外されている ITPGR の制度それ自体に対する不満が高まっているのである。

Ⅲ　法律専門家会合による検討

ところで，作業部会においては，これらの改正案に対して法的な疑義が示された。それを受けて，2015 年の第 6 回管理理事会において，ITPGR の改正を含む法的文書の必要性を含めて検討することが決議に記された[10]。また，その決議に基づいて締約国などに対して改正案に関する見解の提出が要請され，日本政府[11]および国際商業会議所は，法的問題があることを指摘した。そのため，2016 年 7 月に開かれた第 5 回作業部会において，SMTA 改正案に関するいくつかの項目について審議する法律専門家グループ（SGLE）の設置が合意された[12]。

SGLE に対しては，3 回に分けて合計 13 項目について，ITPGR に適合するか否か審議することが諮問された。その正確な内容は SGLE の報告書に記されているため[13]，以下には，諮問の全体が分かるように簡略化して記すことに

---

[10]　IT/GB-6/15 Res1.

[11]　日本政府も同様の立場であり，「SMTA6.7 条は ITPGR13 条 2 項(d)(ii)に関連しており，SMTA 6.7 条の改正は条約の改正を必要とする可能性があることに留意すべきである」と指摘した。See, *Submission by Japan*, Appendix 10, p. 1, IT/OWG-EFMLS-5/16/Inf. 3.

[12]　世界 6 地域からの推薦に基づいて条約事務局によって任命された法律専門家 7 名（筆者を含む）から構成された。2016 年 11 月 14 - 15 日に第 1 回会合，2017 年 2 月 14-15 日に第 2 回会合，2017 年 10 月 17 日に第 3 回会合（オンライン）が開催された。

[13]　IT/OWG-EFMLS-6/17/Inf. 3, *Report of the Standing Group of Legal Experts: outcomes of the First Meeting.* IT/OWG-EFMLS-6/17/Inf.3 Add.1, *Report of the Standing Group of Legal Experts: outcomes of the Second Meeting.* なお，項目 12 と 13 に関する第 3 回会合の報告書は作成されたが，執筆時点においては，文書記号を付けた公表は行われていない。

する。項目1：すべての支払いを義務化するために，ITPGR を改正することなく SMTA 6.8 条を削除することは可能か。項目2：知的財産権による保護の有無およびその保護の性質に応じて，異なる支払い料率を設定することを妨げる ITPGR の規定が存在するか。項目3：個別 PGRFA に対する支払いを含めず包括利用登録制度の支払いに限定することは，ITPGR の規定に合致するか。項目4：包括利用登録制度の支払い方式（過去3年間の販売額および実施許諾料収入などの平均に基づく年払い）は，ITPGR 12 条3項(b)と合致するか。項目5：登録簿の公開は可能か。項目6：提供国への返還は SMTA に依らなくて良いか。項目7：附属書Ⅰ拡大のための議定書採択の根拠規定はどれか。項目8：附属書Ⅰがすべての PGRFA を含むようにするために改正が必要な条文はどれか。項目7・8の補足：MLS の範囲拡大により PGRFA の定義や利用制限は影響されるか。項目9：SMTA の履行確保手段は何か。項目10：登録制度との関係で，終了と脱退という用語の違いは何か。項目11：改正 SMTA に対する第三者利益者による合意は不可欠か。項目12：附属書の拡大およびその拡大手続の改正に必要な法的手続きは何か，附属書Ⅰにその改正規定を組み入れるという共同議長提案をどう評価するか。項目13：SMTA 改正案に適切な「売上」の定義は何か。

1　項目1について

準備中の改正案において特に法的に重要な事柄は項目1に関係しているため，以下では，それを中心に検討する。

(1)　関連する規定

項目1の検討に当たって参照すべき ITPGR および SMTA の規定を以下に記す。ただし，和訳文では条件節の位置づけが曖昧になるため，ここでは正文である英文を引用する（①②③④⑤⑥および下線は筆者付加）。

13条2項　The Contracting Parties agree that benefits arising from the use, including commercial, of plant genetic resources for food and agriculture under the Multilateral System shall be shared fairly and equitably through the following mechanisms: the exchange of information, access to and transfer of technology, capacity-building, and the sharing of the benefits arising from

〔磯 崎 博 司〕 Ⅲ 法律専門家会合による検討

commercialization, taking into account the priority activity areas in the rolling Global Plan of Action, under the guidance of the Governing Body:

(a)から(c)は，略

(d) Sharing of monetary and other benefits of commercialization

(ⅰ)は，略

(ⅱ) The Contracting Parties agree that the standard Material Transfer Agreement referred to in Article 12.4 shall include a requirement that ① a recipient who commercializes a product that is a plant genetic resource for food and agriculture and that incorporates material accessed from the Multilateral System, shall pay to the mechanism referred to in Article 19.3f, an equitable share of the benefits arising from the commercialization of that product, ② except whenever such a product is available without restriction to others for further research and breeding, ③ in which case the recipient who commercializes shall be encouraged to make such payment. (①②③および下線は筆者付加)

The Governing Body shall, at its first meeting, determine the level, form and manner of the payment, in line with commercial practice. ④ The Governing Body may decide to establish different levels of payment for various categories of recipients who commercialize such products; it may also decide on the need to exempt from such payments small farmers in developing countries and in countries with economies in transition. The Governing Body may, from time to time, review the levels of payment with a view to achieving fair and equitable sharing of benefits, and ⑤ it may also assess, within a period of five years from the entry into force of this Treaty, whether the mandatory payment requirement in the MTA shall apply also in cases where such commercialized products are available without restriction to others for further research and breeding. (④⑤および下線は筆者付加)

11条4項　Within two years of the entry into force of the Treaty, the Governing Body shall assess the progress in including the plant genetic resources for food and agriculture referred to in paragraph 11.3 in the Multilateral System. Following this assessment, the Governing Body shall decide whether access shall continue to be facilitated to those natural and legal persons referred to in paragraph 11.3 that have not included these plant genetic resources for food and agriculture in the Multilateral System, or take such other measures as it deems appropriate. (下線は筆者付加)

191

8 食料農業植物遺伝資源条約における制度改革と法的課題

12条4項　To this effect, facilitated access, in accordance with Articles 12.2 and 12.3 above, shall be provided pursuant to a standard material transfer agreement (MTA), ⑥ which shall be adopted by the Governing Body and contain the provisions of Articles 12.3a, d and g, as well as the benefitsharing provisions set forth in Article 13.2d(ii) and other relevant provisions of this Treaty, and the provision that the recipient of the plant genetic resources for food and agriculture shall require that the conditions of the MTA shall apply to the transfer of plant genetic resources for food and agriculture to another person or entity, as well as to any subsequent transfers of those plant genetic resources for food and agriculture.（⑥および下線は筆者付加）

SMTA 6.7条　In the case that the **Recipient commercializes a Product** that is a **Plant Genetic Resource for Food and Agriculture** and that incorporates **Material** as referred to in Article 3 of **this Agreement**, and where such **Product** is not **available without restriction** to others for further research and breeding, the **Recipient** shall pay a fixed percentage of the **Sales** of the **commercialized Product** into the mechanism established by the **Governing Body** for this purpose, in accordance with Annex 2 to **this Agreement**.

SMTA 6.8条　In the case that the **Recipient commercializes a Product** that is a **Plant Genetic Resource for Food and Agriculture** and that incorporates **Material** as referred to in Article 3 of **this Agreement** and where that **Product** is **available without restriction** to others for further research and breeding, the **Recipient** is encouraged to make voluntary payments into the mechanism established by the **Governing Body** for this purpose in accordance with Annex 2 to **this Agreement**.

(2)　**項目 1 の考察**

以下では，特に記していない場合は，6.7条，6.8条および6.11条はSMTAの条文を指し，11条，12条および13条などはITPGRの条文を指す。

さて，上記の引用条文のように，下線①②は，制限なしに研究育種利用ができる場合を例外として，支払い義務があることを定めている。それは，制限のある場合は支払い義務があり，制限のない場合は支払い義務がないことを意味する（図3参照）。また，そのこと（下線①②）は，後述のように下線⑥に即して，SMTA 6.7条に反映されている。もちろん，「制限なしに利用できる場合を例外として，支払い義務がある」（下線①②）と「制限なしに利用できない

図3 SMTA 6.7条と6.8条の関係

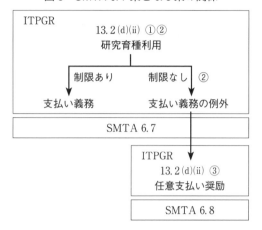

場合は支払い義務がある」(6.7条)とは,法的には同義である。
　他方で,図3のように下線③は,その直前の下線②を前提にしており,その下での補足規定である。同様に,6.8条は下線③を反映しているとともに,6.7条を前提にしており,その下での補足規定である。このように,6.7条と6.8条とは,それぞれ,制限なしに利用できない場合と,制限なしに利用できる場合とについて,相互独立的,並列的に,定めているのではない。6.7条には,「制限なしに利用できる場合は支払い義務はない」が含まれている。
　その状況の下で,6.8条を削除しても,任意支払いの奨励がなくなるだけであり,質問項目1の前提目的であるすべての商業利用に対する支払いの義務づけにはつながらない。また,現在の6.8条を削除して「制限なしに利用できる場合も含めてすべての場合に支払い義務がある」ことを定める新6.8条を置いたとしても,下線①②および6.7条のいずれの規定との関係においても法的矛盾を生じさせる。すなわち,「支払い義務のない」場合(支払い義務の例外の場合)は,「支払い義務がある」ということになってしまう。
　したがって,すべての商業利用に対する支払いの義務づけのためには,6.7条の改正が必要であり,併せて,その元である下線①②③の改正が不可欠である。同様に6.8条の削除にも下線③の削除が不可欠である。
　さらに,6.7条または6.8条の改正・削除は,12条4項の下線⑥に反する。下線⑥は,「SMTAは,……13条2項(d)(ii)の利益配分規定を含む」と定めて

193

8 食料農業植物遺伝資源条約における制度改革と法的課題

いるからである。

ところで，下線⑥については，下線⑤が含まれると考えれば良いとの主張が開発途上国から示されたことがある。しかし，ここで，含めなければならない利益配分規定とは，私契約に関わる明確で具体的な基準・手続きであって，提供者・受領者に向けられたもの，すなわち，下線①②③でなければならない。ところが，下線⑤は，明確な基準ではなく説明的文章であって，しかも管理理事会に向けられており，私契約であるSMTAに含めるべき規定に当たらない。したがって，下線①②③を含ませることが義務づけられている以上，その義務を具体化している6.7条または6.8条の改正・削除は下線⑥に反するのである。

同様に，下線⑤に基づいてSMTAの改正ができると主張されることもある。しかし，下線⑤に示されているのは，管理理事会が「評価」する権限だけである。同様の権限および手続きに触れている11条4項（下線部）と比較すると，11条4項は，「評価」すること，その後で，現行措置の継続または新たな措置の採用について「決定」することを管理理事会の権限として明確に定めている。また，下線⑤を含む文章は，その直前の二つの文章がやはり明確に管理理事会の「決定」権限を定めていることとも対照的である。

したがって，下線⑤に基づくだけでは，管理理事会は，SMTAの評価までは行えても，改正の決定はできない。管理理事会が必要な措置を決定し，SMTAの改正を行うためには，ITPGRの12条，19条3項(h)，23条に定められている権限に基づかなければならない。そして，12条に基づく以上，下線①②③を削除したSMTAを採択しようとしても，下線⑥は避けて通れないため，上記のように，下線①②③を再度含めなければならなくなる。

それ故，すべての利用に支払いを義務づけるように6.7条と6.8条を改正または削除するためには，法的には，13条2項(d)(ii)への言及を下線⑥から削除するか，下線①②③を改正するか，または，下線⑤に決定権限を追記するかのいずれかの条文改正が必要である。

(3) SGLEにおける審議

SGLE会合には，委員のほか，FAOの法律専門員や関連委員会の議長も参加していた。委員以外の参加者の一人から，国際会議では精査なしに条文が作

成されることがあり，本件もそのような意図せざる欠落の事例であり，また，条文交渉時は，下線⑤は，その直前の文章や11条4項と同様に，すべての支払いを義務化するようにSMTAを改正することを決定する権限を管理理事会が有するという理解で議論されていたとの発言があった。

ウィーン条約法条約の32条は，条文解釈の補足的手段として，条約の準備作業および条約の締結の際の事情に依拠することを認めている。しかしながら，下線⑤を含む文章の前の文章，11条4項および下線⑤は，それぞれ管理理事会の類似の権限と手続きを定めており，並列的に配置されているため，両者の比較は容易に行われたはずである。その場合，下線⑤を含む文章の前の二つの文章および11条4項の第2文のような決して短くはない文言が，また，SMTAの改正に関わる極めて重要な文言が，意図せずに欠落することは考え難い。さらに，交渉時点におけるそのような事情の存在は，一個人の発言のみに依っており，議事録などで客観的に確認されたわけではない。したがって，上記の参加者の発言だけでは，管理理事会の決定権限が下線⑤に含まれていると解釈できることの法的根拠にはならない。このような根拠に乏しい特別な事情を探してまで，ITPGRの改正を避ける理由も見つからない。

しかしながら，SGLEの審議の場では，交渉の経緯や議事録などを精査する時間的余裕がなかったこともあり，ITPGRの改正にまで至らないようなSMTA改正の法的可能性を見いだせないかが改めて検討された。最終的に，その見解3において，下線⑤の管理理事会の評価権限は，その評価に基づいてSMTAの改正を決定する権限を黙示的に含んでいると判断するとともに，見解6において，ITPGRの改正をせずにすべての利用に支払いを義務づけるためにSMTAを改正する権限を，管理理事会は有すると判断した[14]。

(4)　法的位置づけ

その背景には，改正プロセスがすでに行われてきていること，ITPGRの改正を避ける方法が求められていること，および，それらのプロセスが支持されていることがあった。それを前提として，本来は，ITPGRの改正が必要なことを，その手続を回避して実現するための法的手法が探られた。結果として，

---

(14)　IT/OWG-EFMLS-6/17/Inf. 3, *Report of the Standing Group of Legal Experts: outcomes of the First Meeting*, p. 3, Question 1, Legal Opinion 3.

条文には明記されていないが，また，その法的手法や解釈の根拠になる国際法原則は明示できないが，下線⑤には管理理事会の決定権限が黙示的に含まれているという新しい解釈が SGLE によって提示されたのである。

　今のところ，SGLE の見解に対して，下線⑤についての交渉時の理解はそうではなかったという指摘やその他の異議を唱える締約国は現れていないため，また，その見解に沿って改正案の交渉が続けられているため，SGLE の法的見解は，多くの締約国によって共有されていると思われる。もちろん，この解釈に関する最終的な法的判断は，主権国家である各締約国の手中にあるため，SGLE の新たな解釈を参考にして，管理理事会における本件に関する具体的な決定に際して，全締約国が法的確信を持って合意することが想定されている。このことは，最終的には，すべての締約国が，管理理事会において，下線①②③もしくは下線⑥または下線⑤の改正をせずに，改正 SMTA の採択に合意した時点で完成される。それは，条約法条約 31 条 3 項(b)に定められている事後的合意の一形態であり，本件については，現行法には含まれていない新たな権限の創設に合意するという側面が強い。

　ただし，重要なことは，下線⑤についてこれまでは問題認識も新たな権限創設の意識もなかったため，その合意はまだ行われていないということである。実際，SGLE 見解を含めて SMTA 改正案の具体化とその検討は作業部会のレベルに留まっており，締約国会議に相当する管理理事会のレベルに至っていない。また，後述のように，第 7 回作業部会（2017 年 9 月）においては合意ができず，最終改正案と決議案は，作業部会としてではなく，共同議長提案として第 7 回管理理事会（2017 年 10 ～ 11 月）に報告された。その第 7 回管理理事会においても改正枠組みに対する反対意見が出されたため，SMTA 改正に関する審議は行われず，次回管理理事会まで先送りされた。

2　その他の項目

　以下では，紙幅の関係で SGLE の見解の概略説明は割愛し，その審議過程または結論に関して重要と思われる背景事情のある項目に限ってその事情を記すこととする。そのため，個々の見解については，SGLE の報告書を参照していただければ幸いである[15]。

　項目 2 については，どのような区別に応じて異なる取り扱いをするのかを検

討した上で，作物などの「物」や特許権などの利用制限の「方法」に基づく区別に応じて異なる支払い料率を設定することは下線④に反するが，そのような方法の資源利用をする「者」か否かに基づく区別に応じるのであれば適合すると判断した。

項目3については，まず，包括利用登録制度を，取得を限定する制度というよりは，商業利用による利益の配分支払いのための制度であると捉えれば，論理的に整理できることを確認した。その場合は，個別PGRFAに対する支払いを認めず包括支払いのみにすることは，6.11条の前例もあり，ITPGR適合と判断された。ただし，商業利用による利益配分の年間前払いが取得料金の支払いと混同され誤解を招く恐れがあるため，Subscription System という名称は適切ではないことも指摘した。なお，この項目の見解3は，現行の支払い方式には，個別にPGRFAの追跡が必要であるため，12条3項(b)違反の恐れが生じているという法的懸念を追記したものである。

項目4については，学術目的の取得の場合は，前払いする必要はなく，受領者に商業利用しないことを宣言させる案も議論したが，それは政策論的・立法論的であるため，作業部会で議論すべきであるとされた。

項目6については，改正案において用いられている restoration の定義が不正確であるため，審議も不十分になるとの懸念が示された。そのため，見解2において望ましい定義を示し，それに基づいた見解であることを明記した。

項目7については，まず，根拠規定がなくても議定書が作成された先例の検討を行った。それについては，筆者が，そのような先例として，ロンドン条約，南極条約，原子力損害の民事責任に関するウィーン条約，長距離越境大気汚染条約があること，議定書が条約を改正した先例としては，ロンドン条約，1973年マルポール条約などがあることを指摘した。当初は論旨の補強のために具体的な先例を記す予定であったが，上記のように比較的多くの先例があるため，単に，「先例に従い」と記すとともに，多くの先例を検討したことを注記した（見解1）。なお，見解8は，生物多様性条約および名古屋議定書の関連規定を弱めるような改正は許されないことの明記を求める発言があったことに対応しており，国際法上，そのような優劣関係は存在しないことを確認した。

---

(15) 前記，注(12)参照。

項目 8 については，すべての PGRFA を MLS の対象にするための法手続に絞って議論した。附属書Ⅰを維持して追加掲載する場合は，附属書の改正に留まり，ITPGR の条文改正が不要のため簡易で望ましいと作業部会などでは考えられているようであったが，附属書Ⅰの掲載基準として示されている「食料安全保障と相互依存関係性」（11 条 1 項）との整合性が問題となることを指摘した（見解 1 ）。

項目 7・8 の補足については，質問の趣旨が不明であるため，対応を巡って意見が分かれた。諮問内容を変更する権限が SGLE にあるか否かがその背景である。最終的に，質問書の注記を参考にすると質問の趣旨が読み取れるため，見解 1 において，当初の質問ではなく，SGLE が推測した質問に対しての見解であることを明記した。

項目 9 については，委員の一部からも混同する発言があったため，まず，国際法，国内法，契約，それぞれにおける遵守確保手続きを区別すること，本件は，契約の履行確保であることを確認した。その関係では，特に，SMTA には第三者利益者が指名されていることを指摘した。また，ニューヨーク条約の非締約国であっても外国仲裁判断の承認・執行に関する国内法令を定めている国が存在することを確認した上で，12 条 5 項はそのような国内法令の整備も義務づけていることを指摘した（見解 6 ）。他方，SMTA の履行確保にとって，提供者が情報を共有することが有効であるとの発言があった。それに対しては，一般的な契約規則の下で対応可能であり特に明記する必要はないこと，また，SMTA では利益配分は提供者には行われないため，提供者は受領者が契約どおりに利益配分するかどうかに関心はなく，その監視の役割も期待できないことが指摘された。見解 8 は，その議論をまとめて記した。

Ⅳ　SMTA の改正案の概略

法律専門部会の検討作業と並行して，作業部会において，選択肢の絞り込みや数値の具体化が行われた。

1　第 3 次案

2017 年 2 月には，第 6 回作業部会（2017 年 3 月）に向けて，以下のように，ある程度体系的な枠組みを有する第 3 次改正案[16]が作成された。

〔磯崎博司〕　　　　　　　　　　　　　　　　Ⅳ　SMTA の改正案の概略

(1)　SMTA の改正

　その案は，現行 6.6 条の後に，改正した 6.11 条を挿入するとともに，6.7 条と 6.8 条を改正する。それらの改正規定によると，受領者は，SMTA 締結から X 月以内に，包括利用登録制度（附属書 3）に移行することができる。移行しない場合は，案 1（6.7 条と 6.8 条を統合して改正）または案 2（改正 6.7 条と改正 6.8 条）に定められる支払い方式が適用される。案 1 は，受領者に対してすべての場合に附属書 2 の案 1，すなわち，成果物が制限なく利用できる場合は売上の 70 ％の 1.1 ％，制限なく利用できない場合は，売上の 70 ％の X ％という支払いを義務づける。それに対し，案 2 は附属書 2 の案 2（現行どおり）の支払いを義務づける。

　その附属書 3 は，包括利用登録制度の基本構造や権利義務，手続きなどを定めている。登録者に，返金不可の利益配分（または取得に対する支払い）の年間前払い，および，受領した PGRFA から開発された成果物の売上および実施許諾料収入などの特定割合の支払いを要求する。年間前払い額は，受領した PGRFA が属す作物ごとの売上と実施許諾料収入などの平均に基づく。その前払い額を，当該成果物の売上に基づく支払額から差し引く。

　登録者は，その前払いを，X 年間，または，当該成果物が商業利用されるまで続ける。特許権が設定される場合は，より高い支払い料率を適用する。その支払い料率としては，作物分類に基づいた案（図 4）をベースとして[17]，暦年ごとの支払いを 3 月末に行う。一定額以下のときは，支払いを免除する。

　ただし，売上高の対象 PGRFA の範囲と定義，実施許諾料収入の算定，登録の解約手続き，登録の期間などについては，検討が済んでいない。

(2)　制度切替えメカニズム

　すべての商業利用に支払いを義務づけるために SMTA の改正を求める開発途上国の立場と，MLS の対象 PGRFA の拡大のために附属書 I の改正を求め

---

[16]　IT/OWG-EFMLS-6/17/3. 1, *Third Draft Revised Standard Material Transfer Agreement.*

[17]　See, Table 2. Payment rates calculated on the basis of the assumptions in table 1, IT/OWG-EFMLS-6/17/Inf. 4, *Second Report from the Friends of the Co-chairs Group on Access Mechanisms and Payment Rates, p. 5.*

8 食料農業植物遺伝資源条約における制度改革と法的課題

図4 支払い料率案

個別取得（SMTA 6.7条）		
	保護された産物	非保護の産物
作物分類　1	1 %	0.20 %
作物分類　2	0.25 %	0.05 %
作物分類　3	0.05 %	0.01 %
作物毎の利用登録（SMTA 6.11条）		
	保護された産物	非保護の産物
作物分類　1	0.1 %	0.02 %
作物分類　2	0.025 %	0.005 %
作物分類　3	0.006 %	0.001 %
包括利用登録（改正案, 6.11条と附属書3）		
	保護された産物	非保護の産物
作物分類　1	0.025 %	0.005 %
作物分類　2	0.00625 %	0.00125 %
作物分類　3	0.00125 %	0.00025 %

作物分類　1	ビート，アブラナ（キャベツ），ナス，トウモロコシ，コメ，モロコシ，イチゴ，および，ヒマワリを含む
作物分類　2	リンゴ，アスパラガス，オオムギ，ニンジン，ココナツ，柑橘類，オートムギ，エンドウ，バレイショ，ライムギ，ライ小麦，および，小麦を含む
作物分類　3	サトイモ，バナナ，パンノキ，キャッサバ，ササゲ，ソラマメ，カラスノエンドウ，キビ，ガラスマメ，レンズマメ，トウジンビエ，キマメ，サツマイモ，および，全ての飼料を含む

る先進国の立場とを調整する役割を有する制度切替えメカニズムが導入されている。それは，図5に示すように，SMTAを改正しても，その適用は議定書（附属書Ⅰの改正）の発効まで停止するとともに，特定条件が充足された場合に，賛同する企業と締約国に限って，改正SMTAとPGRFA拡大を暫定適用すると定めている。

　具体的には，SMTAの改正と同時に，MLS（附属書Ⅰ）の拡大のため，議定書によってITPGRの改正を行う（図5左）。SMTAの改正には時間を要しないが，議定書の批准手続きと，その発効（図5右）には長い時間がかかる（図5左から右）。そのため，両者の実施は，以下の3要件が達成されるまで延期す

図5 制度切替えメカニズム

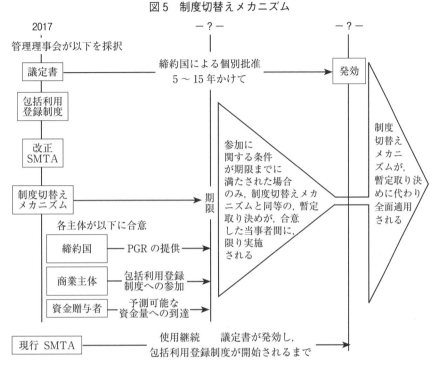

出 典：Figure 1. Possible elements of the Launch Mechanism, THE LAUNCH MECHANISM（IT/OWG-EFMLS-6/17/5）p. 3, 和訳：筆者

る。3要件とは，世界の種子市場の年間売上の特定の割合を占める商業利用者が登録したこと，拡大された作物のPGRFAの特定数を保有する締約国がその保有PGRFAの提供を確約したこと，資金提供国が利益配分基金に対する予定年間任意拠出額を提供したことである。また，これら3要件の達成に期限を設定する（図5左から中の下段）。

　定められた期限までに上記の3要件が達成された場合は，それぞれの確約を行った商業利用者と締約国に，包括利用登録を含む改正SMTAおよび拡大MLSが暫定的に適用される（図5中から右）。また，それを通じて，利用者および資金提供者は，利益配分基金への資金提供を直ちに行う。

　その期限までに要件が達成されないときは，登録制度に登録した利用者はこの登録制度から脱退する。MLS対象PGRFAの拡大についても，同じような

8 食料農業植物遺伝資源条約における制度改革と法的課題

期限を議定書に定めることができる。

　ここで，附属書の拡大とは，図1の点線円またはすべてのPGRFAを示す円までの拡大を意味している。ただし，その場合であっても，提供対象のPGRFAの増加範囲は図1の②（一部追加）または②＋③（すべてのPGRFA）に限られる。

2　共同議長提案

　以上の第3次案を検討した第6回作業部会の後，2017年4月にスイス政府は，第7回管理理事会（2017年10月）に向けてITPGR 24条に基づき，附属書IにすべてのPGRFAを含めるための附属書I改正案を提出した[18]。

　また，2017年8月には，第7回作業部会（2017年9月5－7日）に向けて，第3次案を修正するとともにもう少し具体化した共同議長提案が示された[19]。

(1)　改正SMTAの下でのMLSからの取得制度

　共同議長提案においては，包括利用登録制度，利益配分率案，登録期間，個別取得制度などが定められている。

　(i)　取　得　制　度

　すべての取得に支払いを義務づける。そのため，潜在的利用者にとって誘因効果のある条件の下で，包括利用登録制度（SMTA改正案の附属書3）を導入する。包括利用登録制度に参加しない利用者に向けて，数量と回数を限定して（たとえば，少量で年間10回までの）個別取得を認める。それについては，研究育種利用が制限なしにできるか，できないかに応じて，成果物に基づく支払いに違いを設けることができるように，6.7条と6.8条を改正する。包括利用登録者の年間支払いが一定額（たとえば，500米ドル）未満の場合は支払いを免除する。

---

[18]　IT/GB-7/17/8, Proposal by the Government of Switzerland for an Amendment of Annex I to the International Treaty on Plant Genetic Resources for Food and Agriculture.

[19]　IT/OWG-EFMLS-7/17/2, *Draft Co-chairs' Proposals from the Outcomes of the Meetings of the Ad Hoc Open-ended Working Group to Enhance the Functioning of the Multilateral System.*

図6 支払い料率案

包括利用登録制度		
支払い料率	0.01 %	
個別取得（改正案，6.7条，6.8条）		
研究育種目的	利用制限あり	利用制限なし
支払い料率	1.0 %	0.1 %

(ii) 支払い料率

　包括利用登録制度の支払い料率（それは，基礎・基準値となる）は，図6のように，附属書Ⅰ作物の全売上の0.01％と設定する。特定の作物に限った利用登録という選択肢（現行6.11条）は，MLSからのPGRFAの取得管理を煩雑にするため，採用しない。そのことは，結果として，登録者は附属書Ⅰ作物の総売上高に基づいて支払うことになるため，上記基準値は，その場合にも誘因効果を有する程度の低率にする。包括利用登録制度が最大の誘因効果を有するようにするためには，改正された6.7条と6.8条の下で個別に少量取得する場合の支払い料率は，更なる研究育種に制限なく利用できる場合も，できない場合も，抑制効果を有する程度の高率にする。たとえば，更なる研究育種に制限なく利用できる成果物の場合は基準値の10倍，制限なく利用できない成果物の場合はその100倍とする（図6下段）。

(iii) 登録期間

　包括利用登録者は，特定の期間（たとえば，10年間）が経過した後は，書面の通知により随時脱退できる。脱退後も一定の期間（たとえば，10年間）は，利益配分の支払いの継続を義務づける。開発中のPGRFAについては，その他の関連規定も，一定の期間（たとえば，20年間）の経過後に効力を停止する。したがって，開発中のPGRFAに対して，継続して適用される規定は6.1条のみである。

(iv) 個別取得利用に対する制約

　包括利用登録制度の誘因効果を最大にする必要があるため，改正された6.7条と6.8条を通じてPGRFAを取得している利用者の場合については，各種義務の失効期限は設定しない。ただし，その場合，開発中のPGRFAについては，包括利用登録制度の下の開発中のPGRFAと同じ規則を適用する。

8　食料農業植物遺伝資源条約における制度改革と法的課題

(2) 漸進計画

　第3次案の制度切替えメカニズムに基づいて，具体的な数値が提示されていて漸進計画と称される提案が示された。

(ⅰ) 改正SMTAの発効要件

　上述の包括利用登録制度の導入を含むSMTAの改正を管理理事会が決定した日から1年の間に，その登録制度に関心を有する利用者は登録手続きをとる。附属書Ⅰ作物の種苗の世界の売上の30％を占める企業が包括利用登録制度に登録した時点で，改正SMTAは自動的に発効する（図7中段）。MLSからの取得を求めるすべての利用者に，改正SMTAを適用する。初期期間内の先行

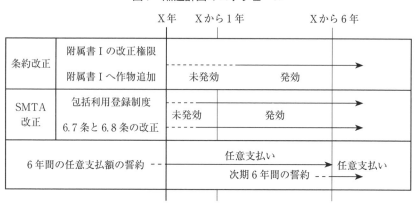

図7　漸進計画のスケジュール

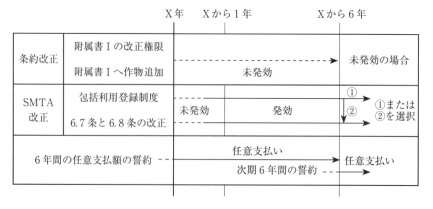

図8　附属書拡大未発効の場合

〔磯崎博司〕　　　　　　　　　　　　　　　Ⅳ　SMTA の改正案の概略

登録者には，後続の登録者よりも有利な待遇を検討する。

(ⅱ)　附属書改正と発効期限

改正 SMTA の採択と同時に，管理理事会は，附属書Ⅰの改正を決定する。その改正は，将来の MLS の範囲拡大の権限を管理理事会に付与するとともに，最初の追加のための特定作物のリストを含む。その附属書改正の発効に必要な批准数を達成するための期間には，制限（たとえば 6 年間）を設定する（図 7 上段）。

その期間内に批准要件が達成されなかった場合，図 8 に示すように，改正 SMTA の下の包括利用登録者は，その時点での附属書Ⅰに掲載されている作物について，自身の登録に基づく素材の受領および利用を継続するか，または，登録を撤回し，改正 SMTA の 6.7 条と 6.8 条（上記 2 (1)(ⅱ)支払い料率，および，図 6 下段を参照）の下の個別取得に戻るかのいずれか（図 8 ①または②）を選ぶことができる。

(ⅲ)　そ　の　他

6 年間の経過後に，一定数（たとえば，2010 年版世界 PGRFA 要覧に掲載されている全資源の 10 ％）の追加の PGRFA が MLS に含められ，締約国により提供可能にされているべきである。これら PGRFA の追加・提供に貢献しない締約国には，利益配分基金の下の助成金申請資格を認めない。また，締約国は，次期 6 年間に利益配分基金に行う任意拠出の金額を誓約する（図 7，図 8，それぞれの下段）。漸進計画の見直しは，採択から 6 年後に管理理事会によって行われる。

3　残されている課題

共同議長提案を第 3 次案と比較してみると，まず，改正 SMTA の適用対象は，第 3 次案は賛同する利用者のみであったが，共同議長提案は，すべての利用者に適用すると定めた。附属書Ⅰの拡大が発効しないときは，第 3 次案は包括利用登録制度から脱退し従来に戻るとしていたが，共同議長提案は，包括利用登録制度の継続（図 8 ①）か，改正 6.7 条および改正 6.8 条（図 8 ②）を選択すると定めた。したがって，改正 SMTA は，発効すれば，附属書Ⅰの拡大が発効しなくてもそのまま維持される。つまり，「同時性」の内容が変わってきているのである。第 3 次案における同時性は，SMTA 改正と附属書改正の，

205

8　食料農業植物遺伝資源条約における制度改革と法的課題

同時「採択」，同時「暫定発効」，同時「発効」であったが，共同議長提案では，同時「暫定発効」と同時「発効」が消えている。しかも，同時「採択」も不明確であり，同時「決定」のみに留まるおそれがある。

　次に，支払い料率については，共同議長提案は，第3次案（図4）の作物分類を簡略化しており，その分類1の料率（図4網掛け欄）に比較的近い数値を採用した。そのほか，共同議長提案が具体的に示した数値および新たに定めた事項は以下のとおりである。期限については，SMTAへの移行については1年間，また，附属書Iの拡大の発効については6年間とされた。包括利用登録の期間については最短で10年，脱退後の利益配分期間は10年とされた。個別取得には，数量限定に加えて，抑制効果のために様々な制約が設けられた。附属書Iへの追加リストの提案とともに，その追加手続きを緩和するための規定を附属書Iに組み入れるとされた。提供可能なPGRFAの数量に目標を設定し，協力しない国への制裁が定められた[20]。締約国に，任意拠出額の事前誓約を要請するとされた。なお，売上とは，関連会社を含み，受領者が成果物の商業化から得た収入全体（種苗の売上および実施許諾料収入・技術料収入）を意味すべきであるとされ，これについてはSGLEの見解が問われた。

　これらについて審議した第7回作業部会においては，項目ごとに賛否が分かれ，合意に至らなかった。そのため，この提案およびそれに基づく管理理事会決議案については意見交換にとどめ，それらは共同議長の提案として，第7回管理理事会（2017年10月30日−11月3日）に提出された[21]。また，同管理理事会に備えて，SGLEに対して追加の諮問（項目12および項目13）が行われた。

4　SGLEによる項目12および項目13の検討

　項目12について，SGLEは，原則的には附属書Iに組み入れるよりは24条を改正する方が望ましいことで一致した（見解1）[22]。ただし，法手続（批准を

---

[20]　それは，ITPGRの11条2項後段および3項の要請に呼応していることに注意する必要がある。

[21]　IT/GB-7/17/31.

[22]　様々な改正案が議論されたが，筆者は，附属書Iの改正に関する手続きを定める3項を新設し，共同議長提案の手続部分を記すことを指摘した。その内容は，SGLEファシリテーターが参考のために示した24条全体の改正イメージに含まれている（見解1の注5）。SGLE Report (Third Meeting) at p. 2.

〔磯崎博司〕　　　　　　　　　　　　　　　Ⅳ　SMTA の改正案の概略

要すること）は同じでも附属書Ⅰへの組み入れ改正に比べて条文改正には締約
国は慎重になること，附属書Ⅰの拡大が早期発効する手続は望ましいことの指
摘もあった。そのため，24 条 2 項の改正が最適ではあるが，共同議長提案は
ITPGR のほかの規定および国際法の一般規則と整合しているとの判断を示し
た。併せて，その提案の中に 24 条 2 項に優先するとの注記を含めれば法的に
明確になることも指摘した（見解 2）。他方で，スイス政府が提出した正式な
改正提案との関係も議論された。その点については，管理理事会に要請されて
いることは MLS の対象拡大に向けて ITPGR を改正するための決定であること，
スイス提案の検討・採択に関する手続（23 条，24 条 2 項）それ自体に共同議長
提案が触れられていること，管理理事会は必ずしも提案そのままの採択に縛られな
いこと，共同議長提案はスイス提案の延長上にあるため管理理事会への要請に
応えていることを確認した（見解 3）。さらに，スイス提案および現行改正手
続（23 条，24 条 2 項）に沿っているのは，24 条 2 項の改正よりも共同議長提案
であることを確認した（見解 4）。

　項目 13 について，SGLE は，現行 SMTA の履行に当たって受領者が自身と
の利用契約の相手方をどこまで監視できるのかについて懸念が生じていること，
その懸念は提案されている包括利用登録制度においても同じであることを確認
した（見解 1）。売上には，受領者および系列団体による総売上に加えて第三
者への実施許諾による収入も含まれること，そのような定義との関連では，受
領者は契約者，実施許諾を受けた者などを監視し報告する必要はなく，それら
の者から受領した収入に一定の支払い料率を適用するだけで良いことも確認し
た（見解 2）。なお，議論の過程では，SMTA の 6.7 条と 6.11 条との間には違
いがあること，ただし，両者についての定義は単一の方が望ましいこと，共同
議長提案はそれに相応しいことが指摘された。それを受けて，個別取得利用と
包括利用登録のそれぞれに定義を置くよりも，SMTA 全体に単一の定義を置
くことが望ましいと判断した。また，現行の定義を，「売上とは，〔個別取得／
XX 条〕の下での成果物または包括利用登録の対象とされる作物に属している
PGRFA である成果物の商業化に基づいて，受領者または登録者および関連す
る系列団体が受領した総収入をいい，種苗の売上および実施許諾料を含む。」
に変更することを提案した（見解 3）。

8 食料農業植物遺伝資源条約における制度改革と法的課題

Ｖ　お わ り に

　第7回管理理事会では，附属書Ⅰの拡大の検討に対する反対意見が開発途上国から出されたため，MLS の機能改善に関する議題については，ほとんど実質審議されることなく次回管理理事会まで先送りされた[23]。他方で，開発途上国は，農民の権利または塩基配列情報の関わりにおいても，利益配分の拡充に向けた検討を行うよう主張した。塩基配列情報も含めて利益配分の拡充を求めることは，生物多様性条約，世界知的所有権機関，世界保健機関，また，公海における生物多様性に関する国連会議などにおいて主張されており，ITPGRにおいても，それらと連携してその主張は強まると思われる。第7回管理理事会の前に行われたように，作業部会の報告や提案が急速に取りまとめられることは今後も予想されるため，法政策を含めた広い視野から分析・検討を進めておく必要がある。

---

[23]　IT/GB-7/17/Res 2.

9 国際環境法における手続的義務の発展とそのインプリケーション
── 「国境地帯におけるニカラグアの活動（コスタリカ対ニカラグア）」事件及び「サンフアン川沿いのコスタリカ領における道路建設（ニカラグア対コスタリカ）」事件を通じて

石橋可奈美

Ⅰ　はじめに
Ⅱ　国際環境法における実体的義務とその内容
Ⅲ　国際環境法における手続的義務の発展
Ⅳ　「国境地帯におけるニカラグアの活動（コスタリカ対ニカラグア）」事件
Ⅴ　「サンフアン川沿いのコスタリカ領における道路建設（ニカラグア対コスタリカ）」事件
Ⅵ　実体的義務と手続的義務の関係性──「相当な注意」を通じての連結
Ⅶ　おわりに──グローバル・コモンズの環境保護実現への新たな可能性

Ⅰ　は じ め に

　昨今，国際環境法の法体系も徐々に成熟しつつある様子が窺える。1970 年代と 1990 年代に急速に法形成が進み，その後，法の遵守や実施をいかに確保するかが議論されてきた。当初，法の欠缺が叫ばれ，条約が策定されると，今度は，策定された条約が sleeping treaty であってはならないとして，国際社会は，条約の遵守や実施の確保に必死になった。それがやや落ち着くと，今度は，条約間の重複や抜け穴が目に付くようになり，環境法体系の「分断化」が懸念された。今日，パリ協定が採択され，気候変動への新たな枠組みが軌道に乗ろうとしており，まだ手薄であった国家の管轄権を超える区域の海洋保護に関して国連主導の下に，海洋環境保護の新たなシステム作りが始まると，ようやく環境法全体の成熟感も感じられるようになった。

　国際環境法は，その当初から大きな問題を抱えてきた。それは，国際環境法がそれまでの国際法の伝統的な枠組みでは対処できない，様々な要求を抱えて

『変転する国際社会と国際法の機能』内田久司先生追悼論文集〔信山社, 2018年 3 月〕　*209*

9 国際環境法における手続的義務の発展とそのインプリケーション

いたことの証左に他ならない。法形成を急がなければ，地球環境の悪化は刻一刻と進行してしまう。だからこそ，国際社会は法形成を急いだ。そして，地球規模の環境悪化に対応するため，多くの国家の合意を得て採択される多数国間条約が必要とされ，いわゆる「枠組み条約」方式が多用された。途上国の協力を得て法形成や遵守・実施を確保していかなければならないことから，条約体制には，必ずといっていいほど資金・技術援助に関する諸規定・制度の整備・構築に関するコミットメントが組み込まれ，また，途上国とのバランスをとるために「共通だが差異のある責任」「持続可能な開発」が原則とされた。回復不能な環境損害を防止するため，科学的不確実性があったとしても環境損害を防止するための行動をとるとする「予防原則」「予防的アプローチ」が重要な一般原則として強調されてきた[1]。

　環境法体系の中心は依然として条約法が占める。「予防原則」「予防的アプローチ」については，国際慣習法としての地位を得ていない[2]。しかし，少なくとも，越境環境損害防止の義務，環境影響評価を実施する義務，通報・協議の義務などは，環境法の中核的な原則として，今日では国際慣習法として確立していると言ってよい。ただし，それらの義務内容や相互関係については，判例上も揺らぎがある。義務内容の定式化の如何によっては，地球環境保護の実現への貢献度にも影響を与えかねない重要な問題である。

　本稿では，この越境環境損害防止義務について，最近の判例に基づき考察する。越境環境損害防止義務自体は，実体的義務であるが，この内容について，手続的義務との連結により，より明確に定式化されつつあることを導き出すのが目的である。

---

(1)　Daniel Kazhdan, "Pulp Mills and the Evolving Dispute between International Tribunals over the Reach of the Precautionary Principle," 38 *Ecology L. Q.* 527. リオ宣言原則 15 は「環境を保護するため，予防的方策は，各国により，その能力に応じて広く適用されなけれ ばならない。深刻な，あるいは不可逆的な被害のおそれがある場合には，完全な科学的確実 性の欠如が，環境悪化を防止するための費用対効果の大きい対策を延期する理由として使われてはならない。」としている。

(2)　Ibid, "The [precautionary approach] is apparently more generally acceptable [than the precautionary principle] because it implies more flexibility, admitting the possibility of adapting technology, consistent with the requirement for sustainability," in Patricia Birnie, Alan Boyle & Catherine Redgwell, *International Law and the Environment*, 2008, p. 155.

Ⅱ 国際環境法における実体的義務とその内容

1 実体的義務の定式化の開始

越境大気汚染のリーディングケースとしては，よく知られているトレイル溶鉱所事件（Trail Smelter Arbitration（United States v. Canada））[3]がある。カナダで操業していた民間の鉛と亜鉛の精錬所が，亜硫酸ガスの煤煙によって米国の森林や農作物に被害を与えた事件である。本件では，両国は仲裁裁判での解決を求めた。仲裁裁判で，カナダが民間の溶鉱所に対して自国の領域の使用をさせるに際し相当な注意を払わなかった（いかなる国家も他国の領土内で，もしくは他国の領土，領土内の財産や人に対して，煤煙による損害を発生させるような方法で自国の領土の使用を許す権利を有さない）として，カナダの国家責任が認められ，賠償金の支払いが命じられた。この実体的義務が，その後，ストックホルム宣言原則21やリオ宣言原則2など多くの国際法上の文書で確認されていったことはよく知られているところである。

2 最近の判例に見る実体的義務違反認定

近年の判決にも，上記のような実体的義務違反の認定による判断が見られるようになっている。たとえば，南シナ海仲裁裁判所判決[4]では，中国の越境環境損害防止義務違反が認定されている。同事件において，裁判所は，前提として，南シナ海の海洋環境保護の重要性を確認した上で違法性の判断を行っている。

⑴ 海洋環境の重要性及び環境損害を引き起こす活動の確認

⒜ スカボロー礁及びスプラトリー諸島

この海域が漁業の面で高度の生産性を有し，広大なサンゴ礁を有する地域であること，そうした点で，世界の中でも最も生物多様性の豊かな地域となっていることを確認している。中でも，スカボロー礁及びスプラトリー諸島（南沙諸島とも言われる。セカンドトーマス礁，クアテロン礁，ファイアリー・クロス礁，

---

(3) Trail Smelter Arbitration（United States v Canada）（1938–41）31 RIAA 1905 /Trail Smelter Arbitration（United States v Canada）（1941）3 RIAA 1911.

(4) The South China Sea Arbitration, Award of 12 July 2016, *available at* <https://pca-cpa.org/wp-content/uploads/sites/175/2016/07/PH-CN-20160712-Award.pdf>.

9 国際環境法における手続的義務の発展とそのインプリケーション

ガバン礁，ジョンソン礁，ヒューズ礁及びスビ礁などがこのスプラトリー諸島に含まれる。）における海洋環境は，魚種，サンゴ，マングローブ，貝類，ウミガメ，など，脆弱で絶滅の危機に瀕しているとされる動植物を含んでいることも確認した。さらには，これらは，過剰採取や，破壊的な漁法，汚染，居住，建設といった人間活動の影響を受けやすいこと，また，南シナ海における海流とこうした生物のライフサイクルの観点から，いったん影響が生じれば，それは，スカボロー礁やスプラトリー諸島の周辺にとどまらず，南シナ海全体に及ぶ恐れのあることも確認された（para. 823-825）。

(b) 有害な漁法と絶滅の危機に瀕した生物の収穫

裁判所は，かなりの期間，中国が，有害な漁法により，絶滅の危機に瀕している動植物の収穫を行い，しばしばフィリピンとの間に摩擦を生じさせ，時には抗議を受けて是正する方向の姿勢を示してきたことにつき指摘した[5]。

(c) 中国のスプラトリー諸島における 7 つの礁における建設活動について

裁判所によれば，中国による建設物は，そのほとんどが，最初は，セメントによる基礎工事と鉄製の枠にアルミ製，もしくは木製，ファイバーガラス製の板というごく簡単な構造であるが，進むにつれ，構造物の内容も高度化し，例えば，ヘリポートや気象観測施設，通信施設などを有するものへと変化するという。2013 年以前に建設されたものとして，ファイアリー・クロス礁におけ

---

(5) 有害な漁法として指摘されているのは，サンゴやオオシャコガイを爆発物で破壊する方法で捕獲したり，サンゴを船のプロペラで砕くなどしたりした行為である。2000 年 1 月 14 日には，フィリピンが中国に対して，こうした行為を放置することは，中国が当事国となっている，国連海洋法条約，ラムサール条約及びワシントン条約に違反するとの声明を出した（para. 828）他，スカボロー礁に関しては，2012 年 4 月 10 日の事件及びその当時の中国漁船の活動に多くの検討が割かれている。4 月 10 日にはスカボロー礁に停泊中の中国漁船 8 隻が，絶滅危惧種である，サンゴやオオシャコガイを積載していたのをフィリピン海上保安船が発見し，拿捕したことから，現場に急行した中国監視船との間で睨み合いになった事件が発生し，フィリピンは中国に抗議を申し入れたが，その後も中国漁船によるサンゴやオオシャコガイの捕獲は止まず，また，中国海洋監視船はこうした中国漁船を保護したばかりか，フィリピンの海上保安船のすべてを引き上げ，以降中国漁船の漁業活動を妨害しないよう求めてきた。さらに，中国は，フィリピンが当該海域（スカボロー礁海域）に入ることを妨げる意図によると思われる浮動式の施設を設置し，中国海軍及び監視船を数隻ずつ配置したため，フィリピンは，2012 年 5 月からこの海域に入ることができず，状況把握もできない状況にあることが認定されている。

〔石橋可奈美〕　　　　　　　Ⅱ　国際環境法における実体的義務とその内容

る人工島（115 メートル× 80 メートル）の存在に言及している。

　しかし，2013 年の終わりにはそうした建設物と比較にならないほどの建設
活動がなされるようになった。それは，カッター吸引方式の浚渫船の導入によ
るものであり，この浚渫船の海洋環境に与えうる悪影響について，裁判所は確
認をしている。

　(d)　ミスチーフ礁の占有および同礁における建設行為

　ミスチーフ礁への中国の建設活動は，1995 年 1 月から開始され，当初は台
風用のシェルターとしての目的であったが，その後，通信施設やヘリポートを
有する複合的施設へと進化したことが言及されている。とくに，2015 年 1 月
から開始された工事は，9 隻の浚渫船を導入して，大規模なものであり，同年
11 月までには，5,580,000 平方メートルの広さまでに拡大したこと，またミス
チーフ礁の南側の開口部分は，110 メートルから 275 メートルまで拡大された
ことが確認されている。

　(2)　判　　　断

　(a)　海洋環境保護の義務

　裁判所は，まず，国連海洋条約の前文，「この条約を通じ，すべての国の主
権に妥当な考慮を払いつつ，国際交通を促進し，かつ，海洋の平和的利用，海
洋資源の衡平かつ効果的な利用，海洋生物資源の保存並びに海洋環境の研究，
保護及び保全を促進するような海洋の法的秩序を確立することが望ましいこと
を認識し」及びこの精神を具体化するものとして存在する 12 部の規定に言及
している。

　192 条は，一般的義務として，「いずれの国も，海洋環境を保護し及び保全
する義務を有する」と定めているが，裁判所は，この一般的義務の内容を，将
来の環境汚染からの海洋環境の保護と，現在の状況を維持し，または改善する
という意味での「保全」と両方の意味に拡大して解釈するべきだとする新しい
見解を示した（para. 941）。裁判所によれば，海洋環境を保護するための「積
極的措置を講ずる義務」と，「海洋環境を悪化させないようにする消極的義務」
とが含まれることが示唆されているという。この点，裁判所は，「国家はその
管轄権内の又は管理下の活動が，他国の又は国家の管轄権を超える区域におけ
る環境を尊重する義務」を確認した，核実験事件の勧告的意見や，「国家は大

9 国際環境法における手続的義務の発展とそのインプリケーション

規模な建設活動が行われる際，環境に対する重大な影響を防止し，少なくとも緩和する積極的義務を負う」としたインダス川キシャンガンガ仲裁事件判決（Indus Waters Kishenganga Arbitration)[6]を引用して，この積極的義務・消極的義務の定式化について補強している。

(b) 違法性が認定された行為

南シナ海仲裁事件において，「脆弱な絶滅の危機に瀕している動植物を採取した行為」として違法性が認定された行為としては，1998 年，中国人漁師によるサンゴとウミガメの保持（1998 年），中国漁船のサンゴ 4 トン積載発見（2000 年），中国漁船のウミガメ，サメ，サンゴ積載発見（2001 年），サンゴやオオシャコガイの中国漁船から押収（2002 年），オオシャコガイを積載した中国漁船がフィリピン海軍によって拿捕（2004 年），中国漁船による 16 トンものサンゴ，生きた二枚貝の積載発見（2005 年），中国漁船によるサンゴ積載発見（2006 年），大量のサンゴとオオシャコガイが中国漁船に積載発見され中国政府の船舶がこれを追認（2012 年），少なくとも 2 隻の中国漁船が，中国政府の船舶の保護のもとに操業し，船荷の中にオオシャコガイを保持していることが発見されたこと（2012 年）などがあった。

(c) 「相当な注意」義務と同義務違反の認定

中国が，いかなる責任を負うのかについて，裁判所は，「海洋の生物資源の保全は，海洋環境の保護保全にとっての要素の一つであり」，したがって，国際的に絶滅の危機に瀕すると認識されている生物資源の捕獲を保護し保全するために「相当な注意」を払う義務は，192 条の一部を構成する，と判示した（The Tribunal considers that the general obligation to "protect and preserve the marine environment" in Article 192 includes a due diligence obligation to prevent the harvesting of species that are recognised internationally as being at risk of extinction and requiring international protection)。

また裁判所は，194 条 5 項にも依拠し，「相当な注意」は，本件の場合，「稀少又はぜい弱な生態系及び減少しており，脅威にさらされており又は絶滅のおそれのある種その他の海洋生物の生息地を保護し及び保全するために必要な措置」を含むようなものでなければならないとして，責任の及び得る範囲を具体

──────────

(6) Indus Waters Kishenganga Arbitration (Pakistan v. India), Partial Award, 18 February 2013, *available at* <https://www.pcacases.com/web/sendAttach/1681>.

〔石橋可奈美〕　　　　　　　　　　Ⅱ　国際環境法における実体的義務とその内容

化した（para. 960）。

　以上の観点から，裁判所は，前述の行動を行った中国船舶の行為につき，中国が認識していたこと，にもかかわらず，防止措置を講じなかったこと，むしろ中国船舶を保護下に置くなどしてその行為を合法化しようとしたことは，海洋環境の保護に関する義務に違反したと結論づけた（para. 966）。また，中国のスプラトリー諸島における建設活動について，裁判所は，中国の同諸島における建設活動が，従前行われてきた程度をはるかに超えて，海洋環境に破壊的かつ長期間にわたり継続する損害を与えたとして，中国の海洋環境保護についての義務違反を認めた（192 条及び 194 条 1 項・5 項の違反の認定（para. 983））。

　以上，リーディングケースであるトレイル溶鉱所事件の他，最近の判例である南シナ海仲裁事件における実体的義務違反の認定を見たが，裁判所が限られた知見の中で，環境損害について科学的な判断ができるのか，常々疑問視されてきた。しかし，上記のような事例を見れば，越境環境損害が申し立てられている事案において，近年，越境損害防止義務違反が認定されることは，それほど難しいことではないように思われる。このように，実体的義務違反の認定がなされれば，国家責任が生じ，結果，環境損害の賠償等を通じて，紛争の解決にもっとも近道である。しかし，実体的義務違反が認定されない場合，あるいは，実体的義務違反の有無が判断される前に，緊急の対応としての暫定措置などが命じられる必要がある場合，どうか。そうした場合であっても，手続的義務違反の認定により一定の解決が導かれることがある。

3　実体的義務の内容の明確化への裁判所の関与

　発生した損害に対する責任の認定という文脈ではない場面でも，実体的義務の内容が裁判所によって明確化される場合があり，紛争解決の場においてはその重要性もまた看過できない。たとえば，そのことは，2013 年のインダス川キシャンガンガプロジェクト事件判決（Indus Waters Kishenganga Arbitration (Pakistan v. India)）によく表れている。本件は，インダス川流域で計画された水力発電に関する紛争である。インドとパキスタンは，1960 年にインダス川の水利用に関する条約を締結していた。その後, インドのダム建設（Kishenganga Hydro-Electric Project (KHEP)）がカシミール地方で問題となり，パキスタンは，インドがキシャンガンガ川の分流を行ったことが，1960 年条約に反するとし

9 国際環境法における手続的義務の発展とそのインプリケーション

て，2010 年 PCA に基づく仲裁判断を求めた。2013 年の中間判決で，仲裁裁判所は，インドのダム建設は，条約が認めたプロジェクトの一環として許容されるが，インドは水流のレベルを一定に維持する義務があり，そのレベルについては，最終判決で決定されるとした（India is however under an obligation to construct and operate theKishenganga Hydro-Electric Plant in such a way as to maintain a minimum flow of water in the Kishenganga/Neelum River, at a rate to be determined by the Court in a Final Award）。基準設定が両国間の協議に基づいてなされるべきという要請がなされたのではなく，基準については，裁判所が決定するとした点が重要である。

最終判決においては，キシャンガンガ川に 9 キューメリック（9 m³/s）の水量を維持することを条件として，インドのダム建設が認められた。パキスタンが 100 キューメリックの水量の維持されるべきことを望んでいたこととの関連では，非常に水量は抑えられた（para. 116）[7]。裁判所は，鉄のライン川鉄道事件（ベルギー／オランダ）やガブチコヴォ・ナジュマロシュ計画事件において，条約の締結時ではなく，その後の法の発展に即して条約の解釈が求められたことに言及しながら，当該事件においてもこの要請を認めた。裁判所は，中間判決で判示したところを引用し，大規模な建設活動を計画する場合には，環境に対する重大な損害を防止し，少なくとも緩和する義務を有するとした（As the Court held in its Partial Award, "States have 'a duty to prevent, or at least mitigate' significant harm to the environment when pursuing large-scale construction activities." (para. 161)）。裁判所は，但し，後者の緩和義務に関して慎重な姿勢を示し，裁判所の権限は，せいぜい重大な環境損害の緩和義務についての判断に止まり，予防的アプローチを採用することは，適切であるとも，また必要であるとも考えないとしている点は注意が必要である（the Court does not consider it appropriate, and certainly not "necessary," for it to adopt a precautionary approach…. The Court's authority is more limited and extends only to mitigating significant harm. (para. 112)）。そして，インドのダム稼働を認めつつ，パキスタンへの越境環境損害を生じさせない（重大な環境損害を緩和する）水量として，9 キューメリックの水量が常時ダムから流れ出て維持される

---

(7) Indus Waters Kishenganga Arbitration (Pakistan v. India), Final Award, 20-12-2013, *available at* <https://www.pcacases.com/web/sendAttach/48>.

〔石橋可奈美〕

べきことを最終的に決定した。

Ⅲ　国際環境法における手続的義務の発展

　手続的義務が成熟するにつれて，越境環境損害の紛争処理において，手続的義務に基づく紛争解決が図られるようになってきている。

　国際環境紛争の解決において，手続的義務違反の認定はよく使われる手法である。手続的義務違反は，事前通報・協議の義務を果たしていないこと，事前同意の義務を果たしていないこと，そして，環境影響評価を実施していないこと，などの認定による。

　このうち，事前通報・協議の義務及び環境影響評価の実施の義務については，国際慣習法となっているというのが通説の理解である。事前同意の義務に関しては，条約等に基づく義務の有無が判断の基礎となる。

1　環境影響評価を実施する義務

　製紙工場事件（Pulp Mills on the River Uruguay（Argentina v. Uruguay））[8]についての国際司法裁判所判決は，ウルグアイのフライベントスに建設された製紙工場から有害物質が排出され，水質の汚染や生態系への悪影響を生じさせたとしてアルゼンチンが申し立てていた事件に対して，環境影響評価の実施について検討したが，この点についてのウルグアイの義務違反は認定されなかった。ただし，裁判所は，環境影響評価についての義務内容について詳細に検討しており（「……共有資源であるような状況で重大な越境環境悪影響を引き起こす可能性がある場合において環境影響評価を実施する一般国際法上の義務があるとする近年諸国家の間で認識されている実行に一致するような解釈されなければならない……実施しなかった場合には，相当な注意及び警戒の義務が果たされていなかったものとみなされ得る」（para. 204）），この事件を通じて，環境影響評価の義務内容に関する定式化がさらに進んだと言ってよい。

　2011 年 2 月に国際海洋法裁判所（ITLOS）が示した，「深海底における探査活動を行う個人及び団体を保証する国家の責任及び義務」に関する勧告的意見（Responsibilities and Obligations of States Sponsoring Persons and Entities with

---

(8)　*Available at* <www.icj-cij.org/files/case-related/135/135-20100420-JUD-01-00-EN.pdf>.

9 国際環境法における手続的義務の発展とそのインプリケーション

Respect to Activities in the Area)（事案番号 17)[9]も重要な事例である。同勧告的意見では，「環境影響評価を実施する義務は，UNCLOS 上の直接義務であり，国際慣習法上の一般的義務でもある」と示し，国家管轄権外区域における資源と活動に対しても適用されることを確認した[10]。

　詳しくは次節で述べるが，「国境地帯におけるニカラグアの活動（コスタリカ対ニカラグア）」事件及び「サンフアン川沿いのコスタリカ領における道路建設（ニカラグア対コスタリカ）」事件は，製紙工場事件における考えをそのまま踏襲し，それを発展させ，環境影響評価を実施する義務とそれに関連する手続的義務の定式化を行った。また，実体的義務を構成する「相当な注意」の義務を通じて，手続的義務と実体的義務が連結することについても明確化した。

　南シナ海仲裁裁判所判決は，フィリピンが申し立てで言及した，モニタリングや環境影響評価について，204 条に言及し，確認している。すなわち，204条は，「いずれの国も，他の国の権利と両立する形で，直接に又は権限のある国際機関を通じ，認められた科学的方法によって海洋環境の汚染の危険又は影響を観察し，測定し，評価し及び分析するよう，実行可能な限り努力する」こと，及び「いずれの国も，特に，自国が許可し又は従事する活動が海洋環境を汚染するおそれがあるか否かを決定するため，当該活動の影響を監視する」ことを定めており，同条に基づき，さらに，205 条は，報告の必要性に関して，「いずれの国も，前条の規定により得られた結果についての報告を公表し，又は適当な間隔で権限のある国際機関に提供する，当該国際機関は，提供された報告をすべての国の利用に供すべきである」と定め，また，206 条が，環境影響評価の実施について，「いずれの国も，自国の管轄又は管理の下における計画中の活動が実質的な海洋環境の汚染又は海洋環境に対する重大かつ有害な変化をもたらすおそれがあると信ずるに足りる合理的な理由がある場合には，当該活動が海洋環境に及ぼす潜在的な影響を実行可能な限り評価するものとし，前条に規定する方法によりその評価の結果についての報告を公表し又は国際機

---

(9)　Responsibilities and Obligations of States Sponsoring Persons and Entities with Respect to Activities in the Area, Case No. 17, Advisory Opinion (ITLOS Seabed Disputes Chamber Feb. 1, 2011), 50 ILM 458 (2011), *available at* <http://www.itlos.org/>.

(10)　Ibid., para 145.

〔石橋可奈美〕　　　　　　　　　Ⅲ　国際環境法における手続的義務の発展

関に提供する」と定めていることを確認している。

　裁判所は，とくに，206 条の環境影響評価の実施について，「環境影響評価を行うことは，国連海洋法条約に基づく義務であるのみならず，国際慣習法に基づく一般的な義務である」ことを強調した。また，「合理的な」とか，「実行可能な限り」という文言の存在によって，報告書を提出する義務が損なわれることはなく，報告書の提出は絶対的なものであるとも指摘した。

　そして，裁判所は，中国の環境影響評価を実施する義務，モニタリングを実施する義務についての判断もしている。裁判所は，「サンフアン川沿いのコスタリカ領における道路建設（ニカラグア対コスタリカ）」において示された環境影響評価に関する基準，すなわち，準備的な影響評価の存在に言及するだけでは，準備的な影響評価を実際に実施した証拠とはならないとの判示（Costa Rica's simple assertions as to the existence of a preliminary assessment did not equate to having "adduced any evidence that it actually carried out such a preliminary assessment." (para. 989)) に基づき，たとえ，中国が環境影響評価の法制度の存在を示したとしても，実際に環境影響評価を実施した証拠を示さない限り，206 条違反の認定は可能と判断した（para. 991)。

2　通報・協議の義務

　事前通報・協議の義務は，初期の判例としては，ラヌー湖事件（Lake Lanoux Arbitration (France v. Spain))[11]において，国際河川の水利用において，一般国際法上，上流国は下流国に対して，計画されている事業に関して，事前に通報し誠実に協議する義務があることが確認されている。製紙工場事件判決は，ウルグアイがウルグアイ河の水利用に関する条約の定める通報・協議の義務に違反したと認定した。

3　協 力 義 務

　南シナ海仲裁事件では，協力義務違反についての認定もなされた。すなわち，裁判所は，197 条にも言及している。197 条は，海洋環境保護のための国

---

(11)　Arbitral Tribunal, November 16, 1957 (1957) 12 Reports of International Arbitral Awards 281; 24 I. L. R. 101, *available at* <http://www2.ecolex.org/server2.php/libcat/docs/COU/Full/En/COU-143747E.pdf>.

際協力について定めるもので，「いずれの国も，世界的基礎において及び，適当なときは地域的基礎において，直接に又は権限のある国際機関を通じ，地域的特性を考慮した上で，海洋環境を保護し及び保全するため，この条約に適合する国際的な規則及び基準並びに勧告される方式及び手続を作成するため協力する。」と規定している。裁判所は，MOX 工場事件暫定措置命令（MOX Plant Case)[12]において述べられた，「協力の義務は，国連海洋法条約 12 部及び一般国際法に基づき海洋環境の汚染防止における基本的な原則である」との箇所を引用しつつ，本条の重要性を確認し，中国の協力義務については，裁判所は，中国が建設に関して周辺諸国と協力をしたり，また調整をしたりした証拠はないとして，協力義務の違反も認められるとした（para. 986)。さらに，関連して，地域的な協力として，南シナ海のような半閉鎖性海域に適用可能な 123 条の存在について言及した。

このように，紛争解決において，手続的義務違反の認定が有用であるのは，上記のように製紙工場事件，「国境地帯におけるニカラグアの活動（コスタリカ対ニカラグア）」事件及び「サンフアン川沿いのコスタリカ領における道路建設（ニカラグア対コスタリカ）」事件，南シナ海仲裁事件を見れば明らかである。以下，製紙工場事件を踏まえながらも，それを大きく発展させた 2015 年の ICJ「国境地帯におけるニカラグアの活動（コスタリカ対ニカラグア）」事件及び「サンフアン川沿いのコスタリカ領における道路建設（ニカラグア対コスタリカ）」事件（単一の事件として併合された）における判決を例にとって論じる。便宜的に，併合された事件全体を指す場合には，コスタリカ対ニカラグア／ニカラグア対コスタリカ事件と略し，前者のみを指す場合は，コスタリカ対ニカラグア事件，後者のみを指す場合には，ニカラグア対コスタリカ事件と称することとする。そうした考察を踏まえ，手続的義務の成熟度や，手続的義務違反のみが認定され，実体的義務違反が認定されない，という状況は，国際環境法の発展にどう影響していくのかを考えたい。

---

[12] The MOX Plant Case (Ireland v. United Kingdom), Provisional Measures, 3 December 2001, *available at* <https://www.itlos.org/fileadmin/itlos/documents/cases/case_no_10/published/C10-O-3_dec_01.pdf>.

Ⅳ 「国境地帯におけるニカラグアの活動（コスタリカ対ニカラグア）」事件

1 事案の概要

国境地帯におけるニカラグアの活動とは，ニカラグアとコスタリカの国境河川でもある，サンフアン川の河口部分の浚渫活動をニカラグアが行ったことに対して，コスタリカが，領域主権の侵害，航行の妨害，環境損害の発生，などを申し立てた事案である。ニカラグアの浚渫活動は，河口部分の航行の改善などを目的としていた。裁判所は，浚渫活動によって，越境環境損害は発生しておらず，また，ニカラグアは 2006 年に環境影響に関する「環境影響研究」を行っており，その結果，コスタリカに対して重大な環境影響損害は発生させないと判断していることを認定した。この点につき，裁判所は，重大な環境影響損害を生じさせないのであれば，ニカラグアには環境影響評価を実施する義務はない，と判断した。また，環境影響評価を実施する義務がないのであれば，通報・協議の義務については裁判所として審理する必要がないとした。

2 手続的義務違反について

コスタリカ対ニカラグア事件判決は，製紙工場事件の以下の部分を引用している（para. 104）。

> 防止原則は，慣習法として，その起源を自国領域内において国家に求められる「相当な注意」に存する。「他の国の権利に反する行為について，知りつつ，その領域を使用させることを許可することのないようにするのはあらゆる国家の義務」である。したがって，国家は，自国の領域内またはその管轄内で他国の環境に重大な損害をもたらす活動が行われることを回避するため，利用可能なあらゆる手段を用いることを義務づけられている」（As the Court has had occasion to emphasize in its Judgment in the case concerning Pulp Mills on the River Uruguay (Argentina v. Uruguay): "the principle of prevention, as a customary rule, has its origins in the due diligence that is required of a State in its territory. It is 'every State's obligation not to allow knowingly its territory to be used for acts contrary to the rights of other States' (Corfu Channel (United Kingdom v. Albania), Merits, Judgment, I. C. J. Reports 1949, p. 22.) A State is thus obliged to use all the means at its disposal in

9 国際環境法における手続的義務の発展とそのインプリケーション

order to avoid activities which take place in its territory, or in any area under its jurisdiction, causing significant damage to the environment of another State." (Judgment, I. C. J. Reports 2010 (I), pp. 55-56, para. 101.))

(1) 環境影響評価の実施義務

さらに，裁判所は，製紙工場事件から，

「一般国際法に基づき，計画された産業活動が国境を越え，とりわけ共有資源に対して，重大な悪影響を及ぼすリスクがある場合に環境影響評価を行うことが要請されていると考えられる」(Furthermore, the Court concluded in that case that "it may now be considered a requirement under general international law to undertake an environmental impact assessment where there is a risk that the proposed industrial activity may have a significant adverse impact in a transboundary context, in particular, on a shared resource" (ibid., p. 83, para. 204).

とする部分も引用している。この引用から，コスタリカ対ニカラグア事件判決が(i)越境環境損害防止義務は国際慣習法上の義務であること，(ii)その回避にあたってはあらゆる措置を講じなければならないこと，(iii)そのうちの一つとして準備的な環境影響評価が前提とされていることが見て取れる。また，判決は，その後，(iv)準備的な影響評価でリスクがあるとされれば環境影響評価を実施しなければならないこと，(v)その場合の環境影響評価の内容は国家に委ねられていること，(vi)環境影響評価でリスクが確認されれば，被影響国に通報し，悪影響の防止・緩和のための協議をしなければならないこと，を導き出しており，以下，判決の文言に沿って，述べる。

(iv) 準備的な影響評価でリスクがあるとされれば環境影響評価を実施しなければならないこと

まず，裁判所は，「重大な越境環境損害を防止する上で相当な注意義務を果たすため，国家は，他国の環境に潜在的悪影響を及ぼす活動に着手する前に，重大な越境環境影響のリスクがあるかどうか（リスクがある場合には環境影響評価の義務を生じさせることになる）を確認しなければならないと示した (Thus, to fulfil its obligation to exercise due diligence in preventing significant transboundary environmental harm, a State must, before embarking on an activity having the potential adversely to affect the environment of another State, ascertain

222

if there is a risk of significant transboundary harm, which would trigger the requirement to carry out an environmental impact assessment.)。

(v) その場合の環境影響評価の内容は国家に委ねられていること，

ただし，裁判所は，環境影響評価の内容については，これも製紙工場事件を引用して，「それぞれの活動に対してどのような環境影響評価がなされるべきかの決定は，個々の事案での状況によってなされる。計画されている開発の性質と規模およびその環境への悪影響の可能性，評価の実施において相当な注意が払われるべき必要性などに鑑みながら，それぞれの場合に必要な環境影響評価の具体的内容を，国内法や許可の過程で国家自身が決定すべきである。」(Determination of the content of the environmental impact assessment should be made in light of the specific circumstances of each case. As the Court held in the Pulp Mills case: "it is for each State to determine in its domestic legislation or in the authorization process for the project, the specific content of the environmental impact assessment required in each case, having regard to the nature and magnitude of the proposed development and its likely adverse impact on the environment as well as to the need to exercise due diligence in conducting such an assessment" (I. C. J. Reports 2010 (I), p. 83, para. 205). として，内容までに立ち入ることはなかった。

(vi) 環境影響評価でリスクが確認されれば，被影響国に通報し，悪影響の防止・緩和のための協議をしなければならないこと

裁判所は，環境影響評価により，重大な環境影響損害のリスクが確認された場合には，当該国家は，潜在的な被影響国に通報し，誠実に協議する義務があることを明確化した。この通報・協議は，必要な場合に，リスクを防止し，緩和するための適切な手段を決定するためとされている (If the environmental impact assessment confirms that there is a risk of significant transboundary harm, the State planning to undertake the activity is required, in conformity with its due diligence obligation, to notify and consult in good faith with the potentially affected State, where that is necessary to determine the appropriate measures to prevent or mitigate that risk. (para. 104))。

本件事案においては，コスタリカは，ニカラグアの浚渫活動が，コロラド川の流れや湿地に悪影響を与えると主張していたが，裁判所はコロラド川にも湿

9 国際環境法における手続的義務の発展とそのインプリケーション

地にも重大な悪影響が見られないと判断し，重大な越境悪影響がない以上，ニカラグアには，環境影響評価を実施する義務は存在しないと判断した（para. 105）。

(2) 通報・協議の義務

　コスタリカ対ニカラグア事件の裁判所判決は，環境影響評価は一般国際法上の義務であることを確認し，環境影響評価でリスクが確認された場合には，通報・協議の義務が発生すると定式化した。また，このことは，ニカラグアもコスタリカも認識している旨述べたうえで，コスタリカは，一般国際法に基づく義務に加えて，締約国を拘束する条約義務の結果として，ニカラグアはそれを通報し，協議する義務を負っていると主張している。第1に，ラムサール条約3条2項及び5条は，通報・協議の義務を規定していると主張している。第2に，中米における生物多様性及び自然保護区保全条約13条(g)および33条は，生物資源に特に損害を与える可能性のある活動に関連する情報を共有する義務を規定しているとする。これらについて裁判所は検討している。

　まず，環境影響評価の義務がないので，ニカラグアには通報・協議の義務はない（para. 108）。ニカラグアは，1858年条約に基づき浚渫その他の活動に関する通報・協議の義務がないと主張したが，裁判所は，1858年条約に特定の状況における通報・協議の義務を免除する条項が含まれていても，越境環境損害に関する国際慣習法上の手続的義務を排除するものではないとし，ただし，実際には，ニカラグアは，重大な越境環境損害を生じさせるリスクがないことを考慮して通報・協議に関する国際的な義務を負っていないとした。

　その他の条約上の義務に関しても，裁判所は判断をしている。まず，コスタリカもニカラグアもラムサール条約および中米における生物多様性及び自然保護区保全条約の締約国であると確認した上で，裁判所は，ラムサール条約3条2項は，「各締約国は，その領域内にあり，かつ，登録簿に掲げられている湿地の生態学的特徴が技術の発達，汚染その他の人為的干渉の結果，既に変化しており，変化しつつあり又は変化するおそれがある場合には，これらの変化に関する情報をできる限り早期に入手することができるような措置をとる。これらの変化に関する情報は，遅滞なく，［ラムサール事務局］に通報する。」としており，したがって，この条項には通報する義務が含まれているが，その義務

〔石橋可奈美〕Ⅳ「国境地帯におけるニカラグアの活動（コスタリカ対ニカラグア）」事件

は，ラムサール事務局に対し，通報国の領土における「湿地の生態学的特性」の変化または可能性のある変化を通報することに限定される。本件では，裁判所に提出された証拠は，ニカラグアの浚渫プログラムが湿地の生態学的特性に何らかの変化をもたらしたこと，もたらされる可能性が高いことを示すものではない。したがって，裁判所は，ニカラグアはラムサール事務局に対して通報する義務はないと判断した。

裁判所は，ラムサール条約5条は「締約国は，特に二以上の締約国の領域に湿地がわたっている場合又は二以上の締約国に水系が及んでいる場合には，この条約に基づく義務の履行につき，相互に協議する。また，締約国は，湿地及びその動植物の保存に関する現在及び将来の施策及び規制について調整し及びこれを支援するよう努める」と規定している点につき，この条項は，「条約から生じる義務の履行について」協議する一般的な義務を含んでいるが，ニカラグアには Lower San Juan 川の浚渫に関してコスタリカと協議する義務は生じないとした。

3 実体的義務違反

判決は，浚渫活動によって引き起こされた越境環境損害について検証している。裁判所は，再度，製紙工場事件における，「国家は，自国の領域内またはその管轄内で行われる活動が他国の環境に重大な損害をもたらすことを回避するため，利用可能なあらゆる手段を用いることを義務づけられている」とする部分を引用し，越境環境損害防止義務の違反の結果としての損害の有無を確認した。それによれば，「浚渫活動がコロラド川に重大な影響を及ぼした」とのコスタリカの主張に関して，サンフアン川の浚渫によるコロラド川の水量の減少は，コロラド川に流入する水の2％未満の影響に留まり，「浚渫プログラムがコロラド川の流れに著しい影響を与えているという証拠はない」と認定された。コスタリカは，2011年1月から2014年10月の間にコロラド川の流れが著しく減少したという証拠を提出した。しかし，裁判所は，この減少とニカラグアの浚渫プログラムとの因果関係は確立していないと考え，コスタリカ自身がそう認めているように，とくに，該当する期間に降雨量の少ない時期が含まれており，他の要因が流れの減少に関連している可能性があるとした（para. 119）。裁判所は，入手可能な証拠に基づき，最終的にニカラグアが Lower San

9 国際環境法における手続的義務の発展とそのインプリケーション

Juan 川の浚渫活動を実施して越境環境損害防止義務に違反したものとは認められないと結論づけている（para. 120）。

V 「サンフアン川沿いのコスタリカ領における道路建設（ニカラグア対コスタリカ）」事件

1 事案の概要

「サンフアン川沿いのコスタリカ領における道路建設」事件（ニカラグア対コスタリカ）とは，コスタリカが，サンフアン川沿いに道路を建設したことについて，ニカラグアが，サンフアン川に土砂の堆積などを生じせしめ，環境損害を与えたとして申し立てた事件で，裁判所は，コスタリカの道路建設が，ニカラグアに環境損害を与えた事実は立証されないとして越境損害防止義務違反は認めなかった。しかし，裁判所は，コスタリカが，このような規模の道路の建設にあたり，環境影響評価を行わなかったことは，「国境を越えた重大な環境被害を防止するための相当な注意義務」を果たしていないことになり，したがって，環境影響評価の実施義務違反があると認定した。

2 手続的義務違反

(1) 環境影響評価を実施する義務

判決は，「国境を越えた重大な環境損害を防止するための相当な注意義務を果たすためには，国家は他国の環境に悪影響を及ぼす可能性のある活動に着手する前に，重大な越境環境損害のリスクがあるかどうかを確認しなければならない。リスクがあれば，環境影響評価を実施しなければならない（[T]o fulfil its obligation to exercise due diligence in preventing significant transboundary environmental harm, a State must, before embarking on an activity having the potential adversely to affect the environment of another State, ascertain if there is a risk of significant transboundary harm, which would trigger the requirement to carry out an environmental impact assessment）ことを確認した。

コスタリカが環境影響評価を実施する義務を遵守しているかどうかという点につき，コスタリカは，2012 年 4 月の道路の環境管理計画，2013 年 11 月の環境診断評価（Environmnetal Diagnostic Assessment）及び 2015 年 1 月のフォローアップ調査等を実施したと説明した。そして，これらの調査に基づき，道

〔石橋可奈美〕　V「サンフアン川沿いのコスタリカ領における道路建設（ニカラグア対コスタリカ）」事件

路の建設によって引き起こされる悪影響が評価され，防止または低減するためのステップが示唆されていたと主張した（para. 160）。この点，裁判所は，製紙工場事件において，「環境影響評価を実施する義務は継続的であり，環境へのプロジェクトの影響の監視が継続する必要に応じて，プロジェクトの生涯を通じて実施される」（I. C. J. Reports 2010 (I), pp. 83-84, para. 205）と判示されたことを引用して一応の評価をしている。しかし，同時に，環境影響評価を実施する義務は，重大な越境環境損害のリスクに関する事前評価が必要となるため，「プロジェクト実施前に環境影響評価を実施しなければならない」（同上，p. 83, para. 205）。ことも強調された。

　そして，本件では，コスタリカは道路の建設を開始する前にそのような評価を実施し，プロジェクトの設計と実施が重大な越境環境損害のリスクを最小限に抑えることを確実にする義務を負っていたと判断した。裁判所の認定によれば，コスタリカの環境診断評価（Environmental Diagnostic Assessment）とその他の研究は，すでに建設された道路の環境影響の事後評価でしかなかった。したがって，裁判所は，コスタリカは道路の建設に関する環境影響評価を実施する一般国際法上の義務を遵守していないと結論づけている（para. 161-162）。

(2)　通報・協議の義務

　通報・協議の義務に関して，裁判所は，環境影響評価により重大な越境環境損害のリスクがあることが確認された場合，そのようなリスクを伴う活動を計画している国家は，重大な越境環境損害を防止するための相当な注意義務を果たし，リスクを防止又は緩和するための適切な措置を決定するため，潜在的な被影響国に通報し，誠実に協議しなければらならないことを強調した（para. 168）。

　しかし，本件において，裁判所はコスタリカが一般国際法の下での環境影響評価の実施義務を遵守していないことをすでに判断しているため，通報し，協議する義務についての審査は必要ないとした（para. 173）。

3　実体的義務違反

　ニカラグアは，コスタリカの道路建設により，サンフアン川には多量の堆積物が投棄されたと主張した。例えば，コスタリカは，河川や土木活動に隣接す

9 国際環境法における手続的義務の発展とそのインプリケーション

る地域で伐採等により大規模な森林破壊を起こし，それが河岸の浸食も進行させた。サンフアン川沿いの道路が川近くに位置していることを指摘し（その約半分は川の 100 メートル以内に建設され，その一部は川岸の 5 メートル以内)，それによって河川への堆積物がさらに増加したと主張した（para. 177)。ニカラグアは，さらに，これらの大量の堆積物がサンフアン川の河川内堆積物濃度を上昇させ，また堆積物が汚染物質であったため，多大な悪影響を及ぼしたと主張した（para. 178)。

　航行の問題が悪化し，復元に必要な追加の浚渫が必要になるため，河川形態の変化がもたらされること，土砂の堆積によるデルタの出現もあること，堆積物が河川の水質と生態系に害を及ぼし，道路の建設が川の河川の共同体の観光と健康に悪影響を及ぼしていると主張している。ハリケーン，熱帯嵐，地震などの自然災害の可能性などからも，さらなるリスクが生じると主張している。

　裁判所はこのような主張を根拠づける証拠が存在していないとして，越境環境損害防止の義務の違反を認めなかった。

4　判決の意義——手続的義務違反の認定の意義

　ニカラグア対コスタリカ事件では，コスタリカの環境影響評価の不実施が手続義務違反と認定されたため，裁判所は，この責任の解除の方法として，satisfaction を提示した。ニカラグアに関して違反は認められず，コスタリカの違反についても satisfaction によるという結果に終わった。しかし，裁判所は，ニカラグアがそれ以上の浚渫活動の実施については環境影響評価を実施し，またコスタリカに通報・協議を行う旨口頭弁論で述べたことを注視するとし（para. 112)，またコスタリカについても，すでに建設されてしまった道路について原状回復等を求めるのは先例からして不合理であるとして，コスタリカに対してニカラグアが主張したような堆積等が生じないよう工夫することを求めた（para. 228)。実質的に，環境影響評価の実施義務，通報・協議の義務，越境環境損害防止の義務（相当な注意の義務を含む）の履行へ向けた両国間での更なる協力が要請されたような形で，判決は締め括られている。

　しかし，本件判決の意義は，事案としての具体的解決を超えたところにある。それは，手続的義務と実体的義務の関係性に本判決が大きく踏み込んだ点にある。以下，この点について述べる。

228

Ⅵ　実体的義務と手続的義務の関係性
——「相当な注意」を通じての連結

1　実体的義務と手続的義務の関係性

　手続的義務違反の認定の意味は，手続的義務が実体的義務との関係性をどのように捉えるかによって異なる。この点，ICJ でも関係性についての議論がなされている[13]。

　環境影響評価を実施する義務や通報・協議の義務が実体的義務とは独立した義務であると考える立場では，手続的義務違反の認定は，実体的義務違反の認定に直接の影響を及ぼすことはない。しかし，そうであるが故に，環境紛争処理において，ひいては，環境保護の実現において，重要な機能を果たす場合がある。すなわち，実際には，何ら損害が発生しない場合においても，手続的義務違反が認定され得ることから，結果として，予防原則や予防的アプローチに沿う可能性を生み出す効果を有する。他方，手続的義務違反と実体的義務違反がともに認定される場合には，実体的義務違反に基づく国家責任の解除（損害賠償等）において「消極的」に又は「積極的に」評価されるものと考えられる。

　環境影響評価を実施する義務や通報・協議の義務が実体的義務とは独立したものではないと考える立場では，手続的義務の認定は，「相当な注意」の義務が果たされたかどうかの認定，すなわち，実体的義務違反の有無の認定に直接の影響を及ぼす。論理的には，環境影響評価の実施がなされなければ，「相当な注意」の義務が果たされたとは言い得ず，実体的義務違反を生じさせる[14]。逆に，環境影響評価の実施がなされていれば，「相当な注意」の義務は果たされており，実体的義務違反は認定されない。すなわち，環境影響評価が実施されていれば，何らかの越境環境損害が生じたとしても国家責任は生じないということになる。

---

[13]　Jutta Brunnée, "International Environmental Law and Community Interests: Procedural Aspects," in Eval Benvenisti and Georg Nolte, eds., *Community Obligations in International Law*, 2017, p. 11, Forthcoming, *available at* <https://papers.ssrn.com/sol3/papers.cfm?abstract_id=2784701>.

[14]　Brigitte Stern, "The Elements of an Internationally Wrongful Act," in Crawford, Pellet, Olleson eds., *the Law of International Responsibility*, 2010, pp. 193, 208-209.

2 判決の立場

(1) 「相当な注意」義務を通じた手続的義務と実体的義務の「連結」

しかし，上記の考え方のいずれも，論理的に過ぎ，裁判所の判断について，この枠組みではうまく説明ができない。すでに述べたように，とくに環境影響評価を実施する義務（又は仮に小和田判事が述べているように理解するとして「慣行」）が，「相当な注意」義務の履行・不履行にかかわることと考えられていることは，この点はほぼ認められると言えよう。製紙工場事件において「……河川の制度又は水質について責任を有する事業を計画している関係国がその事業から生じうる潜在的な悪影響についての環境影響評価を実施しなかった場合には，相当な注意及び相当な警戒の義務が果たされていなかったとみなされ得る」(para. 204) とし，ニカラグア対コスタリカ事件では，「国境を越えた重大な環境被害を防止するための相当な注意義務を果たすためには，国家は，環境に悪影響を及ぼす可能性のある活動に着手する前に，重大な越境環境損害のリスクがあるかどうかを確認しなければならない。リスクがあれば，環境影響評価を実施しなければならない（[T]o fulfil its obligation to exercise due diligence in preventing significant transboundary environmental harm, a State must, before embarking on an activity having the potential adversely to affect the environment of another State, ascertain if there is a risk of significant transboundary harm, which would trigger the requirement to carry out an environmental impact assessment）と述べられていることからも明らかである。

しかし，他方で，だからといって，環境影響評価を実施しないこと，あるいは実施できていないことが，ただちに実体的義務，ここでは越境環境損害防止の義務の不履行という帰結を生じさせるとしてはいないのである。現に，ニカラグアは準備的環境影響評価を実施したため，環境影響評価の実施の義務はなく，したがって同義務の不履行はないとされ，コスタリカは逆に環境影響評価実施義務の不履行を認定されたが，その両者に対して，裁判所は，環境影響評価実施義務の履行・不履行に一切かかわらしめることなく，別途越境環境損害発生の有無を検証し，実体的義務違反の有無についての認定をしている。

この点，小和田判事は，個別意見で，環境影響評価はそれ自体独立した義務ではなく，相当な注意の内容を示すものでしかない，すなわち「環境影響評価を実施するということは，一般国際法上の独立した義務というよりは，国家

が，重大な越境環境損害を回避し又は緩和するために相当な注意を以って行動するという国際法上の義務から発生するプロセスの重要な構成要素である」（To summarize, conducting an environmental impact assessment is one important constituent element of the process that emanates from the international obligation of States to act in due diligence to avoid or mitigate significant transboundary harm, rather than a separate and independent obligation standing on its own under general international law.）（para. 18）と説明している。しかし，裁判所が手続的義務と実体的義務とを分けて認定していることからしても，環境影響評価の実施の義務や通報・協議の義務の義務としての性質を否定することはできないであろう[15]。実体的義務である越境損害防止義務の違反の認定において，「相当な注意」がなされていたかどうかが判断されなければならず，その内容として，環境影響評価や通報・協議に関する手続的義務の履行があったかが評価される，と理解するのが適切ではないか。

　小和田判事は，ITLOS勧告的意見が環境影響評価の実施の義務を条約上の義務に留まらず一般国際法上の義務であるとしているのに対して，そもそも，製紙工場事件は環境影響評価を諸国家に一般国際法上の要請であるとして受け入れられている実行（a practice, which in recent years has gained so much acceptance among States that it may now be considered a requirement under general international law to undertake an environmental impact assessment where there is a risk that the proposed industrial activity may have a significant adverse impact in a transboundary context, in particular, on a shared resource（para. 204））（傍線筆者）とのみ位置づけ，またニカラグア対コスタリカ／コスタリカ対ニカラグア事件でも，この考えを踏襲しているとして，環境影響評価は「相当な注意」義務の履行の過程における重要な要素（それ自体が必ずしも独立した義務ではない）とも説明している（Conducting an environmental impact assessment is one important element（though not necessarily constituting an indispensable

---

[15]　アドホック裁判官のダガード判事は，EIAの実施の義務は，相当な注意の義務とは独立した義務である旨（the obligation to conduct an environmental impact assessment is an independent obligation designed to prevent significant transboundary harm, not an obligation dependent on the obligation of a State to exercise due diligence），個別意見で明確に述べている（Separate Opinion of Judge ad hoc Dugard, para. 9）。

9 国際環境法における手続的義務の発展とそのインプリケーション

obligation as such) in the process of fulfilling the obligation of acting with due diligence to prevent significant transboundary harm in each case (para. 22))。しかし，むしろ ITLOS 勧告的意見の環境影響評価に関する位置づけは今日一般的なものであり，疑問が残る。

　今後判例などを通じて，さらなる明確化がなされるかもしれないが，それまでは，少なくとも手続的義務と実体的義務のそれぞれの独立性を認めた上で，「相当な注意」義務を通じて，環境影響評価や通報・協議などを行うことが，実体的義務の一部となっていると考えるのが良いのではないかと思われる[16]。

(2)　手続的義務の階層化（序列化）の問題

　本件判決では，従来の判決が，環境影響評価の実施を一般的な義務として認めることに留まっていたところ（製紙工場事件における reasoning を含めて），環境影響評価その他の手続的義務の階層性を定式化し[17]，「相当な注意」義務を通じて，実体的義務との連結を図ったという点で，重要な発展があった[18]。とくに，一般国際法上の義務としてこの階層性の定式化を行ったこと，準備的な

---

[16]　Jutta Brunnée, "Procedure and Substance in International Environmental Law: Confused at a Higher Level?" *ESIL Reflection* (volume 5, issue 6), published by the European Society of International Law, *available at* <http://esil-sedi.eu/node/1344>.

[17]　See Separate Opinion of Judge Bhandari, para. 31. ３つの義務の階層性について述べられている。

[18]　環境影響評価その他の義務に関する階層化については，これまでも条約上のものとしては行われてきた手法である。例えば ILC の越境環境損害条約草案（2001 Draft Articles on Prevention of Transboundary Harm from Hazardous Activities）においてもこの手法が採用されている。See, Jacob Katz Cogan, "International Decision: Sovereignty over disputed territory--international environmental law--transboundary harm--due diligence--environmental impact assessment: CERTAIN ACTIVITIES CARRIEDOUT BY NICARAGUA IN THE BORDER AREA (Costa Rica v. Nicaragua); CONSTRUCTION OF A ROAD IN COSTA RICA ALONG THE SAN JUAN RIVER (Nicaragua v. Costa Rica). At <http://www.icj-cij.org>. International Court of Justice, December 16, 2015," 110 *AJIL* 320. p. 326. The draft articles established a two-step, threshold-based procedure: first, an *assessment* of the possible transboundary harm by the state of origin (including an EIA), and second, should the *assessment* indicate a risk of significant harm, notification of and consultation with the states likely to be affected. See Art. 7-9 of the Draft Articles of Transboundary Harm from Hazardous Activities, *available at* <http://legal.un.org/ilc/texts/instruments/english/commentaries/9_7_2001.pdf>.

〔石橋可奈美〕 VI 実体的義務と手続的義務の関係性

環境影響評価は，環境影響評価を実施する必要があるかどうかを判断するための評価，すなわち，「重大な環境影響評価のリスクの存否を確認する」ために実施される評価と位置づけられたことである[19]。ただ，ここでも問題がある。

判決は，重大な越境環境損害のリスク（a risk of significant transboundary harm）がある場合には，環境影響評価を実施する義務があるとする。しかし，重大な越境環境損害のリスクがあるかどうかを国家はどのように判断するのかが明らかとはされていない。ニカラグアの浚渫活動については，裁判所は，提出された報告書や証言等に基づき，環境影響評価の実施の閾値（基準）は満たされていない，と判断した（examined the evidence in the case file, including the reports submitted and testimony given by experts called by both Parties before stating its conclusion that the threshold had not been reached（para. 105））他方でコスタリカの道路建設については，道路建設の性質や規模，環境保護区域への近接性を含めて実施される文脈を検討した結果，閾値が満たされていると判断した（"the nature and magnitude of the project"（including its "scale"）and "the context in which it was to be carried out"（including its proximity to protected areas）--and briefly analyzed the facts accordingly before concluding that the threshold had been met（para. 155））[20]。

しかし，閾値が満たされているかどうかについて，いかなる判断に依拠しているのかがよくわからない[21]。

はっきりしているのは，裁判所が二段階の環境影響評価が存在することを前提としているということだけである[22]。すなわち，コスタリカ対ニカラグア事

---

[19] Ibid.

[20] Ibid. とくに，環境影響評価を実施するかどうかにかかわる「重大な越境環境評価」のリスクを確認する準備的な影響評価の段階において，基準が不明確であることが指摘されている。

[21] 判断の基準が主観的になることに懸念が示されている。Yoshifumi Tanaka, "Costa Rica v. Nicaragua and Nicaragua v. Costa Rica: Some Reflections on the Obligation to Conduct an Environmental Impact Assessment," Volume 26, Issue 1, *Review of European, Comparative & International Environmental Law*, pp. 91–97.
　他方で，基準が明らかでない点について肯定的に捉える考え方もある。J Katz Cogan, note（18），323.

[22] EIA のプロセスにおけるスクリーニングであるとされる。Simon Marsden, "Determining significance for EIA in International Environmental Law," *Questions of International Law*, 2017, *available at* <http://www.qil-qdi.org/determining-significance-

233

9 国際環境法における手続的義務の発展とそのインプリケーション

件で，ニカラグアは，2006年の（一段階目の「準備的な」）「環境影響研究」に基づき，「重大な越境環境損害」が発生しないことを確認したため，（二段階目の「本来的な」）環境影響評価を実施する義務はないことが認定されている。他方，ニカラグア対コスタリカ事件では，コスタリカが実施したとする（一段階目の）「環境診断評価」は，計画の着手に先立ってなされたものでないことから（「準備的な」環境評価はなされないままであり），コスタリカは（二段階目の「本来的な」）環境影響評価を実施する義務に違反したとした。

しかし，この考え方に立てば，準備的な環境影響評価で「重大な越境環境損害」が発生しないと国家が判断する場合には，環境影響評価義務はなく，（判決の定式化に従えば）通報・協議の義務も発生しないこととなる。準備的な環境影響評価にはどうしても恣意性が懸念されるが，この点裁判所が全く考慮していないのが問題である[23]。また，環境影響評価のプロセスの重要な構成要素として，被影響国の参加が認められるべきことがあるが，本判決の定式化によれば，準備的な影響評価においても，またその影響評価で重大な越境環境損害のリスクが判明し，本来的な環境影響評価が行われるとしても，その過程に被影響国が参加する，ということは想定されていない。被影響国が重大な越境環境損害のリスクを知らされ，協議を求められるのは，環境影響評価の実施後とされているからである。

この点，ドノヒュー判事の個別意見が注目される。ドノヒュー判事は，判決の示すところによれば，活動を計画している国家が潜在的な被害国に通報するのは，環境影響評価の実施義務の閾値が満たされた場合だけということになってしまうとして (the Judgment could be read to suggest that there is only one circumstance in which the State of origin must notify potentially affected States: when the EIA threshold has been met.) 危機感を表明している[24]。すなわち，こ

---

eia-international-environmental-law/#_ftn10>.

[23] Diane Desierto, "Evidence but not Empiricism? Environmental Impact Assessments at the International Court of Justice in Certain Activities Carried out by Nicaragua in the Border Area (Costa Rica v. Nicaragua) and Construction of a Road in Costa Rica along the San Juan River (Nicaragua v. Costa Rica)," *EJIL: Talk!* 26 February 2016), *available at* <https://www.ejiltalk.org/evidence-but-not-empiricism-environmental-impact-assessments-at-the-international-court-of-justice-in-certain-activities-carried-out-by-nicaragua-in-the-border-area-costa-rica-v-nicaragua-and-con/>.

〔石橋可奈美〕　　　　　　　　　　　　　　　　　　　　　　　Ⅶ　おわりに

の定式化に従えば，通常，被影響国の協力を得て行われるべき（科学的調査の
ために領域への立ち入りを認めたり，サンプル採集を行うなどの）環境影響評価の
適切性がそもそも確保されるのか疑わしいとする。被影響国の参加のうち，と
くに実際の悪影響を受ける可能性のある公衆の参加や意見表明の機会も奪われ
てしまうという重大な問題も残されていることを指摘しておく必要があろう。

Ⅶ　おわりに──グローバル・コモンズの環境保護実現への新たな可能性

　現在，国連を中心に進められている，海洋環境保護のための新たな法制度に
おいても，環境影響評価は重要なツールとして組み込まれている。

　2015 年 6 月，国連総会は「国連海洋法条約（UNCLOS）の下での国家の管
轄権を超える区域の海洋生物多様性（marine biological diversity of areas beyond
national jurisdiction; BBNJ）の保全及び持続可能な利用に関する新しい法的拘束
力ある文書（BBNJ 条約）を作成すること」を決定した（A/RES/69/292）。以降，
条約案策定に向けた準備会合が重ねられてきたが，第 4 回準備会合は，2017
年 7 月に最終的な条約案の採択に至ったのである[25]。そこでは，条約 206 条お
よび国際慣習法に基づき，国家管轄権外の区域における計画された活動の潜
在的な影響を評価する義務（to assess the potential effects of planned activities
under their jurisdiction or control in areas beyond national jurisdiction）が定めら
れるべきこと（5.1），評価されるべき対象についての基準や閾値を示されるべ
きこと（5.3），環境影響評価は，スクリーニング，スコーピング，伝統的な知

---

[24]　Separate Opinion of Judge Donoghue, J., para. 21. 同判事は，エスポ条約 3 条は被影
　響国に対して，被影響国の参加を認めるため，環境影響評価が行われる前に通報する義
　務を定めていることを示している（para. 21）また，同判事は，そもそも環境影響評価
　を実施する上で被影響国に通報し，その協力を得ることが不可欠であると述べる。とく
　に，ニカラグア対コスタリカ事件において，コスタリカが環境影響評価を実施するため
　には，ニカラグアの協力なしには実行できないことを指摘している（Only Nicaragua
　is in a position to take measurements or samples from the San Juan River, or to
　authorize such activities by Costa Rica）（para. 22））。

[25]　A/AC. 287/2017/PC. 4/2, Report of the Preparatory Committee established by
　General Assembly resolution 69/292: Development of an international legally binding
　instrument under the United Nations Convention on the Law of the Sea on the
　conservation and sustainable use of marine biological diversity of areas beyond
　national jurisdiction, 31 July 2017, *available at* <www.un.org/ga/search/view_doc.
　asp?symbol=A/AC. 287/2017/PC. 4/2>.

235

識を含む，利用可能な最良の科学的情報を用いた影響の予測と評価，公衆への通知と協議，報告書を公表し利用可能とすること，報告書の検討，意思決定文書の公開，情報へのアクセス，モニタリングとレビューといった過程を経て，実施され，計画されている活動が実施されるべきか，されるとしてもいかなる条件の下でかについての意思決定がなされること（5.4），環境影響評価書が作成されなければならず，その内容としては，計画された活動の説明・実施しないという代替案を含む計画された活動の合理的な代替案の説明・スコーピングの結果の記述・累積的影響や越境的影響を含む海洋環境への計画された活動の潜在的影響の説明・影響を受ける可能性のある環境の説明・社会経済的影響の説明・影響の回避，防止，緩和のための措置の説明，モニタリングや管理プログラムなど，実施後になされたフォローアップの活動についての説明などが含まれるべきこと（5.5）とされた。

　こうして，「国家管轄権外の区域」の海洋生物多様性の保全及び持続可能な利用に関しても，環境影響評価が一般国際法上の義務であり，条約上の義務でもあるという位置づけで，大きな役割を果たしていくことが想定される。

　環境影響評価がその役割を求められるのは，二国間の越境環境損害において，「相当な注意」義務の範囲を確定させるためだけではない。「相当な注意」義務は，伝統的には国家責任の認定やその帰結として求められる損害賠償等の義務の履行の際に考慮されるべき事情（損害賠償のレベルを引き下げる事情）として機能することを期待されてきた。しかし，国家管轄権外の区域の海洋生物多様性の保全及び持続可能な利用に関しては，仮に，コスタリカ対ニカラグア／ニカラグア対コスタリカ事件の判決が示唆したように環境影響評価の実施が「相当な注意」義務の内容を構成するとしても，海洋環境への環境損害防止義務違反と認定されることを免れるため考慮されるべき要素として機能してはならないと考える。この場合は，むしろ，国家管轄権外の区域における海洋環境保全という義務の履行を確保するための手続的義務であると位置づけるべきであろう。

　たとえば，気候変動に対処するため，ある活動の実施前に，環境影響評価の実施が要請されるとすれば，それは，当該活動より生ずる温暖化への損害賠償というよりは，さらなる温暖化を防止する方向へと働くことを期待される。なぜなら，気候変動の場合には，周知のように，原因国と被害国との因果関係が

〔石橋可奈美〕　　　　　　　　　　　　　　　　　　　　　　　Ⅶ　おわりに

明確とはなりえず，通常の国家責任の枠組みでは捉えきれないからである。

　しかし，そういう場合であっても，環境影響評価の実施義務が，「相当な注意」義務を通じて，実体的義務である越境損害防止義務に連結すると定式化することは，それは意義のあることかもしれない⑵⑹。裁判所は，予防的アプローチについての議論を避けているため，ここで，この問題に立ち入ることはしないが，環境影響評価の内容が精緻化していくことにより，実質的には，とりわけ，グローバル・コモンズの保全の場合において，予防的アプローチにも貢献しうるのではないかと確信している⑵⑺。

⑵⑹　Jutta, note (13), p. 13. 実体的義務に連結させられることで，温暖化防止の場合には（たとえばある活動により引き起こされる海面上昇等の悪影響の有無や程度を立証したり特定したりすることは極めて困難であることから），より「防止」の義務が強調される形で手続的義務の履行が促されることになるという。このことに関して，ユタ・ブルネーは，実体的義務は，損害防止という「消極的な義務」から，環境保護という「積極的な義務」へと変化し，国家には，環境損害防止のために「相当な注意」義務を満たすよう具体的な行動が求められると説明する。そして，ミクロネシアが，チェコの火力発電所の建設計画に関する環境影響評価の実施を要請し，また同施設は「利用可能な最良の技術」（BAT: Best Available Technology）の要請を満たしていない旨主張した例が挙げられている。

⑵⑺　Daniel Kazhdan, note (1). See Report of the International Law Commission, p. 716, U. N. Doc. GAOR A/55/10 (SUPP) (May 1-June 9 & July 10-Aug. 18, 2000) ("The Special Rapporteur [of the International Law Commission] pointed out that, in his view, the precautionary principle was already included in the … environmental impact assessment, and could not be divorced therefrom."); Gabcikovo-Nagymaros Project (Hung. v. Slovk.), 1997 I. C. J. 88, 113 (Dec. 17) (separate opinion of Judge Weeramantry) (arguing environmental impact assessments are "a specific application of the larger general principle of caution"). The word "caution" in this sentence is almost certainly a synonym for precaution. Indeed, the French translation uses precaution. Projet Gabcikovo-Nagymaros (Hung. v. Slovk.), 1997 C. I. J. 88, 113 (separate opinion of Judge Weeramantry).

内田久司先生　略歴

大正 15 (1926) 年 3 月 16 日	中国・大連に生まれる
昭和 18 (1943) 年 3 月	大連第一中学校 4 年修了
昭和 20 (1945) 年 3 月	第三高等学校文科甲類卒業
同　年 4 月	東京帝国大学法学部政治学科入学（後，病気休学）
昭和 26 (1951) 年 3 月	同学（東京大学と改称）卒業
同　年 4 月	東京大学法学部大学院特別研究生
昭和 29 (1954) 年 3 月	同院前期終了
同　年 7 月	東京都立大学人文学部専任講師
昭和 31 (1956) 年 12 月	東京都立大学人文学部助教授
昭和 32 (1957) 年 4 月	学部改組により，東京都立大学法経学部助教授
昭和 41 (1966) 年 1 月	東京都立大学法経学部教授
同　年 4 月	学部改組により，東京都立大学法学部教授（法学一般講座，国際法講座，国際政治講座担当）
昭和 47 (1972) 年 10 月	第 5 回安達峰一郎記念賞受賞
昭和 48 (1973) 年 10 月	国際法学会理事（平成 6 年 10 月まで）
昭和 50 (1975) 年 4 月	東京都立大学評議員（昭和 52 年 3 月まで）
昭和 51 (1976) 年 2 月	文部省学術審議会専門委員（昭和 52 年 12 月まで）
昭和 52 (1977) 年 3 月	東京都立大学退官
同　年 4 月	東京大学法学部教授（国際組織法講座担当）
昭和 53 (1978) 年 5 月	日本学術会議中央選挙管理委員会委員（昭和 56 年 3 月まで）
同　年 6 月	文部省大学設置審議会（大学設置分科会）専門委員（昭和 59 年 3 月まで）
昭和 54 (1979) 年 4 月	東京大学大学院法学政治学研究科公法専門課程主任（昭和 56 年 3 月まで）
同　年 10 月	国際法学会会計主任（昭和 60 年 10 月まで）
昭和 55 (1980) 年 4 月	東京大学大学院法学政治学研究科合同専門会議主任，東京大学大学院協議会委員（昭和 56 年 3 月まで）
昭和 57 (1982) 年 6 月	日本国際法協会理事（平成 26 年 4 月まで）
昭和 59 (1984) 年 3 月	司法試験第二次試験考査委員（平成 5 年度まで）

内田久司先生　略歴

	同　年 11 月	日本学術会議国際関係法学研究連絡委員会委員（昭和 61 年 3 月まで）
昭和 61（1986）年 3 月		東京大学停年退官
昭和 62（1987）年 4 月		筑波大学社会科学系教授（第三学群国際関係学類及び社会科学研究科法学専攻，国際法担当）
昭和 63（1988）年 11 月		国際法協会国家免除国際委員会委員（平成 6 年 8 月まで）
平成元（1989）年 3 月		筑波大学停年退官
	同　年 4 月	大東文化大学国際関係学部教授（国際公法等担当）
平成 5（1993）年 4 月		大東文化大学法学部教授（国際関係法担当）
平成 6（1994）年 10 月		国際法学会名誉会員
平成 8（1996）年 3 月		大東文化大学定年退職

　なお，この間，東京大学教養学部教養学科，国際商科大学（東京国際大学と改称）商学部，横浜国立大学経済学部，東京都立大学法学部・同大学院社会科学研究科，大東文化大学国際関係学部・同大学院法学研究科，創価大学法学部・同大学院法学研究科，一橋大学法学部等において非常勤講師を務めた。

平成 18（2006）年 11 月 3 日　瑞宝中綬章を受賞
平成 28（2016）年 6 月 7 日　逝去

内田久司先生　主要業績

Ⅰ　編　著

『国際法を学ぶ──現代国際法の理解のために』内田久司・山本草二編

(有斐閣，1977 年)

『講義国際法』皆川洗・内田久司編　　　　　　　（青林書院新社，1982 年）

『国際法の基本問題』寺沢一・内田久司編（別冊法学教室・基本問題シリーズ 1 ）

(有斐閣，1986 年)

『国際条約集 1988 - 1992 年版』横田喜三郎・高野雄一編集代表，内田久司・
山本草二・波多野里望・筒井若水・大沼保昭編集委員

(有斐閣，1988 - 92 年)

Ⅱ　論 文 等

「ソヴェトの領水理論について（1・2）」国際法外交雑誌 55 巻 6 号・56 巻 2 号
（1957 年）

「ピョートル大帝湾問題とソヴェト国際法」日本及び日本人 1380 号（1957 年）

「ソヴェトの海洋法理論」法律時報 30 巻 8 号（1958 年）

「ソ連の領海制度」国際法外交雑誌 60 巻 4・5・6 合併号（1962 年）

「ソ連国際法学界の最近の動向について（1・2）」国際法外交雑誌 61 巻 4 号・5
号（1962 年）

「〈拒否権〉の起源」東京都立大学法学会雑誌 5 巻 1 号（1964 年）

「共産圏と国際法（上）(中)(下)」国際問題 59 号・60 号・62 号（1965 年）

「平和共存と現代国際法」『岩波講座，現代法 12』（岩波書店，1965 年）

「社会主義世界と国際法」思想 496 号（1965 年）

「南西アフリカ事件（管轄権），南西アフリカの国際的地位（勧告的意見），南西
アフリカ領域に関する報告と請願についての表決手続（同）及び南西アフリ
カ委員会による請願人の聴聞の許容性（同）」高野雄一編著『判例研究国際司
法裁判所』（東京大学出版会，1965 年）

「現代における国際法と国際政治」歴史教育 14 巻 2 号（1966 年）

「国際連盟と拒否権問題」東京都立大学法学会雑誌 6 巻 2 号（1966 年）

内田久司先生　主要業績

「共産圏諸国と国連の平和維持活動」国際問題 74 号（1966 年）

「いわゆる二重拒否権について」東京都立大学法学会雑誌 7 巻 1 号（1966 年）

「中ソ領土・国境問題」国際問題 85 号（1967 年）

「安全保障理事会の表決における棄権と欠席（1・2）」東京都立大学法学会雑誌
　10 巻 1 号・11 巻 2 号（1970－71 年）

「国際社会における国家の地位」小田滋・石本泰雄・寺沢一編『現代国際法』（有
　斐閣，1971 年）

「日中関係の法的側面」ジュリスト 496 号（1972 年）

「初期の国連総会における〈拒否権〉論議」東京都立大学法学会雑誌 14 巻 2 号
　（1974 年）

"Legal Aspects of Japan - China Trade between 1949 and 1975," *The Japanese
Annual of International Law*, No. 19（1975）

「拒否権」「領事」皆川洸・山本草二編『演習国際法』（青林書院新社，1977 年）

「現代国際法の課題」等 16 項目，寺沢一・山本草二編『国際法の基礎』（青林書院
　新社，1979 年）

「国際組織の決議の効力」法学教室 32 号（1983 年）

「主権概念の変容」国際問題 279 号（1983 年）

「国際組織の権力」『岩波講座・基本法学 6』（岩波書店，1983 年）

「国際社会における国家の地位」小田滋・石本泰雄・寺沢一編『現代国際法〔新
　版〕』（有斐閣，1986 年）

「侵略国に対する条約の効力」横田先生鳩壽祝賀『国際関係法の課題』（有斐閣，
　1988 年）

「現代国際法の課題」等 7 項目，寺沢一・山本草二・広部和也編『標準国際法』（青
　林書院新社，1989 年）

「現代国際法の課題」等 6 項目，寺沢一・山本草二・広部和也編『標準国際法〔新
　版〕』（青林書院新社，1993 年）

「国家主権，自決と人権──冷戦期から冷戦後へ──」越路正巳編『21 世紀の主権，
　人権および民族自決権』（未來社，1998 年）

Ⅲ　紹介・書評・翻訳等

「P・ラウタパハト『海底地域に対する主権』」国際漁業資料 11 号（1953 年）

「W. M・カレッキー「公海」分割における新現象──大陸棚の問題──」国際漁業資料 11 号（1953 年）

「国際組織の表決手続に関する若干の文献」国際法外交雑誌 54 巻 4 号（1955 年）

「シャルマザナシュヴィリ『国際法における不可侵原則』」季刊国際政治 1959・2 号（1959 年）

「ソバーキン『欧州集団安全保障』」季刊国際政治 1959・2 号（1959 年）

「R. B・Russel, *A History of the United Nations Charter*」国際法外交雑誌 60 巻 3 号（1961 年）

「高野雄一『日本の領土』」法学セミナー 84 号（1963 年）

「J・F. Triska and B・M. Slusser, *The Theory, Law and Policy of Soviet Treaties*」国際法外交雑誌 63 巻 1 号（1964 年）

「ソビエト科学アカデミー編．高橋通敏訳『ソビエト国際法の基礎理論』」国際法外交雑誌 70 巻 5 号（1971 年）

「安井郁『国際法学と弁証法』」国際法外交雑誌 71 巻 1 号（1972 年）

"L. Jerold Adams, *Theory, Law and Policy of Contemporary Japanese Treaties*," *American Political Science Reviezw*, LXXI/2（1977 年）

「ヴェー・エー・グラバーリ『現代国際法における国家平等原則』（1912 年）──邦訳と解説」東京都立大学法学会雑誌 18 巻 1・2 合併号（1978 年）

「Eberhard Ott, *Die Weltorganisation für Meteorologie (WMO)*」国家学会雑誌 92 巻 5・6 号（1979 年）

「内田久司・森田章夫訳，W・E・バトラー『コメコンと第三国』」ジュリスト 851 号（1985 年）

「香西茂・安藤仁介編『国際機構条約・資料集』」国際法外交雑誌 86 巻 4 号（1987 年）

「林久茂・山手治之・香西茂編『太寿堂鼎先生還暦記念国際法の新展開』」国際法外交雑誌 89 巻 5 号（1990 年）

"*New Developments in International Law*. Edited by Hisashige Hayashi, Haruyuki Yamate and Shigeru Kozai, 1989" *The Japanese Annual of International Law*, No. 33（1991 年）

「佐藤哲夫『国際組織の創造的展開─設立文書の解釈理論に関する一考察』」国際法外交雑誌 93 巻 2 号（1994 年）

内田久司先生　主要業績

「太壽堂鼎『領土帰属の国際法』」『国際法外交雑誌』98 巻 5 号（1999 年）

IV　その他

「文献目録」国際法外交雑誌 60 巻 4・5・6 合併号（1962 年）

"Japanisches Schriftum zum Recht der Ostblockstaaten," *Osteuropa-Recht*, 9
　Jahrgang, Heft 3（1964 年）

「過渡期国際法」『社会科学大事典』3（鹿島研究所出版会，1968 年）

「投票不参加（随想）」ジュリスト 553 号（1974 年）

「ウエストレーク」等 25 項目，国際法学会編『国際法辞典』（鹿島出版会，1975 年）

「安全保障理事会」等 9 項目，『日本大百科全書』（小学館，1984－88 年）

「安全保障理事会」等 7 項目，広島平和文化センター編『平和事典』（勁草書房，
　1985 年）

「安全保障理事会」等 7 項目，広島平和文化センター編『平和事典〔新訂〕』（勁草
　書房，1991 年）

「安全保障理事会」等 9 項目，『日本大百科全書〔2 版〕』（小学館，1994－97 年）

「ウエストレーク」等 9 項目，国際法学会編『国際関係法辞典』（三省堂，1995 年）

「ウェストレーク」等 10 項目，国際法学会編『国際関係法辞典〔2 版〕』（三省堂，
　2005 年）

内田久司先生追悼

変転する国際社会と国際法の機能

2018(平成30)年3月7日　第1版第1刷発行

2057:P264 ￥12000E 030-350-050-N30

編 者	柳　原　正　治
発行者	今井　貴 稲葉文子
発行所	株式会社 信 山 社

〒113-0033 東京都文京区本郷 6-2-9-102
Tel 03-3818-1019　Fax 03-3818-0344
info@shinzansha.co.jp

笠間才木支店 〒309-1611 茨城県笠間市笠間 515-3
Tel 0296-71-9081　Fax 0296-71-9082
笠間来栖支店 〒309-1625 茨城県笠間市来栖 2345-1
Tel 0296-71-0215　Fax 0296-72-5410
出版契約 2018-2057-5-01011 Printed in Japan

© 編・著者, 2018　印刷・製本／ワイズ書籍 (Y)・牧製本
ISBN978-4-7972-2057-5 C3332 分類329.100.a004

JCOPY 《(社)出版者著作権管理機構 委託出版物》
本書の無断複写は著作権法上での例外を除き禁じられています。複写される場合は,
そのつど事前に, (社)出版者著作権管理機構(電話03-3513-6969, FAX03-3513-6979,
e-mail: info@jcopy.or.jp)の許諾を得てください。また, 本書を代行業者等の第三者に
依頼してスキャニング等の行為によりデジタル化することは, 個人の家庭内利用であっ
ても, 一切認められておりません。

◆ 学術世界の未来を拓く研究雑誌 ◆

民法研究　広中俊雄 責任編集

民法研究 第2集　大村敦志 責任編集

消費者法研究　河上正二 責任編集

憲法研究　辻村みよ子 責任編集
〔編集委員〕山元一／只野雅人／愛敬浩二／毛利透

行政法研究　宇賀克也 責任編集

環境法研究　大塚 直 責任編集

社会保障法研究　岩村正彦・菊池馨実 責任編集

医事法研究　甲斐克則 責任編集　（近刊）

法と哲学　井上達夫 責任編集

法と社会研究　太田勝造・佐藤岩夫 責任編集

国際法研究　岩沢雄司・中谷和弘 責任編集

ジェンダー法研究　浅倉むつ子 責任編集

ＥＵ法研究　中西優美子 責任編集

法と経営研究　加賀山茂・金城亜紀 責任編集

信山社

◆実践国際法（第2版）

小松一郎 著

◆小松一郎大使追悼 国際法の実践

柳井俊二・村瀬信也 編

◆国際法実践論集

小松一郎 著

◆国際法研究

岩沢雄司・中谷和弘 責任編集

ロースクール国際法読本

中谷和弘 著

サイバー攻撃の国際法
—タリン・マニュアル2.0の解説—

中谷和弘・河野桂子・黒﨑将広

信山社

◆国際法先例資料集－不戦条約
【日本立法資料全集】 柳原正治 編著

◆プラクティス国際法講義 (第3版)
柳原正治・森川幸一・兼原敦子 編

◆《演習》プラクティス国際法
柳原正治・森川幸一・兼原敦子 編

一般国際法秩序の変容 小森光夫 著
国際法制度の変化過程と規範的正当化

人権条約の解釈と適用 坂元茂樹 著

国際裁判の証拠法論 中島 啓 著

軍縮辞典 日本軍縮学会 編

ブリッジブック国際法 (第3版) 植木俊哉 編

ブリッジブック国際人権法 (第2版)
芹田健太郎・薬師寺公夫・坂元茂樹 著

信山社